U0115936

Annual Report on the
Internationalization of Renminbi,2014

人民幣國際化報告2014
人民幣離岸市場建設與發展

中國人民大學國際貨幣研究所◎著

編委名單

導　論

　　2013年耶誕節前，醞釀多時的美聯儲量化寬鬆政策退出機制正式宣告啟動。在發達市場經濟復甦形勢漸趨明朗之際，新興市場卻接連遭遇經濟失衡困難，發展前景充滿不確定性。被歸入「脆弱國家」行列的新興經濟體已經接近10個，脆弱表現形式主要包括對內通貨膨脹高企、經濟增長下滑，對外經常帳戶逆差、資本外流、匯率大跌，以至於出現了新興市場動盪會否引發新一輪全球性金融危機的擔憂。

　　儘管同樣受到市場觀望態度和不安情緒的困擾，但中國經濟和貨幣表現基本穩健，人民幣國際化指數（RII）繼續保持良好的上升勢頭。

　　RII在2013年開啟了個位數時代，年底達到1.69。相對於年初的0.92，RII全年增長幅度高達84%；指數上升速度較2012年有所加快。令人欣喜的是，支撐人民幣跨境使用的貿易計價與金融計價「雙驅」模式基本形成，人民幣國際化的推動力更加平衡。

　　2013年全球貿易中人民幣計價結算份額上升到2.50%，連續三年實現了超過60%的年增長速度，對本年度RII貢獻度接近五成。中國不僅以超過4萬億美元的進出口貿易總額繼續領跑全球，還通過雙邊貿易和區域貿易的合作與發展努力開闢新的增長空間，更在簡化審批程序和降低本幣結算成本等方面不斷改革創新，從而大大增強了境內外市場主體在貿易活動中使用和接受人民幣計價結算的信心。

　　截至2013年年底，全球資本和金融交易中人民幣份額達到2.08%，增長速度明顯加快，對本年度RII的貢獻達到四成。其中，三級指標「人民幣直接投

資全球占比」繼續快速上升，並以5.28%的搶眼成績在RII指標體系中拔得頭籌。中國是目前全球第二大直接投資流入國和第三大直接投資流出國。隨著相關政策日漸明朗，跨境人民幣直接投資的實現流程更加規範和簡便，跨境人民幣金融投資管道也不斷拓寬並完善。因此，越來越多的境內外企業或金融機構樂意在全球資本和金融交易中使用和接受人民幣計價結算。

對人民幣表現出濃厚興趣的，除了國際市場上的企業和金融機構，也包括不少外國官方機構。2013年11月，加拿大地方財政部門向全球成功發售AAA級離岸人民幣債券，獲得投資人熱烈追捧，共募集25億元人民幣資金，刷新了非居民離岸人民幣債券發行紀錄。該筆債券的認購量遠遠超過預期，其中，由中央銀行和官方機構認購的比例高達62%。境外官方機構開始實際持有人民幣頭寸，表明人民幣——作為儲備貨幣——官方接受程度正在經歷「從無到有」的歷史性變化。僅在2013年，就有澳洲、南非、白俄羅斯、玻利維亞、臺灣等更多國家或地區的貨幣管理機構明確表示已經將人民幣資產納入其官方外匯儲備範疇。

如果說實體經濟層面的「增長」、「開放」與「改革」構成了國際社會對人民幣信心的物質基礎，那麼，發達、完善的離岸金融市場就為保持人民幣的國際吸引力提供了技術解決方案。因此，2014年度的《人民幣國際化報告》特別以「人民幣離岸市場建設與發展」作為研究主題。

課題組主要開展了以下幾項工作。第一，根據對歷史經驗和相關文獻的梳理，深入探討了離岸金融市場促進貨幣國際化的內在邏輯，重點分析了離岸市場建設與發展對現階段人民幣國際化的意義和影響。第二，通過專家研討、實地走訪、問卷調查等多種形式，全方位地了解香港、倫敦、法蘭克福等地人民幣離岸市場發展現狀，並集中討論了當前存在的問題以及未來發展前景。第三，運用邏輯推導和實證研究等方法，對人民幣離岸金融市場全球佈局問題進行了初步討論。此外，分別從「如何建設好人民幣離岸市場」以及「如何處理好離岸市場消極影響」兩個角度出發，詳細闡述了建設人民幣離岸市場所要面對的挑戰和對策。

離岸金融市場伴隨著經濟全球化、金融自由化的過程而出現。由於具有監管寬鬆、競爭充分、交易成本低、市場開放度高等特點，所以離岸金融市場出現以後迅速發展壯大，已構成當前國際金融市場的主體部分。離岸市場可為各國經濟主體在交易中使用協力廠商貨幣提供便利性和安全性。完善、高效的離岸市場運行機制，對於鞏固貨幣的國際地位具有重大意義。即使美國貿易地位有所下滑，甚至在美國次貸危機引發全球金融海嘯之後，美元依然能夠穩居頭號國際貨幣位置，關鍵在於美元一直都被廣泛地用於協力廠商交易，從而在官方外匯儲備中始終占有最大份額。在某種程度上，這與遍佈世界各個主要國際金融中心的發達的全球美元離岸市場有著密切聯繫。

　　人民幣國際化同樣離不開離岸市場的建設與發展。快速成長的人民幣離岸市場不僅實現了貿易順差條件下的人民幣對外輸出，還通過豐富的金融產品和優質的金融服務激發非居民使用和持有人民幣的意願，使得離岸人民幣資金池逐步壯大。與美元等國際貨幣不同的是，人民幣離岸市場的出現，以及人民幣國際化進程的啟動，都領先於資本帳戶可自由兌換。長遠看，只有通過資本帳戶改革為更廣泛、更深入的國際使用創造條件，人民幣才有可能成長為重要的國際金融交易貨幣和國際儲備貨幣。但是在開放資本帳戶的時機成熟以前，人民幣離岸市場事實上對於資本帳戶可自由兌換具有一定程度的替代效果。換言之，建設和發展人民幣離岸市場，既將跨國資本流動的風險控制在有限的離岸市場範圍內，又以變相的放鬆資本管制來助推人民幣國際化。顯然，現階段人民幣離岸市場的發展創造了寶貴的時間視窗，使得資本帳戶改革可以從容不迫、有條不紊地適時推進。所以，人民幣離岸市場對於當前人民幣國際化進程而言還具有額外的現實意義。

　　國際經驗表明，在國際金融中心的離岸交易規模決定了貨幣的國際地位。對於倫敦、紐約等成熟國際金融中心來說，開展人民幣離岸業務的主動權在於市場主體的自發選擇，而這個水到渠成的過程可能非常迅速，也可能極其漫長。就遠期目標而言，成熟國際金融中心的人民幣離岸交易規模及其所占份額，可以作為檢驗人民幣是否已經成為主要國際貨幣之一的重要標準。然而，

受到全球金融海嘯的影響，國際金融中心正處於重大調整階段。特別是那些新興國際離岸金融中心，彼此間激烈競爭，積極爭搶人民幣離岸業務，唯恐喪失了先機。這表明，在某些國家或地區，存在著主動培育人民幣離岸市場的可能性。在綜合考慮了貿易、投資、地緣政治、文化、制度建設等影響因素後，通過層次分析法進行的人民幣離岸金融中心全球選址研究發現，亞洲的香港、歐洲的瑞士、美洲的哥斯大黎加、非洲的模里西斯等，是我國主動培育人民幣離岸市場的首選之地，其中香港的優勢最為突出。

香港是目前全球最大的人民幣離岸市場。香港人民幣離岸金融中心不僅是跨境貿易人民幣結算的主要平臺，也借助日益豐富的人民幣金融產品吸引了大量國內外企業、機構、政府或貨幣當局，形成了境外最大的人民幣資金池。與此同時，香港市場的示範效應也逐步體現。在亞太地區，新加坡、臺灣、澳門等地的人民幣離岸交易同樣活躍，而韓國、日本、澳洲、馬來西亞等國則已做出積極表態；在歐洲，倫敦、巴黎、盧森堡、法蘭克福、蘇黎世競相表示希望成為人民幣離岸金融中心；在非洲和美洲，也有不少國家在積極探索建立人民幣離岸市場的可行性。

本報告認為，應當抓住當前有利的時間視窗，充分利用國內經濟結構轉型期、國際離岸金融中心調整期以及國際市場尋求避險幣種等歷史機遇，以人民幣離岸市場建設促進人民幣國際化。在此過程中要特別注意處理好兩個關係。

第一，近期看，要處理好離岸市場與實體經濟的關係，強調人民幣離岸市場服務於中資企業和金融機構的國際化戰略。應當重視離岸市場配置全球資源的重要作用，尊重國際金融中心發展的客觀規律，本著互利互惠原則，進行頂層設計。應當沿著我國貿易、投資對外發展的足跡，在各大洲合理規劃人民幣離岸市場佈局。區分成熟國際金融中心和新興離岸金融中心不同的人民幣進入策略，既要通過離岸市場發展有效提高人民幣國際化水準，又要增強人民幣離岸市場服務於中資企業和金融機構國際化的能力。

第二，中遠期則要處理好人民幣在岸—離岸金融市場的關係，逐步實現在岸市場價格引導離岸市場價格的理想模式。當離岸金融市場達到一定規模後，

或許會干擾國內貨幣政策的實施效果，形成貨幣緊縮壓力或輸入性通貨膨脹。離岸市場交易也使得國際貨幣發行國的利率和匯率決定機制更加複雜。可以推論，隨著全球人民幣離岸市場從成長期進入成熟期，必將促使我國貨幣政策調控目標從數量模式轉向價格模式，同時也將對反洗錢等金融監管措施甚至法律制度的有效性提出挑戰。

　　《人民幣國際化報告2014》是課題組提交的第三份年度報告。隨著研究視野的逐步拓寬，隨著對特定問題的深度挖掘，經過與世界各國學術界同仁、企業界和金融界人士、政府官員等的廣泛接觸與交換意見，我們關於人民幣國際化戰略定位及其實現路徑的觀點也越發清晰。概括起來，主要就是三句話。首先，人民幣國際化必須堅持以實體經濟的國際化為基礎。如果个是由在國際市場上具有一定競爭力和影響力的本土跨國公司來主導對外貿易和投資活動，那麼本幣給予國際社會的信心其實是不充分的，此時貨幣國際化的根基很不牢固，而且也難以持久。其次，利用國際金融中心調整的歷史機遇，積極有序地推進人民幣離岸金融的全球佈局。在資本帳戶有限開放條件下，想要保持人民幣離岸市場的流動性、提高人民幣對非居民的吸引力，應當貫徹「內外互動」的戰略思想，實現「兩條腿走路」：一是建設內外分離的人民幣離岸市場，二是推動中資銀行國際化發展，以便將境內本幣業務的優勢延伸至境外。應該看到，至少在離岸市場發展初期，堅持離岸金融業務為實體經濟服務，通過指定清算行創建高效的離岸清算系統，即可又快又穩地提高人民幣國際化水準。最後，以中國（上海）自貿區的深化改革與開放實踐，積極推動雙邊經貿和金融合作，抓住絲綢之路經濟帶建設的重大機遇，增進政治互信，拓展中國對外經濟發展新空間，為人民幣國際化增添新的動力和巨大正能量。

2014年5月於北京

目　錄

第一章

人民幣國際化指數

1.1 人民幣國際化指數定義及編制宗旨

1.1.1 人民幣國際化

人民幣國際化可定義為人民幣在國際範圍內行使貨幣功能，成為主要的貿易計價結算貨幣、金融交易貨幣以及政府國際儲備貨幣的過程。在當前極其複雜與動盪的國際經濟環境中，中國要實現新型城鎮化、保持經濟穩健增長、維護核心利益，人民幣國際化無疑是一個非常重要的制度保障。

貨幣國際化需要具備一些基本的條件。例如，實體經濟保持穩健發展，在國際經濟和貿易中占有重要的地位；國內金融自由化水準和對外開放程度較高；建立有利於貨幣國際化的宏觀經濟與市場制度基礎。儘管人民幣已初步具備了國際化的一些條件，但是要實現最終的目標，中國還將面臨一個漫長而艱巨的過程。按照貨幣國際化的發展規律，人民幣國際化必須經歷周邊化—區域化—全球化三個發展階段，至少需要20～30年的時間。

毋庸置疑，人民幣國際化是一個市場自然形成與政府政策導向相結合的過程。這個過程充滿國際各方力量的反覆博弈，要求中國在政治、經濟、軍事、文化等多方面做好扎實的工作，提升綜合實力，以便從容應對人民幣國際化的風險與挑戰。

1.1.2 人民幣國際化指數

國際社會通常使用貨幣在官方外匯儲備中的比重來衡量貨幣國際化水準。各國政府按照國際貨幣基金組織（International Monetary Fund, IMF）的統計要求，將自己官方外匯儲備中名列前茅的貨幣報送IMF，然後由IMF公佈這一指標。由於IMF只單獨統計並公佈全球官方外匯儲備中比重大於1%的貨幣，符合該條件的貨幣目前只有美元、歐元、日圓、英鎊、瑞士法郎、加拿大元和澳元，也就是說，無法使用貨幣在官方外匯儲備中的比重這一國際通用指標來衡量人民幣國際化水準。

中國人民大學國際貨幣研究所從國際貨幣的基本職能出發，認為在人民幣資本帳戶有序開放的情況下，人民幣的國際貨幣功能應該主要體現在實體經濟領域，強調人民幣作為貿易計價結算和直接投資、國際債券交易貨幣的職能，並以此為指導思想選擇適當的變數和指標，編制了一個綜合的多變數合成指數——人民幣國際化指數（RMB internationalization index, RII），用來衡量和反映人民幣國際化的真實水準。通過觀察RII指數的數值及其結構變化，不僅可以直觀明瞭地評判人民幣國際化的程度及其主要影響因素，還可以把握不同因素對人民幣國際化的作用方向、影響大小，並對主要貨幣的全球使用情況進行動態比較。這就為政府決策部門、企業準確把握人民幣國際化的動態進程，及時抓住人民幣國際化中出現的來自國內外的新機遇，認清不斷出現的新挑戰，有針對性地調整或制定對策，提供了一個可操作的科學工具和一個高效的管理手段。

1.1.3 人民幣國際化指數的構建原則

第一，立足國際貨幣職能，既能反映人民幣國際應用實際狀況，又能體現人民幣國際化引導方向，突出人民幣作為實體經濟交易流通手段的功能。RII的編制，其核心目標就是要客觀反映世界各國使用人民幣的現狀，以便為政府部門制定相關決策、為私人部門使用人民幣相關金融產品、制定相應金融戰略

提供客觀、公正、可靠的依據。全球金融危機使人們認識到虛擬經濟過度發達帶來的危害，一旦貨幣脫離實體經濟而內生膨脹，金融體系的穩健運行就會遭到巨大破壞。因此，人民幣國際化指數絕不可過於注重虛擬經濟或衍生品類金融交易功能，而應強調實體經濟的交易流通功能。

第二，綜合考慮可比性與可操作性。RII的編制宗旨之一是為世界各國提供國際交易與儲備貨幣選擇的依據，這就要求設計中必須考慮評價結果在不同貨幣之間的橫向可比性和動態可比性。通過對比分析人民幣與其他主要貨幣的國際化指數，從結構上認識推動或阻礙人民幣國際化的主要因素，了解人民幣國際化與其他主要貨幣國際化之間的差距，發現其中的主要矛盾和突出問題，為政府分析檢討人民幣國際化目標實現情況以及推動措施的有效性提供一個便捷的評價工具，以便我國政府及時抓住人民幣國際化中的機會，制定恰當的、有針對性的對策，扎實、高效地推進人民幣國際化。與此同時，指標體系設計時還要充分顧及資料的可得性與可操作性。對於某些特別重要而又無法直接採集資料的指標，應根據盡可能多的資訊進行估計，而且所選擇的指標其內容應易於理解，不能有歧義，以確保所構建的RII能夠準確而方便地計算並應用。

第三，兼顧結構穩定性與靈活性。RII編制所依據的指標、各指標的權重不宜頻繁變化，以使評估結果的解釋具有一定的持續性與動態可比性。然而，不能將指數編制依據的指標及其權重僵化對待，應保持一定的靈活性。因為人民幣國際化的不同階段有不同的戰略目標，而且這些階段性戰略目標還要根據國際政治與經濟形勢的變化進行適當的調整。為了準確、客觀地反映人民幣國際化進程，編制RII的指標及各指標的權重應與人民幣國際化實踐和中國的戰略目標相適應，能夠在不同的階段進行適當的調整。

第四，指數編制方法透明、簡單。RII編制的指標選擇原則、權重確定原則，均在科學性與可操作性的指導下進行。同時，採用比較簡單直觀的計算方法，避免過於複雜、難以理解的方法。此外，指數編制的方法是公開的，以便政府及相關研究部門的工作人員對人民幣國際化問題進行協同研究，為RII的科學發展奠定堅實的基礎。

1.1.4 人民幣國際化指數指標體系

從理論上講，貨幣具有三種功能——價值尺度、支付手段和價值貯藏。考慮到在國際貿易中，計價貨幣通常就是結算貨幣，編制RII的目的之一是要側重反映人民幣在國際經濟活動中的實際使用情況，因此將價值尺度功能與支付手段功能合二為一，即為計價支付功能。由此人民幣國際化指數的一級指標主要包括國際計價支付功能與國際儲備功能兩大類，而國際計價支付功能又可以體現在貿易與金融兩大方面，因此在國際化指數中，貿易計價、金融計價與官方外匯儲備功能並行，所占權重均為1/3。

根據RII編制的原則之一，即向實體經濟交易流通功能方面加以引導，人民幣在國際貿易中實現的結算功能是評價人民幣國際化的重要組成部分，具體的三級指標可選擇世界貿易總額中人民幣結算所占比重。

根據國際收支平衡表，金融帳戶囊括了居民與非居民之間的金融交易活動。金融交易包括直接投資、國際證券和國際信貸三大類。指標體系中分別針對人民幣在這三大類金融交易中的實際功能設置了相應的指標，其中關於證券交易部分的指標設置做如下說明。

國際證券交易包括債券和股票兩部分，由於國際金融存在巨大的資訊不對稱風險，具有固定收益的債券的風險可控性優於股票，因此國際債券市場規模遠遠超過股票市場規模，一直在國際證券市場中占據主導地位，而且主要國家股票市場規模往往以本幣標價，缺乏按照幣種對非居民股票投資的統計，從金融學原理和資料可獲得性兩方面考慮，本報告使用國際清算銀行（Bank for International Settlements, BIS）的國際債券和票據指標來反映國際證券交易。按照BIS的統計分類標準，國際債券和票據包括：第一，所有由國內機構和非國內機構發行的非本國貨幣債券和票據；第二，所有本國市場上由國外機構發行的本國貨幣債券和票據；第三，所有非居民購買的本國市場上由本國機構發行的本國貨幣債券和票據。由此可見，國際債券和票據指標能夠很好地反映一國貨幣在國際證券市場的國際化程度。為了更加全面、準確地反映人民幣國際債

券和票據交易情況，本報告採用兩個指標：其一是存量指標，即債券和票據餘額；其二是流量指標，即債券和票據發行額。這樣做的理由在於，存量指標可以客觀地體現人民幣在國際債券和票據交易中的現實地位，流量指標則能夠更好地捕捉人民幣國際債券和票據的動態變化。當然，流量的累積形成存量，流量指標與存量指標之間的這種關係決定了存量指標本身含有流量指標的資訊，因此，我們對人民幣國際債券和票據交易的存量指標賦予了較大的權數。

國際儲備功能是國際貨幣職能最典型、最集中的體現。通常，一國貨幣在國際儲備中的比重是一個最直接、最明瞭的貨幣國際化衡量指標，該指標目前由IMF發佈。絕大多數國家從自身利益出發，一般不公佈官方外匯儲備中具體的貨幣結構，這就給人民幣國際儲備功能指標的資料收集造成極大困難。儘管人民幣尚未進入IMF的單獨統計行列，但是隨著我國統計制度的不斷完善，以及國際合作的深入，人民幣在官方外匯儲備中比重指標的資料可獲得性有望得到改善（見表1—1）。

表1—1 人民幣國際化指數指標體系

一級指標	二級指標	三級指標
國際計價支付功能	貿易	世界貿易總額中人民幣結算比重
	金融	全球對外信貸總額中人民幣信貸比重
		全球國際債券和票據發行額中人民幣債券和票據比重
		全球國際債券和票據餘額中人民幣債券和票據比重
		全球直接投資中人民幣直接投資比重
國際儲備功能	官方外匯儲備	全球外匯儲備中人民幣儲備比重

注：世界貿易總額中人民幣結算比重=人民幣跨境貿易金額/世界貿易進出口總額；
全球對外信貸總額中人民幣信貸比重=人民幣境外信貸金額/全球對外信貸總額；
全球國際債券和票據發行額中人民幣債券和票據比重=人民幣國際債券和票據發行額；
全球國際債券和票據餘額中人民幣債券和票據比重=人民幣國際債券和票據餘額/全球國際債券和票據餘額；
全球直接投資中人民幣直接投資比重=人民幣直接投資額/全球直接投資額；
全球外匯儲備中人民幣儲備比重=人民幣官方儲備餘額/全球外匯儲備餘額。

RII指標的主要資料來源於中國人民銀行、國際貨幣基金組織、國際清算銀行、世界銀行、聯合國貿易和發展組織。隨著人民幣國際化程度的提高，上述國際組織的指標統計將有所改進，人民幣在國際貿易、國際金融中的使用情況有可能單獨統計。屆時RII的指標體系有可能隨著國際組織指標統計的改進與細化，進一步納入更多的指標，並且在指標賦權上進行適當的調整。

1.1.5 人民幣國際化指數計算方法及其經濟含義

RII指標體系中每一個指標本身都是比重，不存在數量級差別，因此無須進行無量綱化處理，可以直接進行加權平均並編制RII。

$$RII_t = \frac{\sum_{j=1}^{5} X_{jt} w_j}{\sum_{j=1}^{5} w_j} \times 100$$

其中，RII_t表示第 t 期的人民幣國際化指數，X_{jt}表示第 j 個變數在第t期的數值，w_j為第 j 個變數的權數。

RII的經濟含義應做如下解讀：如果人民幣是全球唯一的國際貨幣，則RII指標體系中各項指標的數值就應該等於100%，此時RII為100。反之，如果人民幣在任何國際經濟交易中完全沒有被使用，則其各項指標的數值就等於0，此時RII為0。如果RII的數值不斷變大，表明人民幣在國際經濟中發揮了更多的國際貨幣職能，其國際化水準就越來越高。例如，當RII為10時，意味著全球各國的國際貿易、資本流動、官方外匯儲備資產交易活動中，有十分之一的交易額使用的是人民幣。

1.2　人民幣國際化指數及變動原因

1.2.1　人民幣國際化指數現狀

　　2013年人民幣國際化水準呈現穩步攀升的局面，人民幣在國際貿易、國際金融交易以及外匯儲備等方面的接受程度、使用規模大大提高，推動RII持續上升。如圖1—1所示，截至2013年第4季度，RII已達1.69，同比增長83.70%，再創歷史新高。2012年第1季度至2013年第4季度，RII環比增長率季度平均達15.66%，大大高於同期中國GDP和貿易的增幅。

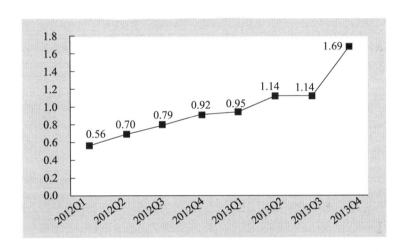

圖1—1　人民幣國際化指數

註：由於原始資料統計調整，2012年各季度RII依次由0.55、0.70、0.77和0.87（《人民幣國際化報告2013》）調整為0.56、0.70、0.79和0.92。

　　2013年四個季度，RII分別為0.95、1.14、1.14和1.69。2013年以來，以簡化流程、跨境使用便捷化為宗旨的相關政策不斷完善和落實，跨境人民幣貿易和投資結算業務規模平穩增長，結構有序改進，人民幣國際化程度快速提高。如圖1—2所示，RII同比增長率由2013年初的69.64%上升至2013年第4季度的83.70%。

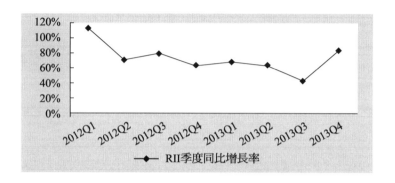

圖1—2　RII季度同比增長情況

1.2.2　推動RII走強的四大原因

第一，中國經濟穩中有升，保持全球GDP最高增長。2013年世界經濟活動開始回升，美國、日本等發達國家復甦勢頭明顯，外需增加對新興市場國家的經濟增長產生了一定的拉動作用，然而全球經濟下行風險與結構脆弱性依然存在，美國量化寬鬆政策退出致使新興市場國家面臨貨幣貶值、資本外流等壓力。在複雜的國際經濟環境下，中國新一屆政府大力推動新型城鎮化，調整經濟結構，增強創新能力，2013年中國國內生產總值達56.89萬億元，同比增長7.7%，儘管GDP增速同比有所放緩，但是仍然取得了全球經濟增長排名第一的好成績，「唱空中國」的論調在事實面前破產了。光明的經濟前景無疑為人民幣國際化提供了堅實的經濟基礎。

第二，實體經濟不斷擴大的人民幣需求是RII一路攀升的主要驅動力。2013年中國進出口貿易總額首次突破4萬億美元這一具有里程碑意義的歷史性關口，高達4.16萬億美元，超過美國2 499.2億美元。中國成為全球最大貿易國，世界各國與中國貿易往來日趨緊密，使用人民幣計價結算的優勢凸顯，人民幣國際使用需求日趨擴大。自2011年人民幣國際化全面啟動以來，人民幣已經超越了22種貨幣，在全球交易中排名突飛猛進。據環球同業銀行金融電訊協會（Society for Worldwide Interbank Financial Telecommunications, SWIFT）統計，截至2013年底，人民幣成為全球第八大支付貨幣，市場份額達1.12%，同

比增長率高達15%。

第三，全面深化改革大大增強了市場信心。2013年11月，十八屆三中全會通過《中共中央關於全面深化改革若干重大問題的決定》，習近平總書記親自擔任中央全面深化改革領導小組組長，彰顯了中國政府提升國家治理能力、推動市場經濟建設的堅定信念。加快利率市場化改革，加快實現人民幣資本項目可兌換，完善人民幣匯率市場化形成機制，以中國（上海）自貿區為試點，提升對外開放標準，這一系列深化中國金融體制改革的措施，必將釋放巨大的制度紅利，大大提振了市場對人民幣的信心，激發了人民幣走向國際市場的廣闊潛力。

第四，離岸市場迅速發展，加速了人民幣自由化與國際化進程。2013年人民幣離岸市場發展迅速，離岸人民幣存款已達1.5萬億元。在中國資本帳戶尚未完全放開的情況下，離岸市場成為滿足非居民使用人民幣進行貿易結算、投融資需求的重要手段。香港是規模最大的境外人民幣離岸資金運作中心，人民幣存款規模達8 604.72億元，較2012年增長了42.70%。臺灣、新加坡的離岸人民幣業務也初具規模。2013年2月中國大陸—臺灣兩岸貨幣清算機制設立，46家臺灣銀行開始提供人民幣存款、貸款、匯款以及財富管理業務，在旺盛的人民幣資金需求推動下，臺灣離岸人民幣業務增長速度超過香港。由於存在地緣優勢，東南亞國家的人民幣業務更多發生在新加坡，67家新加坡商業銀行開立人民幣同業往來帳戶，與清算行開展的人民幣融資交易達1 400億元，人民幣清算量達2.6萬億元。此外，倫敦、盧森堡、法蘭克福等歐洲金融中心也積極開展人民幣離岸存貸款、發債業務，離岸人民幣金融交易開始走出亞洲，向歐洲擴展。

BIS：人民幣成為世界第九大貨幣

　　2013年4月，國際清算銀行每隔三年發佈一次的全球外匯交易及衍生品市場調查顯示，在全球外匯和衍生品市場交易中，美元仍居於主導貨幣地位，世界占比達87%，其後依次為歐元、日圓、英鎊、澳元[1]、瑞士法郎、加元和墨西哥比索，接下來就是人民幣。過去三年，受到歐洲主權債務危機的影響，歐元交易量下降了6個百分點，但其日均交易量占比仍然比日圓高10個百分點。英鎊交易量也出現小幅下挫。2013年，日本在安倍經濟學預期通貨膨脹目標的刺激下，匯率波動較大，日圓交易量顯著上升。日圓日均交易量全球占比為23%，達1996年以來的最高水準。此外，世界外匯及衍生品交易集中度進一步提高，發生在英國、美國、新加坡和日本的外匯交易較2010年上升5%，占全球外匯交易的71%。

　　值得關注的是，人民幣的國際地位得到顯著提升。人民幣日均交易量由2010年的340億美元增長至2013年的1 195.63億美元，人民幣外匯交易全球占比由2010年的0.9%躍升為2.2%。人民幣首次超越瑞典克朗和港幣，進入全球十大外匯交易貨幣行列，成為外匯市場中第九大活躍交易幣種。離岸市場是人民幣外匯交易的主要陣地，人民幣交易業務集中在貿易支付和風險對沖領域。

1　本書中若非特別聲明，澳元均指澳洲元。

1.3 人民幣國際化指數變動的結構分析

1.3.1 人民幣國際貿易計價結算占比迅猛增長

　　跨境貿易人民幣結算是人民幣國際化的堅實後盾。如圖1—3所示，2013年跨境貿易人民幣結算規模高速增長。銀行累計辦理跨境貿易人民幣結算業務達4.63萬億元，同比增長57.5%。2013年第4季度，跨境貿易人民幣結算規模為1.47萬億元，其中，貨物貿易結算金額0.95萬億元，服務貿易及其他經常專案結算金額0.52萬億元。跨境貿易人民幣結算規模全球占比也從2012年初的1.03%提高至2013年第4季度的2.50%，增長了143%。

　　跨境貿易人民幣結算仍然存在收付不平衡問題。2013年跨境貿易人民幣結算實收1.88萬億元，實付2.75億元，收付比率為1:1.46。與2012年的1:1.2相比，失衡問題有所惡化。導致這一現象的一個重要原因是人民幣升值趨勢明顯，中國內地與香港之間存在較大匯差，人民幣套利操作活躍，在一定程度上加劇了跨境貿易人民幣收付比失衡。

　　據SWIFT統計，截至2013年10月人民幣在全球傳統貿易融資即信用證及支付中的市場占有率達8.66%，首次超越歐元，成為僅次於美元的全球第二大貿易結算貨幣。然而，與美元占全球貿易結算81.08%的份額相比，人民幣在國際貿易結算中的使用程度並不算高（見圖1—3）。中國內地、香港、新加坡、德國和澳洲為人民幣貿易結算的前五大國家和地區。

　　2013年跨境貿易人民幣結算份額穩步增長主要源於以下三方面原因：

　　第一，國際貿易環境改善，有利於擴大人民幣結算規模。2013年歐美等發達經濟體呈現出製造業復甦、經濟好轉的跡象，全球範圍內經貿活動整體出現恢復性增長，貿易環境總體好於2012年，《世界經濟展望》將2014年世界貿易總量增長預測值調整至4.5%。復甦的全球國際貿易活動有利於跨境貿易人民幣結算業務的整體規模擴大。截至2013年底，中國進出口總額達41 603億美元，同比增長了7.6%。值得一提的是，2013年中國服務貿易規模達5 396.4億美元，

同比增長14.7%，服務貿易規模擴大、競爭力增強成為中國提升國際貿易地位與議價能力的重要手段。

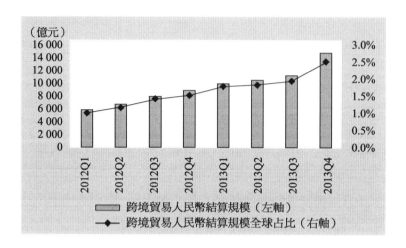

圖1—3　跨境貿易人民幣計價結算功能

　　第二，雙邊貿易與區域合作加強，為人民幣結算開闢了新的空間。在國際貿易區域化、雙邊化的新形勢下，2013年中國進一步加強雙邊與區域貿易合作，多方尋找貿易機遇，開闢新的貿易增長空間。例如，在亞太地區，同香港、澳門、臺灣發展更加緊密的經貿關係，努力推進中國—韓國、中國—澳洲自由貿易談判進程。在歐洲地區，簽署中國—冰島、中國—瑞士自由貿易協議，與德國、英國、愛爾蘭有關部門簽署了雙邊服務貿易促進合作協議。此外，還基於歷史文化淵源，與東南亞、阿拉伯、東非、中亞國家探索建設海陸絲綢之路經濟帶。由此帶來的貿易規模增加和結構改善，為國際貿易中人民幣結算份額的提升奠定了堅實基礎。

　　第三，改革創新，跨境貿易人民幣結算便利化。讓市場發揮決定性作用，減少政府對經濟活動的干預是2013年中國經濟改革的鮮明特點。2013年7月10日，中國人民銀行發佈《關於簡化跨境人民幣業務流程和完善有關政策的通知》，大大簡化了經常專案下跨境人民幣結算、融資業務的審核程序，受到跨

境人民幣結算成本下降、效率提高的激勵，企業有更強的動機使用人民幣結算。地方政府因地制宜進行體制改革，有針對性地放鬆外匯管制。全球小商品貿易中心浙江、邊境貿易大省廣西開始個人跨境貿易人民幣結算業務試點。2013年上半年，浙江義烏市累計辦理個人跨境人民幣業務4 598筆，累計規模達40.25億元，覆蓋50多個國家和地區。 2013年下半年，廣西東興市辦理個人跨境貿易人民幣結算5 348筆，總規模達62.97億元。此外，金融機構也進行了大量的管道、產品創新，疏通跨境人民幣融資管道，使得人民幣貿易融資成本降低，投資管道有所拓寬，為跨境貿易人民幣結算提供了必要的金融支援。

專欄1—2

中國與其他新興市場國家金融合作進一步深化

東盟是中國的戰略夥伴。2002—2012年中國和東盟的雙邊貿易額年均增長23.6%，相互投資累計增長3.4倍，東盟與中國的經濟週期相關性越來越強。然而，僅有「大米換高鐵」式的互補性貿易是不夠的，2013年10月習近平主席在印尼國會演講時提出共建21世紀「海上絲綢之路」的構想，旨在推動雙邊貿易升級。李克強總理提出力爭於2015年底前全面完成「區域全面經濟夥伴關係（RCEP）」談判，籌建亞洲基礎設施投資銀行，加強基礎設施和金融合作，從而為中國—東盟經貿合作打造未來「鑽石十年」奠定堅實基礎。通過雙方互設金融機構、雙邊本幣結算、完善貨幣互換機制與清算機制，中國與東盟的金融合作進一步深化。中國已同7個東盟國家簽署了雙邊監管諒解備忘錄，就市場准入、金融日常監管等方面達成共識。截至2013年6月，中資銀行在9個東盟國家共設立了3家法人銀行、16家分行和1家代表處；共5個東盟國家銀行

在中國設立了7家法人銀行。2013年，中國銀行啟動人民幣對印尼盾的現鈔掛牌交易，浦發銀行南寧離岸業務創新中心成立，為中國與東盟國家的經貿往來與離岸金融發展增添了新的活力。

貨幣互換與金融合作是建設海陸兩條絲綢之路的關鍵。在上海合作組織政治、經濟合作加深的基礎上，中國與中亞國家金融合作進入雙贏新階段。2013年8月，位於中國、哈薩克邊界的霍爾果斯國際邊境合作中心獲准進行跨境人民幣創新業務，成為內陸離岸人民幣金融業務試點區。新疆正建設成為中國向西開放的橋頭堡，以及溝通中國與中亞的區域性金融平臺。目前，已有4個國家的商業銀行在新疆轄區開設12個人民幣同業往來帳戶，人民幣對哈薩克貨幣堅戈也實現現鈔掛牌交易。

金磚國家合作機制從政治轉向政治、經濟全面合作，其中金融合作逐步落實，跨入協同發展新階段。2013年3月27日，金磚國家領導人第五次會晤，簽署了《金磚國家多邊可持續發展合作和聯合融資協議》、《金磚國家非洲多邊基礎設施聯合融資協議》以及《金磚國家工商理事會成立宣言》等文件，決定建立金磚國家開發銀行並籌備設立金磚國家外匯儲備庫。2013年9月，金磚國家已就應急儲備的規模、比例、運作機制等達成基本共識，預計規模為1 000億美元，其中中國將向金磚國家應急儲備安排提供最大份額。金磚國家進行務實的金融合作，對於應對美國QE退出風險、提升新興市場國家整體金融穩定水準與貨幣地位具有重大意義，對於中國參與國際貨幣體系治理、提高人民幣影響力也有積極意義。

1.3.2　人民幣國際金融計價結算功能強化

2013年人民幣國際金融計價支付功能進一步強化，在國際信貸、直接投資以及國際債券和票據的交易與結算中，人民幣金融交易規模繼續擴大，保持高速上漲趨勢。截至2013年第4季度，人民幣國際金融計價結算綜合占比達

2.08%，同比增長了86.17%。2012年第1季度至2013年第4季度，人民幣國際金融計價結算綜合指標同比增長率平均達127.46%，增長迅猛（參見圖1—4）。國際信貸、直接投資是2013年人民幣金融交易份額大幅上升的兩大重要推手。

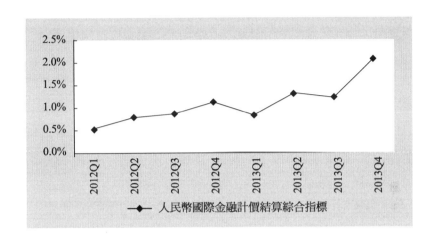

圖1—4　人民幣國際金融計價結算綜合指標

注：人民幣國際金融計價結算綜合指標由全球對外信貸總額中人民幣信貸比重，全球國際債券和票據發行額、餘額中人民幣債券和票據比重，以及全球直接投資中人民幣直接投資比重構成。

（1）人民幣國際信貸。

2013年人民幣國際信貸規模迅速增長，人民幣境外信貸存量已經達2010年初的11.25倍。人民幣國際信貸全球占比由2012年第1季度的0.25%上升至2013年第4季度的0.42%（如圖1—5所示）。

市場、金融改革、政策三方面的力量推動人民幣國際信貸一路高歌猛進。首先，貿易規模增加對貿易融資的依賴程度有所上升，隨著中國成套設備出口份額提高，貿易融資需求越來越旺盛。中國參與國際投資、併購的企業已超過2萬多家，境外經營的資金需求十分強烈。來自實體經濟的融資需求為人民幣國際信貸規模平穩快速增長奠定了市場基礎。其次，深圳前海、中國（上海）自由貿易區、江蘇昆山三大試點地區在跨境人民幣借貸業務方面先行先試，突破現行制度的限制，為人民幣國際信貸增長創造了有利條件。最後，規範、簡

化人民幣境外放款業務流程對推動人民幣國際信貸也發揮了非常重要的作用。2013年7月10日，中國人民銀行發佈《關於簡化跨境人民幣業務流程和完善有關政策的通知》，進一步提高了跨境人民幣結算效率，便利銀行業金融機構和企業使用人民幣跨境結算，特別是對境內非金融機構人民幣境外放款等業務進行完善與規範，為人民幣國際信貸規模全球份額的穩步提升提供了有利的制度政策環境。

此外，2013年12月9日起，商業銀行可以在銀行間市場發行及投資可轉讓存款證（NCD），打開了人民幣國際融資業務的批發市場。自此，繼2010年8月境外機構進入境內銀行間債市、2011年12月人民幣合格境外機構投資者（RQFII）開閘，人民幣資本項下的債券、股票、貸款管道基本打通。

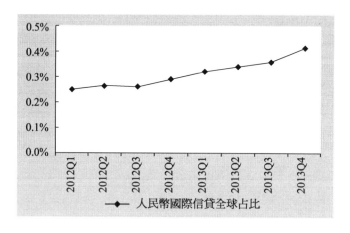

圖1—5　人民幣國際信貸全球占比情況

三大金融試點區成為跨境人民幣貸款業務的先鋒

　　跨國公司是貿易的組織者和推動者，貿易發展需要金融的大力支持，這是當下國際貿易的新特徵。為了更好地滿足跨境貿易人民幣結算的需求，推動人民幣的跨境使用，在銀行主導的金融模式下，促進跨境人民幣信貸業務至關重要。

　　2012年12月27日，中國人民銀行批復《前海跨境人民幣貸款管理暫行辦法》，前海跨境人民幣貸款業務正式啟動。在前海註冊成立並在前海實際經營或投資的企業可以從香港經營人民幣業務的銀行借入人民幣資金，用於前海建設與開發，貸款期限由借貸雙方在合理範圍內自主確定。2013年1月28日，首批前海跨境人民幣貸款項目在深圳正式簽訂，包括國家開發銀行、中國銀行、恒生銀行、渣打銀行在內的15家銀行與15家企業簽訂貸款專案26個，協議總額達20億元。

　　2013年2月，國務院正式批復設立昆山實驗區開展個人跨境人民幣業務試點，允許昆山實驗區內企業與臺灣地區企業在企業集團內部試點開展人民幣借貸業務等。2013年9月，中國銀行昆山分行完成首筆臺資企業集團內部人民幣借款業務，金額為500萬元。

　　2013年12月2日，中國人民銀行發佈《關於金融支持中國（上海）自由貿易試驗區建設的意見》，區內中外資企業都可以從境外借入人民幣資金。12月5日，交通銀行上海分行與香港分行聯動，為上海東方網電子商務有限公司提供首批跨境人民幣境外借款業務；中國銀行為益海嘉裡（上海）國際貿易有限公司辦理了自貿區首筆跨境人民幣雙向現金池業務，收1億元，付1.5億元。

　　綜上所述，前海、昆山、上海三大金融改革試點區進行的跨境人民

幣信貸業務創新，從制度上為境外人民幣回流構建了一個穩定、高效的機制，也為境內企業獲取低成本的境外人民幣提供了新平臺，有利於人民幣在國內外兩個市場發揮資源優化配置的功能。

（2）人民幣直接投資。

截至2013年第4季度，銀行累計辦理人民幣跨境直接投資結算業務達5 337.4億元，為2012年同期的1.9倍。如此大幅度的增長使得2013年人民幣直接投資規模全球占比呈現快速上升趨勢，至第4季度該占比指標創5.28%的歷史新高（見圖1—6）。

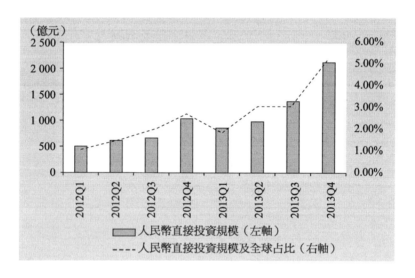

圖1—6 人民幣直接投資規模及全球占比

2013年中國經濟平穩增長，激發了外商投資的積極性。實際使用外商直接投資達1 176億美元，同比增長5.3%；其中，人民幣投資（人民幣FDI）的規模為4 481.3億元，同比增長76.7%，占外商直接投資總額的62.4%。隨著中國經濟轉型與產業結構升級調整，一些勞動密集型產業向東南亞、南亞、拉美等發展中國家和地區轉移，2013年中國成為僅次於美國、日本的世界第三大對外直接

投資國，為人民幣境外直接投資帶來了巨大的增長和發展空間。人民幣對外直接投資（人民幣ODI）規模為856.1億元，同比增長1.8倍。

　　人民幣直接投資相關政策進一步規範。2013年10月10日，中國人民銀行發佈《關於境外投資者投資境內金融機構人民幣結算有關事項的通知》，境外投資者獲准按有關法律規定使用人民幣投資境內金融機構，具體領域包括新設、增資、併購、參股、股權轉讓、利潤分配、清算、減資、股份減持或先行回收投資等。2013年12月3日，中國商務部發佈第87號《關於跨境人民幣直接投資有關問題的公告》，進一步推進跨境人民幣直接投資便利化，完善相關監管措施，境外投資者原出資幣種變更為人民幣無須辦理合同或章程變更審批，簡化審批申請手續。

　　此外，人民幣合格境外有限合夥人（RQFLP）試點啟動，國外基金的投資範圍進一步擴大。符合RQFLP試點的股權投資基金可直接在境外募集人民幣，通過RQFLP通道匯入設在上海的PE基金管理公司，投資境內企業未上市股權，分享企業的利潤。2013年8月15日，上海銀行完成國內首筆RQFLP境內股權投資服務。RQFLP吸收境外人民幣資金屬於外資人民幣基金，投資範圍需遵守《外商投資產業指導目錄》。

　　（3）人民幣國際債券和票據。

　　債券市場是最重要的國際金融市場，國際債券市場的幣種份額是衡量一國貨幣的國際認可程度的重要指標之一。2013年人民幣國際債券和票據發行規模達232.45億美元，較上年同期下降了8.50%，第4季度全球占比為0.95%，具有發行規模波動幅度較大的特點。與此同時，人民幣國際債券和票據餘額呈上升趨勢，由2012年第1季度的408.65億美元增長至2013年第4季度的713.74億美元，全球占比達0.33%（見圖1—7）。

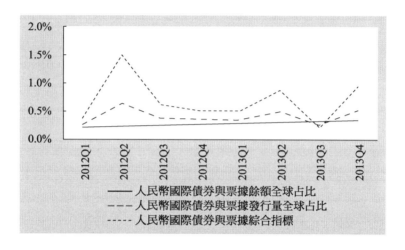

圖1—7人民幣國際債券與票據綜合指標

　　境內外利差的存在、離岸市場的迅猛發展、銀行間債券市場對外開放是人民幣國際債券與票據規模不斷增長的主要原因。

　　第一，中國境內利率較高，境內企業有發行人民幣國際債券的內在動力。中國經濟保持較高增長速度，投資是一個主要的推動力，旺盛的投資需求使得利率維持在較高水準。從債券供給角度看，由於發達國家還在實行量化寬鬆政策，利率水準幾乎為零，這就造成境內外存在大約3個百分點的利差，為了降低融資成本，不少企業積極謀求到境外發債融資，發債需求上漲直接推動了人民幣國際債券發行規模增加。從債券需求角度看，由於人民幣國際債券具有較高的回報率，市場對中國經濟前景看好、對人民幣有持續的升值預期，增強了人民幣國際債券的投資吸引力，一些大型國際資產管理機構、全球基金開始在其資產組合中增加人民幣債券。

　　第二，離岸市場發展為人民幣國際債券發行奠定了堅實的市場基礎。香港是人民幣債券的主要發行與交易市場，截至2013年底香港人民幣債券發行總額達3 700億元，85%的發行證券達到投資等級。新加坡作為東盟地區的人民幣離岸中心，2013年5月推出了由滙豐銀行與渣打銀行發行的首批人民幣計價債

券，合計規模為15億元，並進入新加坡交易所掛牌交易。2013年11月中國工商銀行在新加坡發行2年期、20億元人民幣「獅城債」，人民幣計價債券受到廣泛歡迎，債券實現2.6倍超額認購。臺灣地區正在成為人民幣債券的新興市場。2013年6月，德意志銀行在臺灣地區發行11億元人民幣債券，居民個人可以投資該債券，並在臺灣證券交易所進行櫃檯交易。中國農業銀行等企業在臺灣地區發行了6筆人民幣計價的寶島債，規模達到40億元。除了亞洲地區外，歐洲離岸市場的人民幣國際債券發行也十分活躍。2013年上半年盧森堡發行的人民幣債券規模超過了香港、倫敦，已成為僅次於香港的第二大人民幣離岸市場。

第三，銀行間債券市場開放，提升了人民幣國際債券的流動性，解決了投資者的後顧之憂。2013年3月，QFII和RQFII獲准進入中國銀行間債券市場參與交易。截至2013年底，已有超過100家包括境外央行、國際金融機構（包括世界銀行、國際金融公司[1]）、主權財富基金、港澳清算行、境外參加行、境外保險機構和RQFII等境外機構獲准進入銀行間債券市場。值得一提的是，在國際債券市場具有舉足輕重地位的世界銀行投資人民幣債券，參與中國債券市場交易，意味著世界銀行對中國金融產品安全性的肯定及對人民幣國際化的信心。此舉大大增強了境外機構投資者對人民幣金融市場的信心，對推動人民幣債券與票據的需求增長發揮了積極作用。

專欄1—4

重啟國債期貨市場對人民幣國際化的影響

1976年1月，美國芝加哥商業交易所首次推出90天國債期貨，1年後

---

1 2013年12月26日，中國人民銀行與世界銀行集團的成員組織國際金融公司(International Finance Corporation, IFC)在北京簽署了《中國人民銀行代理國際金融公司投資中國銀行間債券市場的代理投資協定》。根據該協定，IFC將投資120億元人民幣在中國銀行間債券市場。

又陸續推出2年期、5年期、7年期和10年期國債期貨，為投資者提供成本低廉的利率風險管理工具。國債期貨增強了美國國債市場的吸引力，使得美國成為全球最大的國債市場。目前，美國、歐元區、英國、日本、加拿大、墨西哥、俄羅斯等23個國家和地區擁有國債期貨市場，根據國際清算銀行和美國期貨業協會（FIA）的統計，2012年全球利率期貨交易約占全球各類金融期貨交易金額的90%，而大約一半的利率期貨交易為國債期貨。經過5年多的反覆醞釀，2013年9月6日，中國金融期貨交易所推出3款國債期貨產品，標誌著「327」國債期貨投機事件的陰霾散盡，關閉18年之久的國債期貨市場浴火重生。2013年12月18日，中國金融期貨交易所國債期貨合約TF1312順利完成交割，標誌著國債期貨完成了首個合約從掛牌、交易到交割的生命週期，國債期貨的產品、規則和制度設計得到了市場的檢驗。

重啟人民幣國債期貨，是中國金融市場體系建設的里程碑事件，對提升中國金融市場的競爭力有重大意義。國債期貨不僅為風險偏好不同的市場主體發行人民幣債券提供了高效的利率風險管理工具，還為債券市場利率定價提供了科學依據，更為人民幣國際化積聚了正能量。

擴大人民幣境外使用，刺激境外企業、機構持有人民幣動機的一個前提條件是人民幣能夠保值增值。與國內的金融市場機構不同，國際金融具有明顯的證券化特徵，以直接融資方式為主。投資股票的風險較高，風險適中的債券市場是國際投資者青睞的對象，國際債券市場的規模遠大於股票市場，這就意味著建設一個規模龐大的人民幣債券市場是推動人民幣國際化的必要前提。中國債券市場上規模最大、信用最高、流動性最好的也是國債，以前由於國債承銷商缺少對沖工具，常常選擇將國債放入持有至到期帳戶的低收益操作方式或者在一級半市場出售國債的高風險操作方式，國債承銷商缺少合理定價的機制，抑制了進行國債交易的動力，使得國債需求不旺，發行效率較低。國債期貨為國債發行市場的承銷商提供了避險工具，大大降低了債券的持有成本和交易成

本，進而降低了國債發行利率和發行成本，有利於刺激承銷商和投資者參與國債一級和二級市場的積極性，擴大國債市場規模，滿足人民幣國際化後境外投資者對國債投資的需求。此外，按照目前資本帳戶管制下的制度安排，離岸人民幣市場辦理人民幣業務的境外機構可以進入國內銀行間債券市場進行投資和交易，而國債期貨的轉託管機制意味著國債期貨能夠同時連接交易所市場和銀行間市場，可以有效消除交易所和銀行間市場兩個市場間同一債券的定價差別，提高債券市場的定價能力。這樣，銀行間市場的投資者能夠得到更合理的收益，境外持有人民幣的機構也可從中受益，有利於提高其擴大人民幣業務的主動性，為人民幣國際化積聚更多的正能量。

1.3.3 人民幣外匯儲備功能繼續擴大

隨著中國經濟實力增強，國際貿易與金融交易中人民幣使用份額不斷提高，人民幣作為儲備貨幣的國際接納範圍也隨之擴大，包括英國、歐盟在內的越來越多的國家將人民幣納入其官方儲備資產的範疇。具體來看，2013年3月17日，玻利維亞央行宣佈在2012年的基礎上增加購買人民幣數量，以實現國際儲備多元化並增強其保值能力；4月24日，澳洲央行明確表示將以大約5%的外匯資產購買中國國債，將人民幣納入外匯儲備；8月1日，白俄羅斯宣佈開始將中國國內市場的人民幣資產納入外匯儲備；10月2日，臺灣貨幣管理機構首次將人民幣納入其外匯儲備；11月12日，南非儲備銀行宣佈，投資15億美元購買中國債券，約占其儲備資產的3%，以降低系統性風險。截至2013年，中國人民銀行已與23個國家和地區簽署貨幣互換協議，總規模達2.57萬億元，不僅有利於維護金融穩定，也便利了中國與其他國家或經濟體的雙邊貿易和投資。通過雙邊貨幣互換協議，2013年人民幣正式進入英國、歐盟等主要發達國家的官方儲備資產。人民幣的外匯儲備功能進一步增強。

1.4 主要貨幣的國際化指數比較

　　國際貨幣多元化是一個動態發展的過程，國際貿易格局、國際金融市場的複雜變化往往會改變主權貨幣的國際使用程度。為了客觀評估國際貨幣格局的發展變化，反映人民幣與主要貨幣國際化水準之間的差距，本報告還用與編制RII同樣的方法，編制了美元、歐元、日圓、英鎊的國際化指數（見表1—2和圖1—8）。2013年四大主要貨幣的國際使用程度呈現上升趨勢，第4季度四大貨幣的國際化指數的加總數值較2012年同期上升了3.67個百分點。

表1—2　世界主要貨幣國際化指數

	2012Q1	2012Q2	2012Q3	2012Q4	2013Q1	2013Q2	2013Q3	2013Q4
美元	52.47	53.24	53.49	52.93	52.73	55.05	53.68	52.96
歐元	27.95	28.37	28.97	26.68	24.69	27.85	25.17	30.53
日圓	4.22	4.71	4.77	4.60	4.10	4.44	4.51	4.27
英鎊	4.49	4.56	4.95	4.18	4.32	3.98	3.94	4.30
總計	89.13	90.88	92.18	88.39	85.84	91.32	87.30	92.06

　　2013年美國經濟逐步復甦，就業形勢好轉，居民消費回暖，私人投資、出口等增長較快。儘管金融危機、多輪量化寬鬆政策不斷打擊國際社會對美元的信心，然而美元最佳避險貨幣的地位依然難以撼動。年初美聯儲發出QE退出的明確信號，推動美元升值，全球資金加速回流美國並向央行體系回籠，世界各國美元需求量呈上升趨勢。然而，2013年第4季度，美國經濟表現遜於預期，美元國際債券與票據發行規模全球占比降至39.25%，同比降低了11.16%；全球外匯儲備中美元占比61.18%，同比下降了0.22%。總之，美元國際地位基本穩定，截至2013年第4季度美元國際化指數達52.96。

　　歐債危機不確定性尚存，高額債務及金融分割狀態負面作用依然明顯，2013年初期歐元區內國家經濟復甦緩慢且不均衡，歐元匯率波動加劇。然而，2013年下半年，歐元區經濟復甦加速，區域經濟體間差距縮小。直接投資規模

大幅增長，改善了歐元國際使用的實體經濟基礎。在國際債券市場，歐元計價國際債券與票據發行額的全球占比升至44.65%，同比增長了20.25%。2013年底，國際外匯儲備中歐元份額達24.45%，同比上升了0.92%。由此，歐元國際地位開始呈現上升趨勢，2013年第4季度歐元國際化指數達30.53，較2012年同期增長了3.85個百分點。

2013年以來，日本首相安倍晉三繼續推行經濟刺激政策，日圓大幅貶值，對日本股市上揚、出口擴大、企業信心恢復具有一定的積極作用。然而，國內經濟的沖高回落、國際政治與外交摩擦的不斷增加，致使日圓國際信心大幅下降，避險功能被弱化。2013年第4季度日圓國際債券和票據餘額全球占比降至2.21%，國際信貸全球占比同比下降幅度高達9.25%，國際外匯儲備中日圓份額為3.94%，同比下降了3.74%。因此，2013年日圓的國際地位和影響力呈下降趨勢，至第4季度國際化指數為4.27，同比降低了0.33%。

2013年英國經濟持續增長，GDP增速達1.9%，經濟表現好於預期。2013年年中英鎊匯率下跌至歷史新低，隨著英國經濟復甦反彈，成為世界主要避險貨幣之一。然而，英國經濟背後的隱憂難以忽視，出口疲軟，企業投資不足，製造業產出與訂單數量仍未回到危機前水準。直接投資規模下降，國際社會對英國經濟與英鎊的信心不足，2013年第4季度外匯儲備中英鎊占比為4.01%，同比下降了0.82%。在國際債券市場上英鎊表現也不理想，2013年第4季度，英鎊國際債券與票據發行額的全球占比降至6.56%。但是，國際信貸市場中英鎊份額小幅上升，同比增長了1.41%。總體來看，2013年英鎊國際化指數溫和上升，截至第4季度英鎊國際化指數為4.30。

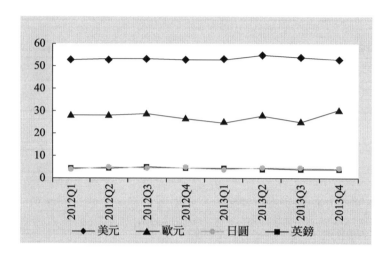

圖1—8 世界主要貨幣國際化指數變化趨勢

中英合作打造倫敦第三金融中心

　　中英兩國經濟互補性很強，雙方在加強貨幣金融合作方面表現出迫切的需求和願望，合作打造倫敦人民幣離岸中心是兩國互惠雙贏的共同要求。對於英國而言，倫敦外匯交易市場龐大，吸引了全球三分之一的外匯交易量，市場對人民幣已有相當大規模的需求，而且隨著人民幣國際化步伐的加速，倫敦清楚地意識到，拓展人民幣業務是增加其金融業收入、鞏固其國際金融中心地位的必要途徑。此外，由於受到歐洲主權債務危機的衝擊，英國經濟復甦仍然比較脆弱，積極加強中英經濟金融的合作，可為英國經濟復甦注入新的活力。對於中國而言，歐盟是中國最大的貿易夥伴，也是中國近年來的主要投資地區，實體經濟在國際

經濟活動中對人民幣的需求比較旺盛，客觀上需要就近建設離岸市場來提供人民幣金融服務。倫敦是歷史最悠久、規模最大的全球離岸金融中心，具有超級強大的金融創新、風險管理和市場監管能力，選擇倫敦作為輻射歐洲的人民幣離岸中心，不僅有利於滿足市場的人民幣需求，提高人民幣配置國內外金融資源的能力，還有利於擴大人民幣金融交易規模，使得人民幣在國際金融交易中發揮更大的功能。

為了將人民幣市場共同打造成為倫敦第三金融中心。2013年6月22日，中國人民銀行與英格蘭銀行簽署了規模為2 000億元人民幣/200億英鎊的中英雙邊本幣互換協議，為市場提供足夠的流動性，消除流動性風險對人民幣離岸業務的干擾。2013年10月，英國財相奧斯本訪華，中英兩國政府在第五次中英經濟財經對話中達成多項協議，推動兩國經濟金融更加緊密地合作。例如，中英雙方同意在上海和離岸市場進行人民幣與英鎊直接交易；中國將英國的RQFII額度提高到800億元，為倫敦離岸人民幣市場構建了穩定的回流機制，大大提升了倫敦人民幣離岸業務的吸引力。滙豐銀行、巴西銀行、澳新銀行、中國建設銀行等多家國內外銀行競相在倫敦市場發行人民幣債券。2013年11月26日，中國工商銀行總行在倫敦發行20億元離岸人民幣債券，債券認購率超過4倍，優質金融資源不斷注入倫敦，進一步激發了市場對人民幣債券的投資熱情。

在政府和市場的雙重推動力量下，倫敦人民幣離岸業務持續強勁發展。與2012年相比，人民幣遠期、互換、利率產品等交易量大幅上漲，2013年6月，人民幣存款規模達145億元人民幣，信用證規模達33億元人民幣，日均人民幣外匯交易額也較2012年同期翻番。

第二章

人民幣國際化現狀

　　人民幣國際化自2009年啟動以來，已經歷時四年有餘。四年間，在跨境貿易結算、直接投資等領域，人民幣的被接受程度不斷提高，人民幣國際化進程不斷推進。中國共產黨十八屆三中全會拉開了中國新一輪改革的序幕，利率市場化、匯率市場化和資本帳戶開放等金融領域重大改革已經駛入快車道，制度上的新變化必將為人民幣國際化增添更多的正能量。

2.1　跨境貿易人民幣結算

　　跨境貿易使用人民幣計價結算是人民幣國際化穩步推進的堅實基礎。企業在跨境貿易中使用人民幣進行計價結算，可以有效地節約匯兌成本、規避匯率風險。2013年7月10日，中國人民銀行發佈了《關於簡化跨境人民幣業務流程和完善有關政策的通知》，旨在進一步提升跨境人民幣的結算效率，便利銀行業金融機構和企業使用人民幣進行跨境結算。此外，個人跨境人民幣業務開始在浙江義烏、廣西東興試點，在試點區域內從事貨物貿易、服務貿易及其他經常專案等業務的境內外自然人，可按照相關規定開立人民幣銀行結算帳戶，辦理跨境貿易人民幣結算業務。

　　2013年跨境人民幣業務呈現出以下幾個特點：

（1）規模繼續擴大，結算額與結算比例快速上升。

人民幣結算金額穩步增長，在進出口總額中占比上升迅速（見圖2—1）。2013年底，跨境貿易人民幣結算比例達到24.5%，較2013年初提高了10個百分點。2013年全年銀行累計辦理跨境貿易人民幣結算業務4.63萬億元，同比增長1.69萬億元，增幅57.5%。

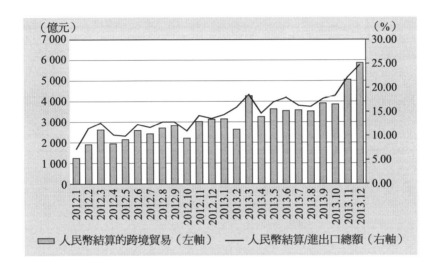

圖2—1　跨境貿易人民幣結算規模

資料來源：中國人民銀行、中國商務部。

（2）以貨物貿易結算為主，服務貿易結算規模顯著擴大。

從跨境貿易人民幣結算的結構看，貨物貿易使用人民幣的比例大於服務貿易（見圖2—2和圖2—3）。2013年，貨物貿易人民幣結算金額3.02萬億元，同比增長0.96萬億元，增幅46.6%，占人民幣結算業務總額的65.2%。服務貿易和其他經常專案人民幣結算金額1.61萬億元，同比增長0.73萬億元，增幅83.0%，占人民幣結算業務總額的34.8%。

（3）收付情況基本穩定，出口人民幣結算較快增長。

從人民幣結算的收付情況來看，2013年全年，跨境貿易人民幣結算業務實收1.88萬億元，同比增長0.58萬億元，增幅為44.6%，占人民幣結算比例達到

40.6%；實付2.75萬億元，同比增長1.18萬億元，增幅為75.2%，占人民幣結算比例達到59.4%。收付比從2012年的1：1.2下降至1：1.46。人民幣繼續外流，對境外人民幣供給進一步增長。從2010年至2013年人民幣跨境貿易收付比的變化情況看，人民幣跨境貿易匯總收付情況日趨穩定（見圖2—4）。

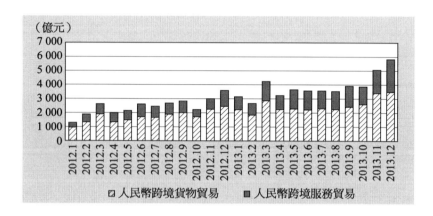

圖2—2　貨物貿易和服務貿易人民幣結算規模變化趨勢

資料來源：中國人民銀行、中國商務部。

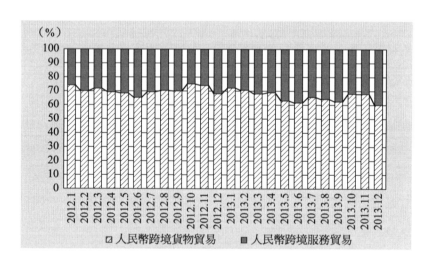

圖2—3　貨物貿易和服務貿易人民幣結算比例

資料來源：中國人民銀行、中國商務部。

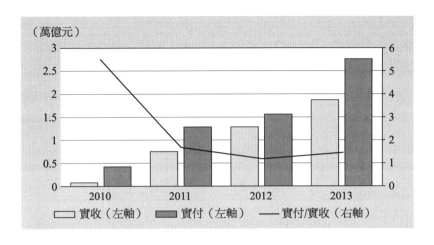

（萬億元）

圖2—4　2010—2013年人民幣跨境貿易收付比

資料來源：中國人民銀行。

2.2　人民幣直接投資

2.2.1　人民幣境外直接投資

　　據中國商務部統計，2013年中國境內投資者共對全球156個國家和地區的5 090家境外企業進行了直接投資，累計實現非金融類直接投資901.7億美元，同比增長129.5億美元，增幅16.8％。其中，按人民幣結算的對外直接投資金額856.1億元，同比增長551.7億元，增幅181.2％，占中國對外直接投資總額的19.4％（見圖2—5）。

　　對外投資的較快增長得益於資本帳戶加速開放，特別是允許個人對外直接投資，大大激發了中國居民對外投資的熱情，推動投資規模繼續擴大。2013年5月6日，國務院召開常委會會議，研究部署2013年深化經濟體制改革重點工作，會議提出要建立個人投資者境外投資制度。2013年12月2日，中國人民銀行正式出臺《關於金融支持中國（上海）自由貿易試驗區建設的意見》（以下簡稱《意見》），提出要進一步促進貿易投資便利化，探索投融資匯兌便利。

並在《意見》中就方便境外直接投資提出兩點措施：一是促進企業跨境直接投資便利化，試驗區跨境直接投資可按上海市有關規定與前置核准脫鉤，直接向銀行辦理所涉及的跨境收付、兌換業務；二是便利個人跨境投資，在區內就業並符合條件的個人可按規定開展包括證券投資在內的各類境外投資，個人在區內獲得的合法所得可在完稅後向外支付，區內個體工商戶可根據業務需要向其在境外經營主體提供跨境貸款，在區內就業並符合條件的境外個人可按規定在區內金融機構開立非居民個人境內投資專戶，按規定開展包括證券投資在內的各類境內投資。

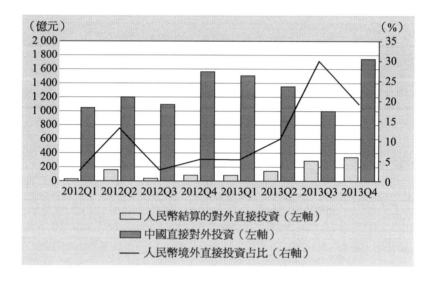

圖2—5 跨境人民幣直接投資結算與中國對外直接投資

資料來源：中國人民銀行《中國貨幣政策執行報告》、中國商務部。

2.2.2 人民幣外商直接投資

中國經濟保持較快速度增長，提高了直接投資的吸引力。2013年，中國實際使用外商直接投資金額1 175.86億美元，同比增長58.7億美元，增幅5.25%。外商直接投資使用人民幣結算規模4 481.3億元，同比增長1 945.5億元，增幅

76.7%。人民幣結算在外商直接投資總額中占比61.5%，較2012年提高了25.6個百分點（見圖2—6）。

為進一步規範和便利境外投資者在境內設立、併購和參股金融機構等業務使用人民幣進行跨境結算，2013年10月10日，中國人民銀行發佈《關於境外投資者投資境內金融機構人民幣結算有關事項的通知》。2013年12月3日，中國商務部發佈《關於跨境人民幣直接投資有關問題的公告》，進一步便利了跨境人民幣直接投資，並且完善了相關監管措施。

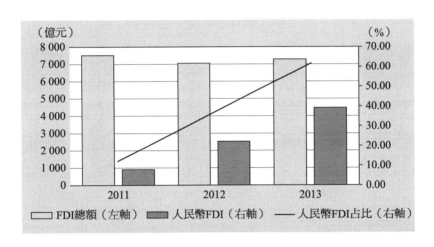

圖2—6 2011—2013年FDI人民幣結算業務

資料來源：中國人民銀行、中國商務部。

2.3 人民幣證券投資

2.3.1 國際債券和票據市場

2013年，人民幣債券和票據發行量的增長勢頭有所下降，全年人民幣債券和票據發行量達到232.42億美元，同比下降20.63億美元，降幅為8.15%（見圖2—7）。

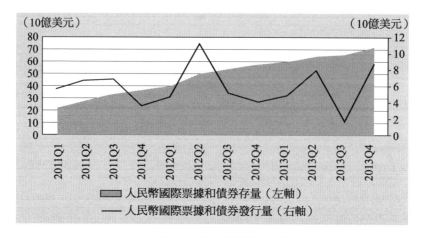

圖2—7 2011—2013年人民幣國際債券和票據存量和發行量

資料來源：國際清算銀行。

　　儘管人民幣國際債券和票據的發行規模波動較大，但其存量仍然處於快速上升階段。截至2013年底，人民幣國際債券和票據的存量達到719.45億美元。同比增長143.42億美元，增幅為24.90%，人民幣國際債券和票據餘額全球占比為0.33%，較2012年的0.27%小幅增長（見圖2—8）。

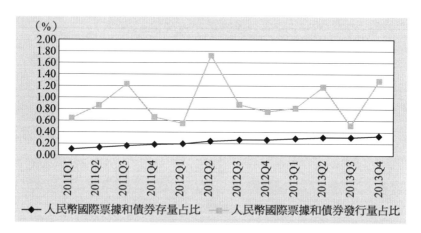

圖2—8 2011—2013年人民幣國際債券和票據存量及發行量的全球占比

資料來源：國際清算銀行。

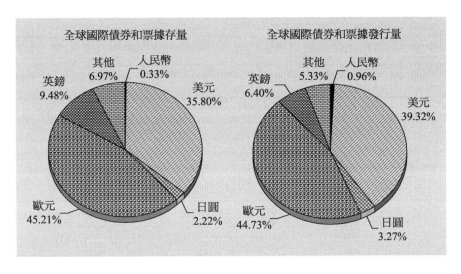

圖2—9 2013年第4季度國際債券和票據存量及發行量幣種結構

資料來源：國際清算銀行。

　　同期，在全球國際債券和票據餘額中，美元占比35.80%，歐元占比45.21%，英鎊占比9.48%，日圓占比2.22%（見圖2—9）。總體上看，人民幣國際債券和票據規模占全球的份額微小，與主要國際貨幣相比存在巨大的差距。

　　2013年，在經歷了第3季度的發行量觸底之後，第4季度人民幣債券和票據發行87.50億美元，占國際債券和票據總量的0.96%。同期，在全球國際債券和票據發行額中，美元占比39.32%，歐元占比44.73%，英鎊占比6.40%，日圓占比3.27%。

　　香港是人民幣國際債券發行的主要場所。2013年香港人民幣債券產品的存量規模大幅度增長，從2012年的2 418.2億元上升至2 904.01億元（見表2—1）。值得注意的是，人民幣國際債券的發行主體開始從香港向全球不斷擴張，日本、加拿大等發達國家政府都加入了發行人民幣國際債券的行列。2013年11月5日，加拿大不列顛哥倫比亞省財政廳在北京宣佈，該省已成功發行25億元離岸人民幣債券。這是迄今，外國政府發行的最大規模離岸人民幣債券。

表2—1　2013年香港人民幣債券產品規模與結構

類別	存量總額（億元）	占比（%）	債券數目	占比（%）
企業債	1 666.27	57.38	155.00	59.62
金融債	491.27	16.92	73.00	28.08
可轉債	101.47	3.49	10.00	3.85
國債	645.00	22.21	22.00	8.46
合計	2 904.01	100.00	260.00	100.00

資料來源：Wind資訊。

2.3.2　股票市場

2013年境內上市公司2 489家，較2012年底減少5家。滬深兩市行情也呈現出一定的分化，2013年上證綜合指數收於2 115.98，較2012年下挫153.15點，跌幅6.75%；深證綜合指數收於1 057.67點，較2012年上升176.50點，漲幅20.03%。滬市平均市盈率從2012年底的12.30倍降至10.99倍，深市平均市盈率從2012年底的22.01倍升至27.76倍。

2013年股票市價總值（A、B股）共計230 977.19億元，同比增長619.57億元，增幅0.27%。股市流通市值為199 579.54億元，同比增長17 921.28億元，增幅9.87%。滬、深股市交易十分活躍，累計成交468 728.60億元，同比增長154 061.19億元，增幅48.96%。日均成交1 969.45億元，同比增長674.52億元，增幅52.09%（見圖2—10）。

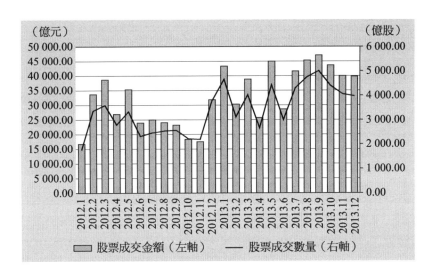

圖2—10　中國股票市場交易情況

資料來源：中國證券監督管理委員會。

　　整體而言，中國股票市場在2013年表現較差，而主要發達國家在持續的寬鬆貨幣政策推動下，股票市場強勁增長。2013年，日經225指數全年上漲56.72%；美國道鐘斯指數上漲26.50%。與歐洲實體經濟的負增長形成鮮明對比的是，歐洲股票市場大幅上揚，法國CAC40指數、德國DAX指數、英國富時100指數全年漲幅分別達到17.99%、25.48%、14.43%。而除中國外其他金磚國家的股市表現比較活躍，例如，南非股市全年上漲19.22%，印度孟買敏感指數上漲8.82%。

　　2013年中國IPO市場全年停止，股票市場的造血功能有所削弱。籌資形式以定向增發為主，2013年A股定向增發融資2 246.59億元，同比上漲379.11億元，增幅20.3%（見表2—2）。

表2—2 中國股票市場籌資金額

時間	首次發行金額			再籌資金額					
				A股（億元）				B股（億美元）	H股（億美元）
	A股（億元）	B股（億美元）	H股（億美元）	公開增發	定向增發	配股	權證行權		
2011年	2 825.07	0.00	67.82	132.05	1 664.5	421.96	29.49	0.00	45.36
2012年	1 034.32	0.00	82.50	104.74	1 867.48	121.00	0.00	0.00	77.14
2013Q1	0.00	0.00	0.00	10.27	776.73	66.93	0.00	0.00	36.55
2013Q2	0.00	0.00	28.93	24.15	584.27	62.09	0.00	0.00	4.99
2013Q3	0.00	0.00	0.00	14.00	340.49	297.50	0.00	0.00	11.80
2013Q4	0.00	0.00	84.24	32.00	545.10	49.23	0.00	0.00	6.17
2013年	0.00	0.00	113.17	80.42	2 246.59	475.75	0.00	0.00	59.51

資料來源：中國證券監督管理委員會。

2.3.3 衍生產品市場

2013年，人民幣衍生產品市場規模仍然偏小，但產品種類不斷豐富，交易機制不斷完善。

（1）市場規模偏小，尚未列入BIS單獨統計。

據國際清算銀行統計，截至2013年第2季度，全球利率衍生品OTC市場未清償餘額達561萬億美元：其中，美元、歐元、日圓、英鎊、瑞士法郎、加元和瑞典克朗的占比分別為30.11%、40.51%、9.81%、8.25%、0.99%、1.66%和1.05%（見圖2—11），其他幣種總共占比不足8%。人民幣衍生品規模較小，尚未列入單獨統計幣種行列。特別地，其他幣種市值占比從2012年底的4.63%上升至2013年第2季度末的6.53%。

從外匯衍生品來看，截至2013年第2季度，外匯衍生品全球OTC市場的未清償名義本金額達到731 205.4億美元。其中，涉及美元的外匯衍生品合約本金額達到643 088.4億美元，占比87.95%（見表2—3），較2012年底的85.51%上升了約2個百分點。涉及歐元的外匯衍生品合約本金額243 988.8億美元，占比

33.37%，較2012年底的35.33%下降約2個百分點。其他貨幣合約本金額占比波動較小。人民幣外匯衍生品規模相對較低，也尚未被國際清算銀行單列。

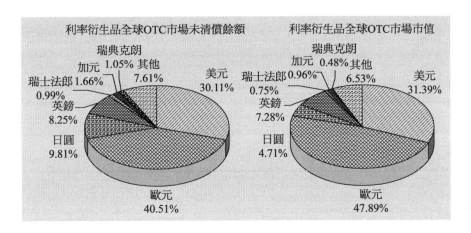

圖2—11　2013年第2季度末利率衍生品全球OTC市場幣種結構

資料來源：國際清算銀行。

表2—3　2012年第4季度與2013年第2季度外匯衍生品全球OTC市場幣種結構

幣種	外匯衍生品全球OTC市場未清償名義本金額（10億美元）		外匯衍生品全球OTC市場未清償名義本金額占比（%）	
	2012年第4季度	2013年第2季度	2012年第4季度	2013年第2季度
加元	3 098.53	3 280.29	4.60	4.49
歐元	23 796.23	24 398.88	35.33	33.37
日圓	14 113.05	15 217.25	20.95	20.81
英鎊	7 824.99	8 444.66	11.62	11.55
瑞典克朗	1 453.38	1 389.38	2.16	1.90
瑞士法郎	3 832.08	4 180.82	5.69	5.72
美元	57 599.23	64 308.84	85.51	87.95
其他	22 999.31	25 020.96	34.14	34.22

注：各幣種外匯衍生品占比之和為200%。

資料來源：國際清算銀行。

（2）國際市場上人民幣衍生品品種進一步豐富。

雖然在總量上人民幣衍生品規模還相對較小，但伴隨中國利率市場化改革的推進，以及人民幣匯率形成機制的不斷完善，國際市場上人民幣衍生產品的品種進一步豐富。2013年8月，港交所推出首支跨境股指期貨——中華120指數期貨，為投資者提供同時捕捉兩地市場機會的交易及對沖工具。就港交所在2012年9月推出的美元兌人民幣期貨的交易情況來看，其月成交規模較2012年有了較為明顯的上升。截至2013年底，港交所人民幣期貨未平倉合約達到18 701手，2013年平均每日成交合約568手，較2012年增加278手，增幅95.86%（見表2—4）。

表2—4 美元兌人民幣（香港）期貨交易情況匯總

月份	交易日數	合約成交量		未平倉合約
		平均每日	總數	
2012.9	10	217	2 172	1 076
2012.10	20	228	4 565	1 956
2012.11	22	294	6 465	3 551
2012.12	18	393	7 075	3 673
2013.1	22	550	12 089	4 847
2013.2	17	352	5 979	5 047
2013.3	20	349	6 986	4 791
2013.4	20	373	7 451	4 851
2013.5	21	879	18 455	6 685
2013.6	19	1 070	20 332	7 028
2013.7	22	414	9 104	7 904
2013.8	21	392	8 225	7 974
2013.9	20	477	9 539	9 515
2013.10	21	768	16 134	13 067
2013.11	21	601	12 626	16 863
2013.12	20	589	11 788	18 701

資料來源：香港交易所。

（3）國內人民幣衍生品交易市場不斷發展。

從國內市場看，2013年人民幣衍生產品交易機制不斷完善。從銀行間市場的產品來看，2013年債券遠期和遠期利率各成交1筆，成交名義本金額分別為1.01億元和0.5億元。人民幣利率互換市場共發生24 206筆交易，成交名義本金總額27 102.18億元（見表2—5）。人民幣利率互換交易的浮動端參考利率包括Shibor、7天回購定盤利率以及中國人民銀行公佈的基準利率，與之掛鉤的利率互換交易名義本金占比分別為33.45%、65.14%和1.41%。較2012年，以Shibor為浮動端參考利率的互換交易占比明顯下降。

表2—5 2012—2013年主要銀行間市場產品交易額 單位：億元

	2012年				2013年			
	第1季度	第2季度	第3季度	第4季度	第1季度	第2季度	第3季度	第4季度
利率互換	4 908.46	6 821.21	8 010.28	9 276.26	7 375.83	7 960	5 697.8	6 068.55
遠期利率	0	1	0	1	0	0	0.5	0
債券遠期	144.57	15.86	5.7	0	1.01	0	0	0

資料來源：中國外匯交易中心。

中國金融期貨交易所於2010年4月正式推出了滬深300股票指數期貨，利用股指期貨，中國股票市場投資者可以更好地進行風險對沖。目前滬深300股指期貨交易日趨活躍，2013年全年成交金額1 407 002.33億元，較2012年上漲了85.52%（見表2—6）。此外，自1995年關閉的國債期貨市場於2013年9月正式重啟，截至2013年底，國債期貨成交3 063.88億元。期貨市場具有良好的價格發現功能，特別是國債期貨的推出，對中國利率市場化改革具有極為重要的意義。

表2—6 2012—2013年股指期貨、國債期貨交易情況 單位：億元

	2012年				2013年			
	第1季度	第2季度	第3季度	第4季度	第1季度	第2季度	第3季度	第4季度
滬深300股指期貨	155 837.09	157 897.85	195 679.28	248 992.56	348 705.50	331 666.14	402 066.87	324 563.82
國債期貨	0	0	0	0	0	0	1 443.83	1 620.05

資料來源：中國金融期貨交易所。

上海擬推出人民幣計價原油期貨

中國已經取代美國成為世界上最大的原油淨進口國，作為原油進口的最大消費國，中國需要有與之匹配的原油價格議價能力。

目前世界上的主要原油期貨有四個，分別是紐交所的輕質低硫原油期貨合約（WTI）和高硫原油期貨合約，倫敦國際石油交易所的布倫特原油期貨，新加坡交易所的迪拜酸性原油期貨合約。其中，WTI是全球原油定價的基準。

2013年10月9日在上海期貨交易所上市交易的瀝青期貨被認為是國內原油期貨的鋪路品種，高度活躍的瀝青期貨為原油期貨的推出奠定了基礎。市場預計，中國版原油期貨的交易標的為中質含硫原油，計價貨幣為人民幣。

2013年11月22日，上海國際能源交易中心正式揭牌成立，標誌著原油期貨交易平臺基本建成。作為推進原油期貨等能源類衍生品國際化交易的平臺，上海國際能源交易中心註冊於中國上海自由貿易試驗區，由上海期貨交易所出資設立，註冊資本50億元人民幣，是目前上海自由貿易試驗區內註冊資本金最大的企業。上海國際能源交易中心的經營範圍包括組織安排原油、天然氣、石化產品等能源類衍生品上市交易、結算和交割，制定業務管理規則、實施自律管理，發佈市場訊息，提供技術、場所和設施服務。

一旦中國推出人民幣計價的原油期貨合約，就會增強中國在原油定價上的話語權，為人民幣國際化提供推手。

2.3.4　RQFII擴大為全部境外機構

　　隨著跨境貿易人民幣結算範圍不斷擴大、人民幣跨境直接投資業務和香港離岸人民幣業務不斷發展，人民幣資金回流的需求愈發強烈。人民幣合格境外機構投資者業務作為又一項資本市場開放的試點制度應運而生。2013年3月1日，中國證監會公佈了《關於實施〈人民幣合格境外機構投資者境內證券投資試點辦法〉的規定》，進一步規範RQFII在境內進行證券投資的行為，擴大了RQFII機構的類型，放寬了對RQFII投資範圍的限制，按規定在批准的額度內，RQFII可以投資的人民幣金融工具包括：在證券交易所交易或轉讓的股票、債券和權證，在銀行間債券市場交易的固定收益產品、證券投資基金、股指期貨以及中國證監會允許的其他金融工具，並且RQFII還可以參與新股發行、可轉換債券發行、股票增發和配股的申購。

　　RQFII業務借鑒了合格境外機構投資者（QFII）制度的經驗，但又有幾點變化：一是募集的投資資金是人民幣而不是外匯；二是RQFII機構限定為境內基金管理公司和證券公司的香港子公司或者註冊地及主要經營地在香港地區的金融機構，並且在2013年7月，中國證監會進一步將試點範圍擴大到新加坡和倫敦；三是投資的範圍由交易所市場的人民幣金融工具擴展到銀行間債券市場；四是在完善統計監測的前提下，盡可能地簡化和便利對RQFII的投資額度及跨境資金收支管理。

　　RQFII制度的實施，有利於促進跨境人民幣業務的開展，拓寬境外人民幣持有人的投資管道，直接推動香港離岸人民幣市場的發展。

　　2013年，中國證監會累計批准RQFII29家。截至2013年底，RQFII機構共有52家，國家外匯管理局對RQFII的累計審批額度達到1 575億元。境外三類機構（境外人民幣清算行、跨境貿易人民幣結算境外參加行、境外中央銀行或貨幣當局）運用人民幣投資境內銀行間債券市場的規模大幅增長，人民幣金融資產正逐步成為全球投資者構建投資組合的一個重要選擇。

2.4 人民幣境外信貸市場

2.4.1 境內金融機構人民幣境外貸款

　　截至2013年底，境內金融機構人民幣境外貸款餘額達1 873.76億元，同比增長3.57%。新增貸款64.65億元，較2012年有所下降。境內金融機構人民幣境外貸款占貸款總額比為0.26%，較2012年小幅上升（見圖2—12）。2013年，中國境外貸款增幅出現下滑，境外貸款占人民幣貸款總規模不超過0.3%。根據國際清算銀行的測算，美元、歐元、日圓和英鎊的境外貸款額占其境內貸款額的20%～40%，人民幣境外貸款市場需要大力拓展，並且有巨大的發展空間。

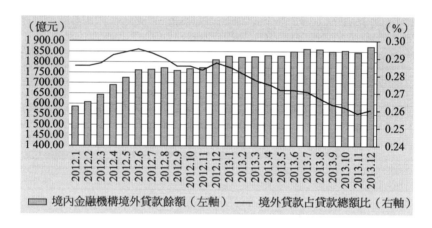

圖2—12 2012—2013年中國金融機構人民幣境外貸款餘額及占比

資料來源：中國人民銀行。

　　人民幣境外貸款發展緩慢的一個重要原因在於，國際上對人民幣一直有著較為強烈的升值預期，導致企業借入人民幣的意願下降。

2.4.2 離岸市場人民幣貸款

　　香港是離岸人民幣的主要市場所在，截至2013年底，香港人民幣存款規模持續上升，達到8 604.72億元，同比增長2 574.76億元，增幅為42.7%。同期香

港人民幣貸款達到1 156.11億元，同比增長365.95億元，增幅為46.3%。同香港人民幣存款市場相比，香港人民幣貸款體量規模較小（見圖2—13）。

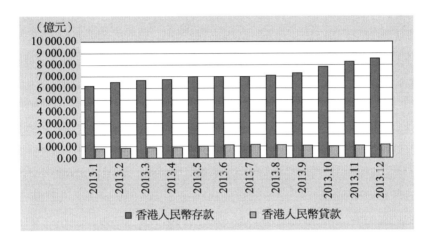

圖2—13　2013年香港人民幣存貸款餘額發展情況

資料來源：中國人民銀行、香港金融管理局。

深圳前海毗鄰香港，具有天然的區位優勢。在CEPA[1]框架下，前海企業可以從香港的銀行機構獲得貸款。2013年1月28日，前海控股、騰訊、康佳、中興、順豐等15家企業首嘗跨境人民幣貸款「頭啖湯」。它們與8家中資銀行的香港分支機構及7家外資銀行，簽訂了26.2億元跨境人民幣貸款協議。加之深圳石油化工交易所與農行香港分行簽約60億元的意向貸款，總計86.2億元。

在上海自由貿易試驗區內，根據2013年12月2日中國人民銀行出臺的《意見》，區內中外資企業可從境外借入人民幣資金，在原有外商投資企業舉借外債的基礎上將融資主體擴大到了中資企業，有助於企業降低財務成本，拓寬融資管道。

1　CEPA（Closer Economic Partnership Arrangement），即《關於建立更緊密經貿關係的安排》。2003年6月29日內地與香港簽署了《內地與香港關於建立更緊密經貿關係的安排》。

交通銀行跨境人民幣金融服務創新實踐

一、創建「融元通」品牌，提升跨境金融服務水準

「以客戶為中心」是交行不斷創新的動力所在。交行發揮自身貼近市場、貼近主體的優勢，全面分析近年來客戶在人民幣國際化進程中的跨境、跨業、跨市場、跨平臺的跨境金融需求，圍繞客戶在全球主要貿易市場和金融市場上的跨境貿易供應鏈、綜合化跨境投融資和資金管理運用等各環節，推出了全行級跨境人民幣金融產品品牌——融元通，該品牌有機組合六大類19項產品，既有匯兌通、融貿達、元貸通等重點產品，又包括人民幣NRA帳戶融資、跨境人民幣背對背信用證、跨境人民幣貿易融資資產跨境出讓等新產品。豐富而有效的產品線為客戶提供結算、貿易融資、投融資、財富管理等在內的一攬子金融解決方案，滿足企業開展跨境人民幣業務的多樣化需求。交行通過印製《融元通・跨境人民幣金融產品手冊》，向企業和機構客戶宣傳交行跨境人民幣產品及服務優勢，便利其了解、運用跨境人民幣產品。

交行各地分行以推廣「融元通」品牌為契機，進一步細化和延伸融元通的落地服務，結合當地業務發展特點因地制宜為客戶提供專屬的金融服務。廣東省分行發揮區位優勢，以跨境供應鏈貿易金融服務為抓手，帶動粵港兩地跨境人民幣業務發展。上海市分行抓住上海雙中心建設和自貿區建設的多重政策機遇，直接投資資本金、跨境融資、對外擔保、RQFII等業務多點開花，以豐富的產品線滿足企業服務貿易及資本項下跨境人民幣業務的需求。湖北省分行在結構性產品、聯動組合產品方面下工夫，將一體化、全程化的組合貿易融資產品列為主打產品。交行跨境人民幣金融產品「融元通」品牌的落地服務，為企業在跨境結

算、融資、風控等方面迫切需要解決的問題打開了一扇窗。

二、開拓跨境融資金融服務新管道

交行加強境內外分行在政策研究、客戶行銷、方案設計、資信調查、集團授信、貸款發放及境內外法律法規等多方面的協同合作，提高全行跨境融資服務水準。交行在國際化戰略和境內外聯動信貸投向指引中，從授信模式、聯動收益等因素入手，探索跨境人民幣貸款新思路。例如，江蘇省分行從已有政策中挖掘新思路，為某大型中外合資車企成功辦理了人民幣融資性保函項下交叉幣種內向貸款業務，金額近7億元。深圳分行靈活運用新政策，聯合香港分行，通過運用境內機構對外提供人民幣擔保的新政策，成功為某大型集裝箱集團公司設計了全球授信新模式。在向企業提供銀行信貸的同時，交行還借助跨境人民幣股東貸款結算的管道，以關聯公司之間跨境雙向貸款為框架，配套資產、負債、流動性綜合金融服務，創新推出跨國公司人民幣全球資金池，助力企業降低集團財務成本、實現人民幣全球資金集中管理。

近兩年，境內優質企業紛紛赴境外發行人民幣債券。交行用活自身投行業務資源，借助聯動優勢，為客戶提供境外發債、募集資金回流等一條龍服務。北京市分行和香港分行聯動，幫助國內某家大型央企在香港發行人民幣債券，經監管部門批准後，成功實現全國首筆境內機構境外發債人民幣資金匯入境內，金額達15億元人民幣。

三、橫縱兼顧，全面提升更佳金融服務體驗

跨境人民幣業務持續發展基於銀企之間密切的合作，交行尤為重視通過橫縱兼顧，創造卓越服務，全面提升客戶的跨境金融服務良好體驗。在橫向服務單一主體（集團）客戶方面，交行踐行「一個交行、一個客戶」服務理念，以跨境人民幣為紐帶，綜合考量客戶在本外幣、境內外業務的多樣化需求，整合跨境結算、信貸融資、境外發債、人民幣NRA帳戶聯動等綜合服務方案，輔助電子化、網路化、移動化和一體化等技術手段的應用，助力企業全球運營及資金管理。在縱向服務跨境

人民幣客戶方面，交行提出分類式服務理念，強調高效實用。針對高端客戶，通過一對一專屬服務，突出個性化，增強合作黏度；針對中型客戶，以標準化產品、結構性產品、聯動產品作為主要服務內容，突出跨境人民幣的便捷性和匯率風險管理優勢；針對小微企業，借鑒「鏈式關係行銷」，以提供跨境人民幣結算和貿易融資產品為主；針對同業客戶，交行與其合作開展代理開證、代理托收、代理匯款、代理保理等業務，共同做大跨境人民幣業務；針對境外中央銀行、境外參加銀行以及其他許可的境外機構，交行發揮成熟經驗促進雙方在代理人民幣債券交易業務方面的合作。交行以跨境人民幣金融服務作為其國際化、綜合化發展戰略的具體實踐，不斷滿足客戶全方位、更富內涵、更佳體驗的現代綜合金融服務需求。

2.5 全球外匯儲備中的人民幣

2.5.1 人民幣進入更多國家的官方儲備

國際貨幣基金組織將官方外匯儲備分為「可劃分幣種」和「不可劃分幣種」兩個部分。截至2013年第4季度，「可劃分幣種」的外匯儲備是6.22萬億美元，占全球官方外匯儲備總額的53.29%，「不可劃分幣種」的外匯儲備是5.45萬億美元，占全球官方外匯儲備總額的46.71%。目前，人民幣還未進入「可劃分幣種」外匯儲備行列，因此無法對其進行精准統計。

根據公開報導，2013年3月，玻利維亞中央銀行公佈將增加購買人民幣數量，以加強其國際儲備保值能力，實現國家外匯儲備的多元化；11月，南非儲備銀行宣佈將投資約15億美元購買中國債券，約占其儲備資產的3%。向IMF報告在其外匯儲備中擁有一定人民幣的國家接近20個。隨著人民幣逐漸被國外認可以及中國經濟綜合實力不斷提高，人民幣將逐步成為區域儲備貨幣。

截至2013年底，中國人民銀行已與23個國家和地區的貨幣當局簽署貨幣互

換協議，總規模為2.57萬億元。與2012年相比，新增了巴西、英國、匈牙利和歐洲4個國家和地區，互換金額增加0.90萬億元。在與新加坡續簽的協議中，將原有貨幣互換規模1 500億元擴大至3 000億元。簽署互換協議的國家增加，互換貨幣的規模擴大，為市場提供了必要的人民幣流動性，為中國在與這些國家和地區進行貿易結算時使用人民幣或為對方國家的貨幣創造提供了物質基礎。

人民幣在獲得主要發達國家或地區官方認可方面取得了突破性進展（見表2—7和圖2—14）。為了支持倫敦發展人民幣離岸業務，2013年6月，中國人民銀行與英格蘭銀行建立雙邊本幣互換安排，互換金額為2 000億元人民幣，以便為倫敦人民幣市場的進一步發展提供充分和及時的流動性支援。2013年9月，在國際清算銀行例會上，周小川行長與歐洲央行行長德拉吉就有關安排達成了一致，在各自完成相關批准程序後，雙方於2013年10月9日正式簽署了本幣互換協議，互換金額為3 500億元人民幣。中歐雙邊本幣互換協議的簽署，標誌著中國人民銀行與歐洲中央銀行在貨幣金融領域的合作取得了新的進展，人民幣獲得了絕大多數發達國家官方的正式承認。

表2—7 央行與其他貨幣當局貨幣互換規模

簽訂時間	貨幣當局	期限（年）	規模（億元）
2008年12月12日	韓國	3	1 800
2009年1月20日	香港	3	2 000
2009年2月8日	馬來西亞	3	800
2009年3月11日	白俄羅斯	3	200
2009年3月23日	印尼	3	1 000
2009年4月2日	阿根廷	3	700
2010年6月9日	冰島	3	35
2010年7月23日	新加坡	3	1 500
2011年4月18日	紐西蘭	3	250
2011年4月19日	烏茲別克	3	7
2011年5月6日	蒙古國	3	50
2011年6月13日	哈薩克	3	70
2011年10月26日	韓國***	3	3 600

續前表

簽訂時間	貨幣當局	期限（年）	規模（億元）
2011年11月22日	香港***	3	4 000
2011年12月22日	泰國	3	700
2011年12月23日	巴基斯坦	3	100
2012年1月17日	阿聯酋	3	350
2012年2月8日	馬來西亞***	3	1 800
2012年2月21日	土耳其	3	100
2012年3月20日	蒙古國***	3	100
2012年3月22日	澳洲	3	2 000
2012年6月26日	烏克蘭	3	150
2013年3月7日	新加坡***	3	3 000
2013年3月26日	巴西	3	1 900
2013年6月22日	英國	3	2 000
2013年9月9日	匈牙利	3	100
2013年9月12日	阿爾巴尼亞	3	20
2013年9月30日	冰島***	3	35
2013年10月9日	歐洲	3	3 500

***表示央行與其他國家或地區續簽協議。
資料來源：中國人民銀行。

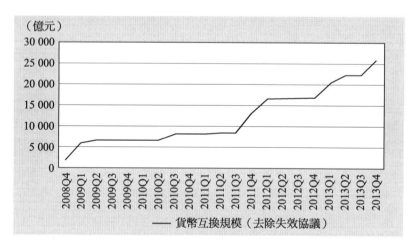

圖2—14　央行貨幣互換規模

資料來源：中國人民銀行。

2.5.2 國際儲備多元化新趨勢

由於當前的國際貨幣幣值波動比較大，在量化寬鬆政策下具有貶值趨勢，促使各國政府在安排官方儲備時選擇其他貨幣。據IMF公佈的《官方外匯儲備貨幣構成》COFER資料顯示，2012年第4季度，加元和澳元開始納入「可劃分幣種」外匯儲備行列，國際儲備貨幣增加至7種。

美元仍然是最主要的儲備貨幣。2013年第4季度末，在IMF可劃分幣種的外匯儲備中，美元儲備3.81萬億美元，占61.18%；其次是歐元，歐元儲備1.52萬億美元，占24.45%；英鎊儲備0.25萬億美元，占4.01%；日圓儲備0.24萬億美元，占3.94%；瑞士法郎儲備125.75億美元，占0.20%；加元儲備0.11萬億美元，占1.74%；澳元儲備0.10萬億美元，占1.61%（見表2—8）。

表2—8　2013年全球官方外匯儲備的幣種分佈結構（%）

	2012				2013			
	Q1	Q2	Q3	Q4	Q1	Q2	Q3	Q4
全球外匯儲備	100	100	100	100	100	100	100	100
可劃分幣種的外匯儲備	54.71	55.51	55.77	55.56	54.85	54.58	54.11	53.29
美元	61.54	61.48	61.21	61.31	62.02	62.02	61.71	61.18
歐元	24.80	24.97	24.21	24.23	23.59	23.88	24.10	24.45
日圓	3.85	3.95	4.27	4.09	3.94	3.90	3.88	3.94
英鎊	4.02	3.84	4.12	4.04	3.89	3.84	3.94	4.01
瑞士法郎	0.24	0.23	0.30	0.21	0.19	0.19	0.20	0.20
加元	—	—	—	1.43	1.51	1.74	1.75	1.74
澳元	—	—	—	1.45	1.61	1.65	1.63	1.61
其他幣種	5.55	5.52	5.89	3.24	3.24	2.77	2.79	2.87
不可劃分幣種的外匯儲備	45.29	44.49	44.23	44.44	45.15	45.42	45.89	46.71
發達經濟體	32.98	33.68	33.89	33.76	33.18	33.02	32.97	32.70
新興經濟體和發展中國家	67.02	66.32	66.11	66.24	66.82	66.98	67.03	67.30

　　注：(1)可劃分幣種的外匯儲備來自COFER資料庫；各幣種的外匯儲備結構是相應幣種的外匯儲備額與「可劃分幣種的外匯儲備」的比值，該演算法與IMF一致。
　　(2)不可劃分幣種的外匯儲備是外匯儲備總額與可劃分幣種的外匯儲備之差。
　　資料來源：IMF COFER資料庫、IMF：《國際金融統計》。

IMF將澳元和加元納入外匯儲備貨幣統計行列

2012年8月28日，IMF發佈《2012年資料審查》報告，明確表態將澳元和加元納入跟蹤的儲備貨幣體系。在報告中，IMF表示，除去五大儲備貨幣，在央行增持的其他類貨幣中，將澳元和加元列入外匯儲備的央行超過兩家，因此應該將澳元和加元納入COFER跟蹤報告，並單獨統計。這標誌著自1999年歐元誕生以來，IMF將首次納入新的儲備貨幣。

2012年11月14日公佈的COFER報告中顯示，目前，各國央行對澳元與加元這兩種貨幣的外匯儲備需求持續上升，此前這兩種貨幣一直是被歸納在「其他貨幣」中。

早在2009年，俄羅斯、瑞士等國央行就開始將加元列入其外匯儲備資產，2010年俄羅斯央行又將其外匯儲備中的加元增加一倍；瑞士央行也於2010年將加元和澳元納入其儲備體系；2012年6月，德國央行也表示將買入澳元調整其外匯儲備的構成。

2013年3月6日，國際貨幣基金組織的一位發言人證實，將從2013年開始公佈各國央行持有的澳元與加元規模。

IMF將澳元和加元列入儲備貨幣的原因在於，與世界上最大的發達經濟體相比，在2008年開始的金融危機中，澳洲與加拿大兩國經濟表現仍然穩定。同時，當美國、英國和日本一直在應對國內不斷增加的債務負擔時，加拿大和澳洲兩國2012年財政赤字占國內生產總值比例低於5%，並且有進一步縮小的趨勢。

2.6 人民幣外匯及離岸市場

2.6.1 人民幣外匯市場

　　根據國際清算銀行的報告顯示，2010—2013年，人民幣全球外匯交易量增加了3倍，所占比重從0.9%上升至2.2%，排名從全球第17名躍升至第9名，超越瑞典克朗、紐西蘭幣及港幣。

　　人民幣對其他貨幣的直接交易進一步拓寬，2013年4月10日，中國銀行間外匯市場和澳洲外匯市場同時推出人民幣對澳元直接交易，形成人民幣對澳元直接匯率。人民幣對澳元直接交易推出以來，銀行間市場和銀行櫃檯的買賣價差均有所收窄，促進了人民幣和澳元在雙邊貿易和投資中的使用，人民幣對澳元全年成交量達1 496億元，同時，人民幣對各主要貨幣的交易量與去年相比均有顯著提升（見表2—9）。

表2—9　2013年銀行間外匯即期市場人民幣對各幣種交易量

幣種	美元	歐元	日圓	港幣	英鎊	澳元	加元	林吉特	盧布	泰銖
交易量（億元）	231 46.2	2 748.2	12 737.4	1 455.5	171.6	1 496	8.5	11.4	54.4	5.4
同比增幅	14.8%	183.8%	67.8%	6.9%	360.1%	2 166.7%	97.7%	4.6%	15.0%	−70.3%

資料來源：中國外匯交易中心。

　　從衍生品市場看，人民幣外匯衍生品主要以掉期為主（見圖2—15）。2013年人民幣外匯掉期交易成交金額3.4萬億美元，同比增長35%。其中，隔夜美元掉期成交1.8萬億美元，占掉期總成交額的52.9%，企業以人民幣掉入外匯開展理財業務是推動掉期交易大幅增長的主要原因，掉期交易的本外幣融資功能突出；自2012年4月取消銀行收付實現制頭寸下限管理後，銀行間遠期交易需求持續減少，人民幣外匯遠期市場成交323.7億美元，同比下降62.6%；銀行間外匯市場期權交易在2013年上半年便已累計成交名義本金合計39億美元，超過了2012年全年的交易量。隨著人民幣匯率彈性增強，期權所具有的靈活管理匯率雙向波動風險的吸引力進一步顯現。

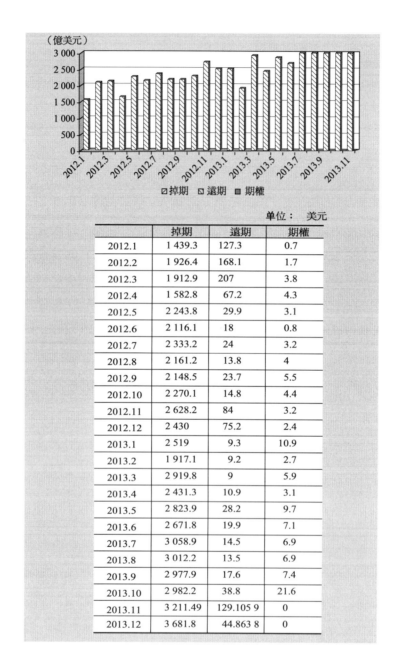

單位： 美元

	掉期	遠期	期權
2012.1	1 439.3	127.3	0.7
2012.2	1 926.4	168.1	1.7
2012.3	1 912.9	207	3.8
2012.4	1 582.8	67.2	4.3
2012.5	2 243.8	29.9	3.1
2012.6	2 116.1	18	0.8
2012.7	2 333.2	24	3.2
2012.8	2 161.2	13.8	4
2012.9	2 148.5	23.7	5.5
2012.10	2 270.1	14.8	4.4
2012.11	2 628.2	84	3.2
2012.12	2 430	75.2	2.4
2013.1	2 519	9.3	10.9
2013.2	1 917.1	9.2	2.7
2013.3	2 919.8	9	5.9
2013.4	2 431.3	10.9	3.1
2013.5	2 823.9	28.2	9.7
2013.6	2 671.8	19.9	7.1
2013.7	3 058.9	14.5	6.9
2013.8	3 012.2	13.5	6.9
2013.9	2 977.9	17.6	7.4
2013.10	2 982.2	38.8	21.6
2013.11	3 211.49	129.105 9	0
2013.12	3 681.8	44.863 8	0

圖2—15 2012—2013年人民幣外匯衍生品市場發展情況

注：由於遠期交易量相對掉期、期權交易量極大，故圖中只顯示遠期。
資料來源：中國外匯交易中心。

此外，外匯市場交易主體進一步擴展。截至2013年底，共有即期市場會員405家，遠期、外匯掉期、貨幣掉期和期權市場會員分別為88家、87家、80家和33家，即期市場做市商31家，遠掉期市場做市商27家。

全球新一輪匯率戰爭

面對債務持續飆升的局面，發達經濟體央行近期相繼展開前所未有的量化寬鬆競賽，不斷地挑戰貨幣政策底線。從美聯儲推出第四輪量化寬鬆政策，到歐元集團主席容克警告歐元匯價「高得危險」，再到日本央行推出無限量寬鬆措施，發達經濟體不斷「貶低自己」，使得新一輪貨幣戰爭的硝煙再起。

2013年1月25日，日本央行在政策會上宣佈開啟無限量購債計畫，並將通脹目標上調至2%，以此刺激經濟增長，壓低日圓匯率，以期擺脫陷入20年之久的通縮困境。日本央行的舉動無疑挑起了新一輪匯率大戰，多國央行紛紛降息以應戰。5月2日，歐洲央行宣佈下調主要再融資利率25個基點至0.50%，同時宣佈下調邊際貸款利率50個基點至1.0%，這是歐洲央行時隔10個月之後在2013年的首次降息。5月7日，澳洲央行也宣佈將基準利率下調25個基點至2.75%，該利率水準是澳洲央行的歷史最低點。5月9日，韓國央行宣佈降低基準利率25個基點至2.5%，為該行7個月以來的首次降息。5月13日，以色列央行宣佈將利率下調0.25%至1.5%。

為了免受外部衝擊的不利影響，多個新興經濟體也相繼採取了降息行動。5月3日，印度央行宣佈將基準利率下調25個基點至7.25%，這已是2013年以來的第三次降息。5月8日，波蘭央行宣佈將基準利率下調25個基點至3.0%，十分接近該國在國際金融危機時的歷史低位。越南、斯里蘭卡、肯亞、格魯吉亞等國央行也分別宣佈降低利率水準。

各大經濟體都希望通過讓本幣貶值以刺激出口經濟的增長，從而創

造更多的就業機會。在全球經濟復甦的大背景下，競爭性匯率貶值因為關係到各國經濟能否儘早擺脫危機陰影而更加難以化解。匯率戰的背後是貿易保護主義和金融單邊主義，特別是在全球總需求長期不足，經濟潛在增長水準下降的趨勢下，為了增加出口，促進就業，美歐等消費驅動型經濟體也開始尋求向出口驅動型經濟的轉變，以匯率工具作為平衡經濟的手段而放棄「貨幣錨」責任。這樣，全球一些主要貨幣將可能出現「以鄰為壑」的競爭性貶值局面，這將成為全球經濟不可承受之重。

從歷史上看，匯率戰爭將引發外匯市場的劇烈動盪，很可能導致針鋒相對的保護主義，只會帶來「多輸」的局面，結果往往有悖初衷。

2.6.2　人民幣離岸市場

根據瑞士銀行的統計，截至2013年底，全球離岸人民幣資金規模大約1.2萬億元。離岸市場數量不斷增加，在亞洲，隨著臺灣地區、新加坡相繼建立了人民幣清算體系，離岸人民幣業務從集中於香港向更廣泛的地區鋪開。而在歐洲，倫敦、盧森堡、巴黎和法蘭克福競相爭取人民幣歐洲離岸業務中心。

香港是亞洲的第一個離岸人民幣中心，2013年，香港不斷提升人民幣市場的廣度和深度，人民幣產品日益豐富，已經形成涵蓋人民幣債券、外匯、貨幣、股票等市場的完整現貨產品系列，同時在人民幣衍生品方面不斷創新。2013年2月6日，兩岸貨幣無須通過第三種貨幣進行結算，中國銀行臺北分行成為臺灣地區的人民幣清算行，臺灣地區人民幣業務全面開啟，臺灣人民幣離岸市場提供的產品種類包括人民幣跨境貿易結算、現鈔買賣、匯款、存款、貸款、理財產品、ETF、寶島債的發行和交易、同業拆借、外匯交易、人民幣保單、人民幣旅行支票以及債券回購交易等。作為亞洲最大的外匯交易中心，2013年4月2日，新加坡的人民幣清算行服務正式啟動，截至2013年底，工行新加坡分行的各項人民幣業務全面開展，包括跨境貿易結算、本地匯款清算、與香港市場之間的離岸清算、銀行間頭寸調撥、定期存款、人民幣購售、拆借以及人民幣債券發行清算等，較好地滿足了當地人民幣的清算服務需求。

在歐洲，倫敦是全球最大的外匯交易中心，發展人民幣業務有其天然的優勢，倫敦可以與亞洲和美國市場進行同日交易。中英雙方貨幣互換協議的簽署和RQFII範圍的擴大對倫敦發展人民幣業務起到了積極的推動作用。同倫敦相比，巴黎位於歐元區之內，並且法國與非洲關係密切，有助於人民幣跨境使用，目前巴黎人民幣外匯產品日漸豐富，包括外匯即期、不可交割遠期、可交割遠期、貨幣掉期、外匯期權等。德國是目前歐洲實體經濟發展最好的國家，以服務實體經濟帶動人民幣業務發展是法蘭克福發展人民幣離岸業務的最大優勢。但是目前法蘭克福的人民幣存量規模較小，人民幣產品還較為有限，主要集中在存貸款、匯款和銀行間清算服務方面。2013年，盧森堡以其龐大的人民幣資金池、人民幣基金管理規模和債券發行量受到業界的矚目，作為後起之秀，盧森堡已成為歐元區最大的人民幣資金池，並在人民幣投資產品創新、分銷管道和財富管理等方面表現突出。2013年10月，建行歐洲大陸總部落戶盧森堡。中資銀行的歐洲大陸總部相繼落戶盧森堡，目的是服務於國內「走出去」的大中型企業客戶和在華與其有密切業務關係的歐洲跨國企業，以貸款、貿易融資、國際結算、跨境人民幣作為優先發展的主要業務。此外，盧森堡是歐洲最大的人民幣證券結算中心，明訊銀行是首個支持全功能人民幣結算的國際中央證券存管機構。許多其他國際金融中心發行銷售的債券都通過盧森堡進行清算和結算。

2.7　人民幣匯率

2.7.1　人民幣匯率制度

1994年中國實行外匯體制改革，建立了以市場供求為基礎，單一的、有管理的浮動匯率制度。在這一時期，為了應對國際金融環境的動盪，保證中國經濟有序、漸進地對外開放，中國對人民幣匯率波動進行嚴格管理，匯率波動幅度較小，被IMF列為盯住匯率制度。在中國加入世界貿易組織的大背景下，為了平衡國際收支，2005年，中國進行了人民幣匯率形成機制改革，實行以市場

供求為基礎、參考一籃子貨幣進行調節、有管理的浮動匯率制度。

2008年，國際金融危機爆發，人民幣匯率通過盯住美元基本保持穩定。隨著國內外經濟金融形勢的變化，中國人民銀行於2010年6月決定進一步推進人民幣匯率形成機制改革，增強人民幣匯率彈性，實現匯率波動正常化，退出階段性的盯住美元政策。2011年，人民幣擴大在跨境貿易和投資中的使用規模，資本項下人民幣可兌換範圍也進一步拓寬，夯實了人民幣匯率形成機制的市場基礎，匯率制度更富彈性。

2012年，增強雙向浮動彈性成為人民幣匯率制度改革的重點。自2012年4月16日起，銀行間即期外匯市場人民幣對美元交易價浮動幅度由0.5%擴大至1%。2012年6月1日，中國外匯交易中心完善銀行間外匯市場人民幣對日圓交易方式，發展人民幣對日圓直接交易，根據市場供求關係形成人民幣對日圓直接匯率，大大促進了人民幣對日圓的交易規模。

過去一年間，人民幣匯率制度取得了有益進展，表現為以下幾個方面：

（1）利率市場化改革增加了匯率彈性。

2013年7月20日，中國人民銀行宣佈取消貸款利率下限，人民幣資金價格將更多地由市場供求關係決定，在資本市場日益開放的背景下，利率平價原理必然將人民幣利率的變化迅速傳遞至人民幣匯率，從而加大人民幣匯率的波動頻率和幅度。

（2）實現與澳元直接兌換，直兌貨幣增至三種。

2013年4月8日，中國人民銀行已經批准澳新銀行和西太平洋銀行進行人民幣與澳元的直兌交易，直接兌換意味著人民幣對澳元匯率無須經過美元計算得出。澳元成為繼美元和日圓之後第三個與人民幣直接兌換的貨幣。目前澳元是世界第五大貿易貨幣。2012年澳洲對中國出口貿易占其總出口額的近三成，中國是澳洲最大的貿易夥伴，澳洲是中國的第六大進口國。實現兩國貨幣直接兌換能夠降低貿易結算成本，幫助企業減少匯兌損失風險。

（3）衍生品品種增加推動匯率市場化。

中國的匯率衍生產品市場開始於1997年，國家外匯管理局批准中國銀行開辦遠期結售匯率業務試點。2005年7月以後，中國人民銀行將辦理遠期結售匯商

業的範圍進一步擴大，同時推動商業銀行開展人民幣對外幣的掉期業務。中國境內人民幣衍生產品市場並不活躍，境外離岸市場人民幣衍生產品卻比較豐富，包括場外無本金交割遠期、無本金交割期權互換、人民幣期貨和期權等，衍生品市場促進了人民幣匯率的價格發現，對人民幣匯率市場化有積極的影響。

當前中國現行的人民幣匯率制度仍然存在著多頭監管與監管盲區並存、市場單薄和高度壟斷結合以及彈性過小與單向升值等基本問題。充分認清人民幣匯率制度問題的複雜性、重要性，才能有效堅持自主性、漸進性、可控性的匯率改革原則，從而有助於深入推進人民幣匯率制度的市場化和有效推進人民幣的國際化進程。

2.7.2 人民幣匯率水準

（1）名義匯率。

2013年全年，除了對英鎊貶值之外，人民幣對其餘八種主要貨幣都出現了不同程度的升值（見圖2—16）。人民幣對美元匯率中間價累計上漲幅度達3%。主要是由於2013年美國持續實行量化寬鬆政策，而美國經濟增長整體仍顯乏力，與此同時中國經濟在調整經濟結構的同時繼續保持較高速度的發展，對外推動人民幣國際化步伐，其結果是利率和匯率呈螺旋式上升態勢。由於港幣與美元之間實行聯繫匯率制，因此人民幣對港幣匯率與人民幣對美元匯率走勢幾乎完全相同。

由於歐債危機影響的持續，歐洲經濟復甦緩慢，2013年人民幣對歐元在震盪中實現1.18%的升值。而在英國經濟復甦和收緊量化寬鬆的背景下，英鎊對人民幣實現了1.37%的升值。

2013年人民幣對澳元的升值幅度是主要貨幣當中最大的，高達17.03%。其主要原因是由於澳洲聯儲長久以來支援澳元貶值，希望借此改善下降的貿易條件。這也就促成了澳元對人民幣的大幅度貶值。雖然在2013年7月澳元有過小幅度的反彈，但主要是因為7月中旬澳洲央行公佈7月會議紀要，維持利率在2.75%的記錄低點不變，刺激了澳元小幅反彈。但澳洲聯儲的進一步降息政策促使澳元迅速回落。

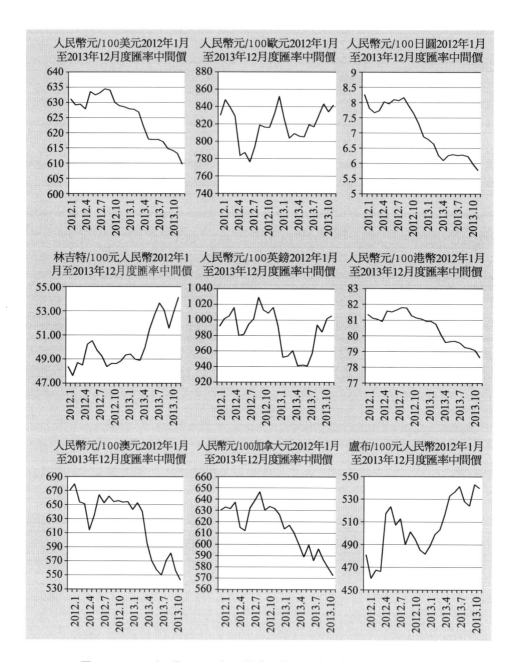

圖2—16 2012年1月—2013年12月人民幣匯率中間價的月度變化走勢

注：人民幣對林吉特、盧布匯率的中間價採取的是間接標價法，即100人民幣折合多少林吉特、盧布，
人民幣對其他7種貨幣匯率中間價仍採取直接標價法，即100外幣折合多少人民幣；月度數據均為期末數。

資料來源：國家外匯管理局。

此外，2013年人民幣對日圓的升值幅度也達到了16.03%，僅次於對澳元的升值幅度。自安倍晉三上任以來，日圓貶值成為其推動經濟復甦的「猛藥」。持續寬鬆的貨幣政策是導致日圓大幅貶值的主要原因。

2013年人民幣對林吉特、盧布和加元都有不小幅度的升值，分別達到9.72%、12.05%和8.59%。雖然當中都出現了不同程度的震盪，但均未形成明顯的反轉態勢，仍然保持著人民幣升值趨勢。這主要是得益於中國的穩增長措施，中國經濟平穩回升，繼續維持著對這些國家的強勢表現。此外，美元持續疲軟的表現，使資金重新開始流入新興市場國家，也進一步增強了國際社會比如馬來西亞等東南亞國家對人民幣的信心和認可度。這都有力地推動了人民幣2013年的升值表現。

探尋人民幣2013年升值的原因，主要還是在於人們對中國繼續保持高增長的信心和美元持續疲軟的表現，這也是近年來人民幣升值的主要原因。

（2）名義有效匯率。

據國際清算銀行資料，自2012年1月以來的兩年間，人民幣名義有效匯率累計升值達8.57%（見圖2—17）。

在人民幣名義有效匯率穩定升值的同時，除了日圓，其他主要國際貨幣也都表現出不同程度的升值。近兩年，歐元、英鎊和美元名義有效匯率均實現升值，分別有7.34%、4.03%和2.05%的升值幅度，日圓則出現26.24%的大幅貶值（見圖2—18）。

（3）實際有效匯率。

據國際清算銀行統計，2012年1月以來的兩年間，人民幣實際有效匯率上升顯著，累計達到8.51%（見圖2—19）。人民幣實際有效匯率升值，再加上外需疲弱以及發達國家貿易保護主義傾向的增強，使得2013年中國的出口繼續承受巨大壓力。但這也是中國經濟結構調整的必經之路。

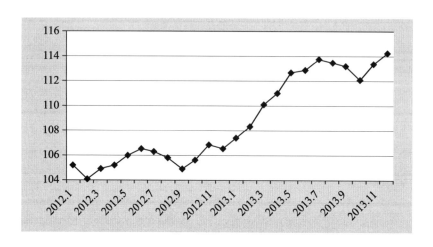

圖2—17 2012—2013年人民幣名義有效匯率走勢

注：月度平均，指數2010年=100。
資料來源：國際清算銀行。

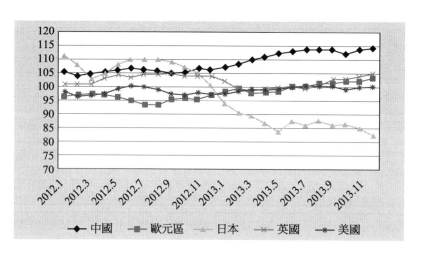

圖2—18 2012—2013年五大經濟體貨幣名義有效匯率走勢

注：月度平均，指數2010年=100。
資料來源：國際清算銀行。

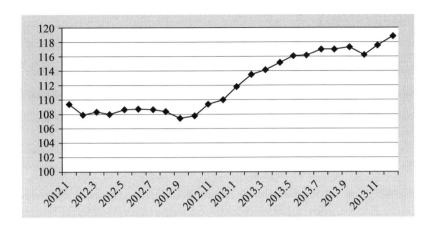

圖2—19 2012—2013年人民幣實際有效匯率走勢

注：月度平均，指數2010年＝100。
資料來源：國際清算銀行。

　　與名義有效匯率相似，2012年至2013年兩年間，主要貨幣中歐元、英鎊和美元分別實現了6.98%、5.37%和0.59%的升值，而日圓貶值28.23%（見圖2—20）。

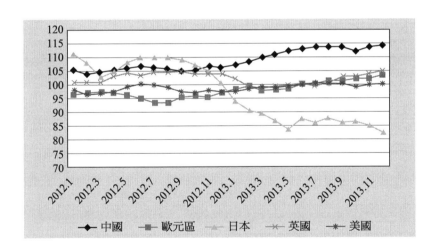

圖2—20 2012—2013年五大經濟體貨幣實際有效匯率走勢

注：月度平均，指數2010年＝100。
資料來源：國際清算銀行。

（4）人民幣NDF匯率。

在外匯管制國家，貨幣通常不能自由兌換，為了規避匯率波動的風險，20世紀90年代出現了無本金交割的遠期交易（non-eliverable forward, NDF），人民幣、越南盾、印度盧比、菲律賓比索等新興市場貨幣都出現了NDF這種衍生工具。

進入2013年，人民幣各個期限的NDF沒有延續2012年底小幅度貶值的趨勢，而是在第1季度進行震盪性的調整。而後在第2季度出現V字形的先上升後下降的變化形態，並在6月中旬和下旬逼近6.24，也形成了波峰的形態。進入2013年下半年，由於人民幣升值的強勁表現，海外人民幣的升值期望也日漸強烈。NDF匯率整體進入下行通道，即均顯現出較為明顯的升值（見圖2—21）。

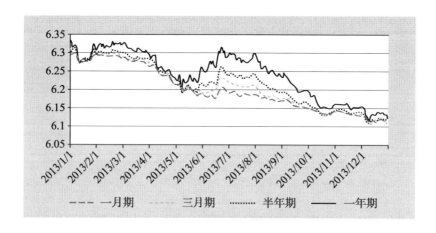

圖2—21　2013年人民幣NDF每日綜合收盤價

資料來源：Bloomberg.

2014年3月17日，中國人民銀行宣佈擴大人民幣匯率的雙向浮動區間，而自2014年以來人民幣對美元匯率不斷上升，人民幣單向升值預期被打破，這對於形成健康的人民幣匯率市場化機制具有積極的作用。持續升值對人民幣國際化來說是一把「雙刃劍」，如果一國貨幣僅是因為單向升值預期而成為國際貨

幣，其作為國際貨幣的職能將被削弱，將有可能成為國際貨幣市場投機對象，導致匯率劇烈波動，因此靈活而穩定的匯率對推進人民幣國際化將有重要作用。而就長期來說，中國經濟發展情況和外匯儲備能夠支援人民幣保有穩定的幣值，人民幣仍然具有一定的升值空間，這有利於提振人民幣資產投資者的信心，也擴大了人民幣成為國際儲備貨幣的可能性，對人民幣國際化進程的推進具有積極意義。

2.8 中國資本帳戶開放程度

IMF在其發佈的《匯兌安排與匯兌限制年報》（Annual Report on Exchange Arrangements and Exchange Restrictions，通常簡稱為AREAER）中，將資本項目的交易劃分為7類11大項，在評估各國資本管制狀況時，IMF又將這11個大項細分為40個子項。

本報告首先根據《2013年匯兌安排與匯兌限制年報》對中國2012年的資本開放度進行測算，然後將中國2012年的資本帳戶各子項與2011年相比較，對資本帳戶變化的具體項目進行詳細羅列。

2.8.1 中國資本帳戶開放度測算

Epstein和Schor（1992）最早提出使用AREAER衡量資本管制程度，Cottarelli和Giannini（1997）將AREAER的資本管制資訊量化為二元變數[1]，進行算術平均計算出資本帳戶開放度。由於該方法過於粗略，得到的結論可信度受到不少質疑，本報告使用目前主流的資本開放度測度方法即四檔約束式方

1　即0/1虛擬變數，若資本帳戶專案存在管制記為0，反之記為1。

法[1]，對中國的名義資本帳戶開放程度進行測量（見表2—10）。

按照《2013年匯兌安排與匯兌限制年報》中對中國2012年度資本帳戶管制的描述，2012年中國資本帳戶不可兌換項目有3項，主要集中於非居民參與國內貨幣市場、集體投資類證券、衍生工具的出售和發行；相比2011年的4個不可兌換項目，2012有1個不可兌換項目逐漸放開，出現了較大的變化。部分可兌換的專案主要集中在債券市場交易、股票市場交易、房地產交易和個人資本交易等方面。運用四檔約束式方法進行計算，同時考慮細微變化，綜合量化《2013年匯兌安排與匯兌限制年報》的描述，中國的資本開放度為0.581 5。

表2—10　IMF定義下的2012年度中國資本管制現狀

資本交易項目	2012年
1.對資本市場證券交易的管制	
A.買賣股票或有參股性質其他證券	
（1）非居民境內購買	QFII投資境內A股須符合以下條件: (1)通過QFII在上市公司的外國個人投資者的所有權不得超過公司股份的10%，所有外國投資者所持一個上市公司的A股不能超過30%；(2)QFII的總投資限額為800億美元；(3)通過QFII推出的養老基金、保險基金、共同基金等主要的鎖定期為3個月。B股以美元或港幣計價，在證交所掛牌，外國投資者可以購買。

1　計算公式為：

$$open = \sum_{i}^{n} p(i)/n。$$

其中，open代表資本帳戶開放的程度，取值從0到1，值越小說明資本帳戶管制程度越大，n表示資本項目開放中考慮的資本交易專案總數，在此表示中國11個資本大項交易下的40個資本交易子項，$p(i)$表示第i子項的開放程度，用四檔取值法對各子項進行賦值。$p(i)=1$表示此資本交易專案沒有管制，是指對真實性的資本專案交易或匯兌基本沒有管制；$p(i)=1/3$表示有較多限制，是指對較多交易主體或大部分資本專案進行限制；$p(i)=2/3$表示此資本交易專案有很少管制，是指僅對個別交易主體或少數資本專案交易進行限制；$p(i)=0$表示嚴格管制，是指不允許或禁止進行的交易專案，包括無明確法律規定但實際操作中不允許或禁止的交易專案；另外，在AREAER中也有少數專案表示有管制但是沒有具體資訊，此類情況賦值為1/2。

續前表

資本交易項目	2012年
（2）非居民境內出售或發行	非居民可以出售A股和B股；在當前的政策規則下沒有對非居民發行A股或B股的限制，但目前沒有非居民發行A股或B股。
（3）居民境外購買	保險公司可以從事境外投資活動，數額不能超過上季度總資產的15%，這一比率包括所有類型的外國投資，如股票、債券、基金等。 公司在國外和國內股票及股票型基金的綜合投資不得超過上一季度末總資產的20%。 國家外匯管理局驗證資金的來源和同意國外支付，外國股票控制的海外上市公司可以回購其在境外上市和交易的股票。
（4）居民境外出售或發行	離岸外商投資股份制上市公司發行海外股需要證監會批准並在國家外匯管理局註冊。
B.債券與其他債務性證券	
（5）非居民境內購買	QFII可以投資人民幣計價的金融工具:(1)股票、債券和交易所交易或轉讓的權證；(2)銀行間債券市場交易的固定收益類產品；(3)證券投資基金；(4)股指期貨；(5)證監會允許的其他金融工具。 RQFII及合格境外機構可投資於銀行間債券市場。
（6）非居民境內出售或發行	在財政部、人民銀行和國家發改委的批准下，國際開發機構可以發行人民幣計價的債券。目前非居民的債券本地發行還沒有先例。在中國的外資企業也可以發行債券。
（7）居民境外購買	QDII包括銀行、基金管理公司、證券公司、保險公司，它們在各自的外匯額度和監管限制內可以購買國外債券。 國內外無擔保企業(公司)類債券及國內外證券投資基金的投資分別不得超過50%和15%。
（8）居民境外出售或發行	在國家發改委備案的海外債券發行的申請到期日超過一年，國家發改委必須與有關部門審查申請。申請海外發行外幣債券須報國務院批准。

續前表

資本交易項目	2012年
2.對貨幣市場工具的管制	
（9）非居民境內購買	QFII可以最小的鎖定期購買貨幣市場基金。QFII不能直接參與銀行間外匯市場的交易。鎖定期是指投資主體的匯款被禁止的時期。
（10）非居民境內出售或發行	非居民不得出售或發行貨幣市場工具。
（11）居民境外購買	QDII可以購買規定允許的貨幣市場工具，受制於各自外匯配額和監管限制。在國內外無擔保企業（公司）類債券和國內外證券投資基金的投資分別不得超過50%和15%。
（12）居民境外出售或發行	國家外匯管理局批准後，居民可發行境外貨幣市場工具，如期限低於1年的債券和商業票據。
3.對集體投資類證券的管制	
（13）非居民境內購買	QFII可投資於國內的封閉式和開放式基金。
（14）非居民境內出售或發行	這些交易不允許。
（15）居民境外購買	QDII可以購買海外的集體投資證券，受制於各自外匯配額和監管限制。在國內外無擔保企業（公司）類債券和國內外證券投資基金的投資分別不得超過50%和15%。
（16）居民境外出售或發行	經國家外匯管理局批准，居民可發行境外集體投資證券。
4.對衍生工具與其他工具的管制	
（17）非居民境內購買	如果交易是為了保值，QFII可投資於國內的股指期貨，受制於特定的限制和規模。
（18）非居民境內出售或發行	這些交易不允許。
（19）居民境外購買	銀監會監管的金融機構可買賣銀監會批准用於以下目的的衍生工具:(1)對沖固有資產負債表風險;(2)以盈利為目的；(3)為客戶提供（包括金融機構）衍生產品交易服務。
（20）居民境外出售或發行	購買申請需要符合法規。
5.對商業信貸的管制	

續前表

資本交易項目	2012年
（21）居民向非居民提供	在一定條件下允許居民為非居民擴大貿易信貸(包括延遲收款及預付款)。相關資料必須在國家外匯管理局備案。
（22）非居民向居民提供	在一定條件下允許非居民為居民擴大貿易信貸(包括延遲收款及預付款)。相關資料必須在國家外匯管理局備案。
6.對金融信貸的管制	
（23）居民向非居民提供	經國家外匯管理局批准，跨國公司境內關聯企業能直接貸款給境外關聯企業，可以通過國內銀行貸款給境外關聯企業。在符合自己的經營範圍、滿足銀行監管機構相關指令的前提下，銀行類金融機構可提供國外貸款。
（24）非居民向居民提供	金融機構和授權從事對外借款的中國參股企業，符合國家外匯管理局批准的限額，可以開展一年或一年以內的短期對外借款。所有對外借款必須在國家外匯管理局登記。根據外國投資法律，經商務部批准，總的中長期債務和未清償的外國企業短期負債（包括但不限於外商獨資企業、中外合資企業）不得超過投資總額和註冊資本之間的差額。
7.對擔保、保證和備用融資便利的管制	
（25）居民向非居民提供	國內銀行對外提供財務擔保須由國家外匯管理局批准，個人交易無須批准；國內銀行對外非金融擔保無須批准。國內銀行提供對外擔保必須向國家外匯管理局經常備案。在國家外匯管理局的限制內，非銀行金融機構和企業可提供對外金融和非金融擔保。

續前表

資本交易項目	2012年
（26）非居民向居民提供	從國內金融機構借款時，已經依法經商務部按照外商投資法律批准的外資企業(包括但不限於外商獨資企業、中外合資企業、中外合作企業等)可以接受來自外國機構的擔保。中資企業在一些試點地區，向國內金融機構借款可能接受外國機構的擔保，須符合國家外匯管理局核准的限制。
8.對直接投資的管制	
（27）對外直接投資	國內企業的海外直接投資沒有外匯限制，允許它們購買外匯進行海外直接投資。對外直接投資項目必須符合行政法規並要得到國家和地方發改委的批准。
（28）對內直接投資	只要符合有關外商投資及其他法律、法規的要求，並已取得商務部或地方商務部門的批准，非居民可以在中國投資設立企業。
9.對直接投資清盤的管制	
（29）對直接投資清盤的管制	清盤的管制經營期限之前過早的清算需要原始的審查和審批機關的批准或者必須基於司法判決。2012年12月17日，在國家外匯管理局註冊後，外國投資者可以直接購買外匯和在相關的銀行啟動資金遣返。用於購買外國貨幣和將資金匯回的相關審批程序已被取消。
10.對不動產交易的管制	
（30）居民在境外購買	國內機構對國外房地產的購買按照海外直接投資執行。保險公司在境外投資不動產不得超過公司總資產的15%。
（31）非居民在境內購買	外國居民購買商業住宅房屋必須遵守實際需要和自用原則，為了向賣方支付房款，可以直接在外匯指定銀行將外匯資金轉換成人民幣。
（32）非居民在境內出售	2012年12月17日，在國家外匯管理局登記後，非居民可直接在相關銀行遣返來自房地產銷售的收益。外匯審批程序已被取消。

續前表

資本交易項目	2012年
11.對個人資本流動的管制	
貸款	
（33）居民向非居民提供	在沒有具體的授權下，居民不可向非居民提供貸款。
（34）非居民向居民提供	在沒有具體的授權下，非居民不可向居民提供貸款。
禮品、捐贈、遺贈和遺產	
（35）居民向非居民提供	居民憑有效個人身份證明可以在銀行購買外匯援助和幫助海外的直系親屬，一年最高50 000美元。對於更大的金額，個人必須向銀行提供個人有效身份證明和相關部門或公證機構出具的直系親屬的材料。
（36）非居民向居民提供	憑個人有效證件，個人從捐贈基金、遺贈和遺產獲得的不超過50 000美元的收入可以在銀行完成。超過這一數額需要個人身份和相關證明及支付憑證。
（37）外國移民在境內的債務結算	n.a.
資產的轉移	
（38）移民向國外的轉移	退休和養老基金可以匯往國外。自然人移居國外或將移居香港、澳門，在取得移民身份之前，清算其合法擁有的中國的境內財產，購買和匯出境外的外匯。
（39）移民向國內的轉移	目前還沒有適用的法律。
（40）博彩和中獎收入的轉移	目前還沒有適用的法律。
資本開放程度	0.581 5

禁止	較多限制	較少限制	沒有限制

2.8.2 開放度發生變化的具體項目

相比2011年，2012年資本項目交易的40個子項中，有17個子項出現明顯的變化，表明中國的資本帳戶進一步向開放推進。

關於「買賣股票或有參股性質其他證券」中的第一個子項「非居民境內購買」，2011年「所有外國投資者所持一個上市公司的A股不能超過20%，QFII的總投資限額為300億美元」，2012年「所有外國投資者所持一個上市公司的A股不能超過30%，QFII的總投資限額為800億美元」，2012年的比例明顯提升，限額顯著提高，可以看出，對QFII呈現逐步擴容的趨勢。其他子項詳細變化如表2—11所示，有底色標注的項目為發生變化的項目。

因為IMF公佈的《2013年匯兌安排與匯兌限制年報》描述的是2012年的資本帳戶管制情況，時間上滯後一年，所以相比2013年的當期值，本報告測算的資本帳戶程度相對保守。2013年9月29日，上海自由貿易試驗區正式掛牌成立；2013年《中共中央關於全面深化改革若干重大問題的決定》提出「推動資本市場雙向開放，有序提高跨境資本和金融交易可兌換程度，建立健全宏觀審慎管理框架下的外債和資本流動管理體系，加快實現人民幣資本項目可兌換」，表明2013年中國資本帳戶管制的程度進一步放鬆，資本帳戶開放的推進相對以往具有較大的力度，人民銀行等相關機構對資本帳戶開放的描述已做了較大的調整，預計2013年的資本帳戶開放程度可能會有較大的變化。

表2—11 2012年中國資本帳戶管制現狀相對2011年的變化

資本交易項目	2011年	2012年相對2011年的變化
1.對資本市場證券交易的管制		符合以下要求的投資者視為QFII:(1)資產管理實體必須一直從事資產管理兩年以上，管理投資組合的資產至少5億美元。

續前表

資本交易項目	2011年	2012年相對2011年的變化
		(2)保險公司已經成立超過兩年，持有的投資組合資產至少5億美元。 (3)證券公司必須從事證券業務超過5年，淨資產至少5億美元，投資組合資產至少50億美元。
A. 買賣股票或有參股性質其他證券		
（1）非居民境內購買	(1)通過QFII在上市公司的外國個人投資者的所有權不得超過公司股份的10%，所有外國投資者所持一個上市公司的A股不能超過20%；(2)QFII的總投資限額為300億美元。截至2011年底，累計110家合格境外機構投資者已獲得批准，總投資216.4億美元。	(1)通過QFII在上市公司的外國個人投資者的所有權不得超過公司股份的10%，所有外國投資者所持一個上市公司的A股不能超過30%；(2)QFII的總投資限額為800億美元。截至2012年底，累計共有169家機構已經獲得批准，總投資374.43億美元。
（2）非居民境內出售或發行		無變化。
（3）居民境外購買	國家外匯管理局驗證資金的來源和同意國外支付，國內公司可以回購其發行的海外股票。	國家外匯管理局驗證資金的來源和同意國外支付，外國股東控制的海外上市公司可以回購其在境外上市和交易的股票。
（4）居民境外出售或發行	離岸外商投資股份制上市公司發行海外股票需由證監會批准。	離岸外商投資股份制上市公司發行海外股票需由證監會批准並在國家外匯管理局註冊。
B.債券與其他債務性證券		

續前表

資本交易項目	2011年	2012年相對2011年的變化
（5）非居民境內購買	QFII可以投資交易所上市的債券和證券，參與新股發行、可轉換債券發行、附加股票發行。	QFII可以投資人民幣計價的金融工具:(1)股票、債券和交易所交易或轉讓的權證；(2)銀行間債券市場交易的固定收益類產品；(3)證券投資基金；(4)股指期貨；(5)證監會允許的其他金融工具。RQFII及合格境外機構可投資於銀行間債券市場。
（6）非居民境內出售或發行		無變化。
（7）居民境外購買	在國內外無擔保企業(公司)類債券和國內外證券投資基金的投資分別不得超過20%和15%。	在國內外無擔保企業(公司)類債券和國內外證券投資基金的投資分別不得超過50%和15%。
（8）居民境外出售或發行		無變化。
2.對貨幣市場工具的管制		
（9）非居民境內購買		無變化。
（10）非居民境內出售或發行		無變化。
（11）居民境外購買	在國內外無擔保企業(公司)類債券和國內外證券投資基金的投資分別不得超過20%和15%。	在國內外無擔保企業(公司)類債券和國內外證券投資基金的投資分別不得超過50%和15%。
（12）居民境外出售或發行		無變化。
3.對集體投資類證券的管制		
（13）非居民境內購買		無變化。
（14）非居民境內出售或發行		無變化。

續前表

資本交易項目	2011年	2012年相對2011年的變化
（15）居民境外購買	在國內外無擔保企業(公司)類債券和國內外證券投資基金的投資分別不得超過20%和15%。	在國內外無擔保企業(公司)類債券和國內外證券投資基金的投資分別不得超過50%和15%。
（16）居民境外出售或發行		無變化。
4.對衍生工具與其他工具的管制		
（17）非居民境內購買	這些交易不允許。	如果交易是為了保值，QFII可投資於國內的股指期貨，受制於特定的限制和規模。
（18）非居民境內出售或發行		無變化。
（19）居民境外購買		無變化。
（20）居民境外出售或發行		無變化。
5.對商業信貸的管制		
（21）居民向非居民提供	經國家外匯管理局批准，跨國公司的本地企業可以直接貸款給境外關聯公司，可以安排國內銀行向境外關聯公司貸款。	在一定條件下允許居民為非居民擴大貿易信貸(包括延遲收款及預付款)。相關資料必須在國家外匯管理局備案。
（22）非居民向居民提供	已獲准的金融機構和國有企業可以從事一年或一年以內的短期外國借款。	在一定條件下允許非居民為居民擴大貿易信貸(包括延遲收款及預付款)。相關資料必須在國家外匯管理局備案。
6.對金融信貸的管制		
（23）居民向非居民提供	為居民和非居民之間的相互貿易信貸，登記管理系統已經建立。	左欄的描述沒有出現。

續前表

資本交易項目	2011年	2012年相對2011年的變化
（24）非居民向居民提供	為居民和非居民之間的相互貿易信貸，登記管理系統已經建立。	根據外國投資法律，經商務部批准，總的中長期債務和未清償的外國企業短期負債(包括但不限於外商獨資企業、中外合資企業)不得超過投資總額和註冊資本之間的差額。
7.對擔保、保證和備用融資便利的管制		
（25）居民向非居民提供		無變化。
（26）非居民向居民提供		無變化。
8.對直接投資的管制		
（27）對外直接投資	國內企業的海外直接投資沒有外匯限制，允許它們購買外匯進行海外直接投資。	對外直接投資項目必須符合行政法規並要得到國家和地方發改委的批准。
（28）對內直接投資	只要符合法律和法規、獲得商務部和當地商業機構的批准，非居民可以在中國投資設立企業。	在中國建立合夥企業的企業和個人必須到當地工商行政管理部門登記。合夥企業從事的投資業務需要符合國家的相關條例。
9.對直接投資清盤的管制		
（29）對直接投資清盤的管制	向國外匯出外國投資者的資金而購買外匯需經國家外匯管理局批准。	2012年12月17日，在國家外匯管理局註冊後，外國投資者可以直接購買外匯和在相關的銀行啟動資金遣返。用於購買外國貨幣和將資金匯回的相關審批程序已被取消。
10.對不動產交易的管制		
（30）居民在境外購買		無變化。

續前表

資本交易項目	2011年	2012年相對2011年的變化
（31）非居民在境內購買		無變化。
（32）非居民在境內出售	經國家外匯管理局批准，非居民可以轉讓國外房地產銷售所得的外匯。	2012年12月17日，在國家外匯管理局登記後，非居民可以在相關銀行遣返房地產銷售的收益。外匯審批程序已經取消。
11.對個人資本流動的管制		
貸款		
（33）居民向非居民提供	—	在沒有具體的授權下，居民不可向非居民提供貸款。
（34）非居民向居民提供	—	在沒有具體的授權下，非居民不可向居民提供貸款。
禮品、捐贈、遺贈和遺產		
（35）居民向非居民提供		無變化。
（36）非居民向居民提供		無變化。
（37）外國移民在境內的債務結算	—	—
資產的轉移		
（38）移民向國外的轉移	退休和養老金可匯向國外，如果一次性申請匯向國外的總金額超過200 000元，資金需分階段匯出。	左欄的描述沒有出現。
（39）移民向國內的轉移	—	目前還沒有適用的法律。
（40）博彩和中獎收入的轉移	—	目前還沒有適用的法律。

資料來源：IMF：《2012年匯兌安排與匯兌限制年報》、《2013年匯兌安排與匯兌限制年報》。

第三章

輿情與觀察

3.1 經濟學家視點

上海自貿區：避開資本帳戶開放的「囚徒困境」

2013年人民幣國際化的快速進展，給中國的國際收支管理體制帶來了挑戰，倒逼著改革，國際也為改革創造了新契機。這就是可將人民幣資本項目開放和人民幣資本項目可兌換分離出來，分別加以處理。根據IMF的標準，有關國際收支資本項目的科目共43個，中國大部分科目已經開放或基本開放。涉及資本項目管制的科目僅有3個，但都是涉及資本行為主體的科目。它們是：外商直接投資需要審查和批准；中國居民原則上不得對外負債，外債有嚴格的規模管理；中國資本市場原則上不對外資開放，外資進入中國資本市場需要特殊的安排，即QFII。人民幣日益廣泛的國際使用，使中國繼續保持對外幣實行上述科目管制的同時，可以實行本幣的開放，即人民幣FDI，中國居民以人民幣形式對外負債，中國資本市場對境外人民幣開放。其含義是在本幣尚達不到全面可兌換的條件下，實現本幣資本項目開放，並通過這一本幣開放為本幣資本項目，進而為全面可兌換創造條件。事實上，中國政府敏感地把握

了這一契機，避開了新興市場國家資本項目開放而必須本幣全面可兌換的「囚徒困境」，開啟了有別於上述傳統路線的新鮮路線，這就是2013年上海自由貿易試驗區的建立。根據上海自貿區的方案及中國人民銀行的相關安排，通過在自貿區設立區別一般帳戶的特別帳戶，率先實現人民幣資本項目開放，並在條件成熟時，在特別帳戶實現本外幣可互換，進而延伸至一般帳戶。這一安排可被理解為：在國際收支資本項目下，人民幣首先取消用途管制，進而在資本項目仍對外資保持管制的三個科目中逐一逐漸將外幣的使用條件向人民幣方向靠攏。結論是顯而易見的，一旦資本項目外幣的使用條件與人民幣使用條件趨同，人民幣資本項目可兌換也就實現了。這一有別於傳統路線的新鮮路線圖，使人民幣全面可兌換可操作，從而時間表可預測，我們認為在未來兩年中，人民幣資本項目可實現基本可兌換。在這一過程中，匯率形成機制將市場化，進而使利率市場化深化，推動著尤其是以固定收益為代表的金融產品的多樣化、豐富化，即金融市場的發展。這反過來又進一步促進人民幣更廣泛的國際使用。上海本幣金融中心成為國際金融中心。

有鑒於此，我們認為，2013年人民幣國際化邁上新臺階，預示著人民幣國際化開始進入新階段。如果說過去五年人民幣國際化還僅僅為雙邊使用，那麼，未來人民幣國際化將進入多邊使用，而這才是真正意義上的人民幣國際化。事實上，人民幣的國際使用，尤其是在東亞的使用，已開始展現出這一趨勢。2013年在新興市場國家貨幣動盪的情勢下，16年前亞洲金融危機所暴露出來的發展中國家貨幣原罪重新凸顯，集中體現在貨幣錯配、期限錯配和結構錯配上，深刻反映出新興市場缺少以本幣比價、本幣支付的區域金融市場。而消解這一原罪的途徑也是明確的，即區域貨幣金融合作的本幣化。2013年全球國家銀行、上海合作組織銀行以及亞洲基礎設施投資銀行的倡議頻頻提出，並都以本幣化為其鮮明宗旨。

由於中國已經是世界第二大經濟體和第一大貿易體，人民幣在這一

本幣化的進程中，註定要扮演著重要角色，人民幣國際化將進入多邊使用新階段。

——曹遠征

（中國銀行首席經濟學家）

中資銀行需要重點發展的離岸業務

人民幣國際化與中資金融機構的國際化發展是相輔相成、相互促進的。人民幣國際化步伐加快，國內金融機構進入和融入他國金融領域活動的能力就越強，金融機構自身的國際化經營和發展也會隨之加快。同時，商業銀行自身的業務發展和境外機構拓展也能進一步促進跨境人民幣的使用。中資銀行利用境外機構開展離岸人民幣業務有助於提高離岸人民幣市場的活力，加速世界範圍內對人民幣資產的接受程度，進而推動人民幣的國際化。

一方面，在人民幣國際化的初級階段，由於人民幣還沒有完全實現自由兌換，在央行清算系統尚未建立完成以及建設後的試運行階段，中資商業銀行自身的清算系統對跨境人民幣業務發展提供支援，大大加強了境外人民幣清算與結算市場建設。另一方面，中資銀行開展境外業務以及經營國際化，大都實施對中國企業「走出去」的跟隨戰略。通過給客戶提供包括貿易融資、項目貸款及清算、融資、避險等一攬子人民幣解決方案，促進了人民幣輸出，擴大了人民幣在境外的使用範圍。

中資銀行可以重點發展以下四類離岸人民幣業務，在獲得盈利的同時推動人民幣國際化。一是離岸人民幣存貸款業務。離岸人民幣存貸款業務是離岸人民幣金融業務的基礎，是人民幣國際化的初始平臺和必要條件。中資銀行境外機構應將其作為基礎性業務加以開展。二是離岸人民幣債券相關業務。離岸人民幣債券為境外人民幣資金提供了優質的投資管道。中資銀行應積極參與從債券發行承銷到投資認購等相關業務，

擴大離岸人民幣市場的影響力。三是匯率和利率衍生品業務。隨著人民幣國際化的深入推進，市場參與者對其持有人民幣資產的避險需求日益強烈。通過積極開展離岸人民幣匯率和利率衍生品業務，能很好地契合市場需求，啟動離岸人民幣市場。四是人民幣資產管理類業務。中資銀行深入拓展離岸人民幣保險、基金等資產管理類業務，能拓寬境外人民幣的投資管道，豐富離岸人民幣市場的產品線。

——連平

（交通銀行首席經濟學家）

專欄3—1

交通銀行在跨境人民幣創新區域先行先試的經驗

一、快速回應，穩步推進霍爾果斯合作中心創新業務

2014年1月6日，交行霍爾果斯國際邊境合作中心支行正式開業。中哈霍爾果斯國際邊境合作中心是國家向西發展和緊密亞歐各國經濟合作的創新合作平臺。交行霍爾果斯國際邊境合作中心支行以經營跨境人民幣業務為特色，通過依託創新合作平臺，為園區內企業、個人及離岸客戶提供人民幣NRA結算、人民幣跨境融資、人民幣跨境擔保等各項跨境人民幣金融服務，是交行向西開展跨境人民幣創新的重要視窗。一方面，交行著力開展帳戶類金融服務。一是為園區內註冊的中方企業開立人民幣境外融資專用帳戶，專門用於存放從境外融入的人民幣資金，用於中心內項目建設、境外項目建設和與非居民的貿易。二是為境外機構開立人民幣NRA帳戶，並開展人民幣現金繳存和支取、人民幣跨境融資、人民幣跨境擔保及人民幣定期存款等創新業務。三是為境外銀行開

立人民幣同業往來帳戶，用於辦理與境外銀行間的人民幣資金清算，同時吸收同業人民幣存款並提供定期存款服務。另一方面，交行將重點推進貸款融資類業務。從市場融入低成本人民幣資金，通過跨境人民幣境外借款結算、跨境人民幣NRA帳戶等通道，開展跨境貸款融資及擔保類業務，支援中心內項目建設、企業「走出去」和跨境貿易融資等活動。

二、服務為先，創蘇州工業園區、昆山合作區跨境金融合作新模式

蘇州工業園區試點政策支持新加坡銀行機構向符合條件的園區內企業或項目發放人民幣貸款；昆山合作區開展了臺資企業內部跨境人民幣雙向貸款和個人業務試點。交行蘇州分行在第一時間跟進，將創新金融服務模式聚焦在跨境人民幣信貸融資業務上。一方面，在人民銀行南京分行發佈《蘇州工業園區跨境人民幣創新業務試點管理暫行辦法》後，新加坡分行與蘇州分行聯動向中新蘇州工業園區市政公用事業發展有限公司發放4 700萬元跨境人民幣貸款，成為新加坡銀行機構對園區的首筆跨境人民幣貸款業務，為園區內企業拓展了全新的資金管道。另一方面，交行蘇州分行、臺北分行聯合，為臺資企業集團內部人民幣借貸業務搭建管道，對昆山試驗區內臺資子公司和臺灣關聯公司間的雙向借款提供金融服務，降低了臺資企業人民幣資金籌措成本。目前，交行蘇州分行已試水7筆跨境人民幣雙向借款結算，金額為878萬元，極大地便利了集團企業內部人民幣資金管理。

三、積極創新，擴大上海自貿區人民幣跨境使用

交行積極先行先試，擴大自貿區人民幣跨境使用的相關業務，取得多項業務首發。一是成功簽約首筆非銀行金融機構境外借款業務，交銀租賃與交行新加坡分行簽署跨境人民幣境外借款合作協議。二是成功簽約首批中資企業境外借款，交行自貿區分行與上海某電子商務公司簽約，以境外直貸模式借入人民幣外債，用於公司跨境電子商務平臺的運營。三是交行自貿區分行與香港分行聯動，成功為自貿區某集團辦理跨境人民幣境外借款。四是成為區內首家獲批的為外商獨資商業保理企業

辦理自貿區首筆商業保理業務結算服務及首單商業保理公司人民幣外債業務的銀行。五是與某快運公司、某海運集團開展自貿區首單飛機和船舶租賃業務。六是積極參與自貿區金融要素市場建設，為國際能源交易中心、國際黃金交易中心等機構制定人民幣資金劃撥方案，擴大人民幣跨境使用範圍，推動自貿區金融要素市場向前發展。

撰稿人：王紅濤，魏星

人民幣作為國際儲備貨幣所需的經濟政策佈局

鑒於目前人民幣在全面邁向國際儲備貨幣的道路上所處的地位以及各主要經濟體的歷史經驗，有兩條啟示意義深遠。第一，國際儲備貨幣地位會導致一國經濟政策的匯率管道趨於弱化。第二，相關的資本帳戶開放是失衡的來源，而這根源於為抵消該貨幣的結構性過度升值而採取的過於激進的貨幣政策和財政政策。當前中國政府對資本帳戶開放問題的謹慎態度是非常適合並且必要的。

分析美元成為國際儲備貨幣的經驗，我們可以總結出四類失衡問題，每一類失衡都需要經濟政策提前佈局。

第一，產業政策將抗擊貨幣成為國際儲備貨幣的過度升值所帶來的競爭力下降以及貿易逆差累積。產業政策降低了對價格競爭力的敏感性，避免了貿易帳戶逆差的累積。貨幣儲備地位更適合消費或服務業占主導地位的經濟體，原因是該國貨幣過度升值因進口價格下降而有利於國內需求。此外，服務業對國際競爭的獨立性更強。因此對服務業占據GDP絕大部分份額的經濟體而言，貨幣過度升值的負面影響將會下降。也正因如此，人民幣獲得國際貨幣地位與中國新一屆政府的結構性經濟改革目標並行不悖。大力促進消費和服務業發展的目標與人民幣逐漸邁向國際儲備貨幣的趨勢一致。中國政府也必將通過支援研發活動提升中

國產品的技術含量，鼓勵服務業和非貿易商品的發展，提高產品的普遍品質。這樣的方向與新政府的目標一致，也將降低中國對價格競爭力的依賴性。因此，在人民幣國際化的進程中應降低人民幣升值的影響。

第二，財政政策將緊密配合並且不亂用作為國際儲備貨幣帶來的鑄幣稅利益。例如美元作為國際儲備貨幣所帶來的公共債務的累積。財政政策避免公共債務累積，因為國際貨幣地位催生具有道德風險的策略。在極為有利的融資條件下，以美元計價資產的結構性需求鼓勵美國政府增加公共債務。中國債券的全球供應規模得到提升，但也應密切監控，這是因為「熱錢」湧入可能會造成經濟波動。為此現任政府的目標是控制地方政府債券、地方政府進入債券市場的機會及對債券市場進行監控，這些不可或缺。

第三，貨幣政策將進行監控並防止由於經濟的對外貿易疲軟導致的泡沫形成。貨幣政策防止泡沫的形成。長期而言，制度改革也是必需的，這旨在保持對金融業，特別是對資本匯回的控制可能導致總體經濟陷入動盪。我們已經看到匯率管道趨於弱化可能促使央行實施過度寬鬆的貨幣政策。為避免這樣的錯誤，對中國人民銀行（央行）的地位進行改革勢在必行，提高透明度，強化利率市場化機制，也須加強對金融市場的監管。

第四，社會政策必須做好準備以面對由於資本帳戶的開放帶來的不平等加劇。社會政策組織與資本帳戶開放有關的利益共用，降低了不平等。資本帳戶開放和吸引外資意味著稅率偏低，再分配能力下降，因此應對不平等問題的難度加大。資本自由流通將對少數人有利，同時產生新的財政收入。減少失衡顯然是現任政府優先考慮的問題。

——胡一帆
（海通國際首席經濟學家）

人民幣國際化不可能一蹴而就

經濟實力強，不意味著該國貨幣能成為國際貨幣。有人認為，中國經濟實力在可預期的時間內能超越美國，可支援人民幣在相應時間內成為國際貨幣。實際上，美國早在1894年GDP就已經躍居世界第一位，到1913年其工業產值已經相當於英國、法國和德國三個國家工業產值之和。但直到1944年《布列敦森林協議》的簽署，美國才確立了美元的國際核心貨幣地位。從GDP躍居世界第一到美元取代英鎊成為國際貨幣，美國整整用了50年。顯然，不考慮其他貨幣國際化條件，中國經濟總量還遠未達到全球第一，人民幣國際化更不可能在短期內實現。

國際收支的「雙順差」局面決定了短期內中國無法向世界提供充足的人民幣。長期以來，中國的消費不足，GDP的增長主要依靠投資，而投資創造的大量商品和服務在國內無法完全吸收，必須通過出口引向其他國家，以致經常項目順差。同時，中國作為最主要的新興市場國家，國際直接投資和金融資本長期、大量進入中國，資本項下也出現了資本淨流入的順差狀態。自1994年開始，中國的國際收支一直為「雙順差」，預計在未來較長的一段時間內，「雙順差」局面不會根本扭轉。在當前情況下，貨幣當局只能通過「貨幣互換」，或者擴大資本項下人民幣流出、降低資本項目順差規模的方式向國際市場輸送人民幣，但這些方式只能在短期內使用。

人民幣在相當長一段時間內無法成為主要國際儲備貨幣。一方面，目前中國的綜合經濟實力尚不足以支持重要經濟體選擇人民幣作為國際儲備貨幣；另一方面，中國的金融市場還不夠健全，容量與深度也還不夠。這兩個方面或許能解釋為什麼各國中央銀行不得不大量持有美元資產。

金融市場容量不夠，不能貿然完全開放資本項目。對中國而言，資本項目完全開放，意味著國內金融市場完全暴露於全球資本的自由衝擊場景之中，若金融市場的容量不夠，難以抵抗來自全球的資本衝擊。尤其是在債券市場的容量還不夠大的情況下，大量資金進入或者流出中國

市場，將引起利率和債券價格大幅上漲或者下跌，對實體經濟運行造成直接危害。比較目前人民幣和美元的本土金融市場容量，美國供全球投資者選擇的風險較小的固定收益市場總額在2012年就達到38萬億美元，占美國GDP比例高達240%；而截至2013年10月底，中國債券市場總額只有4.86萬億美元。[1]由於市場容量的巨大差異，在相同的開放環境下，等量國際資本流動對市場的衝擊力是完全不同的。

人民幣國際計價功能是人民幣國際化最短的短板。人民幣的國際計價功能是指人民幣在國際範圍內的私人用途和官方用途中，承擔價值衡量和記帳工具職能。相對於人民幣的國際結算職能，目前人民幣的國際計價職能嚴重滯後。例如，雖然我國已逐漸成為大宗商品消費大國、貿易大國，多個品種進口數量高居全球榜首，但全球大宗商品的定價權仍主要集中在歐美發達經濟體手中，形成了以CBOT（芝加哥期貨交易所）農產品、NYMEX（紐約商品交易所）能源和LME（倫敦金屬交易所）有色金屬為主的幾大商品定價中心。

這些定價中心基於歷史慣性、交易雙方接受程度、套期保值途徑和容量、理論模型和硬體輔助系統的完備程度等因素，推出了以美元為主的大宗商品定價機制和價格。

通常而言，某一貨幣能否作為國際計價貨幣主要與如下因素相關：一是通貨膨脹，通脹率低、幣值穩定的貨幣更有可能被選作貿易計價貨幣；二是匯率變動，進出口雙方選擇計價貨幣時會更多地傾向於選擇具有穩定貨幣政策和匯率政策國家的貨幣；三是金融市場發展程度，進出口雙方更願意選擇兌換成本最低且能被其他國家貿易商普遍接受的貨幣，這就要求該貨幣的發行國必須有發達的貨幣市場、資本市場和外匯市場以及完善的貨幣市場工具；四是貨幣的可兌換程度，如果一種貨幣還沒有成為可自由兌換的貨幣，那麼境外持幣的風險與成本就比較高，這種貨幣在與其他可自由兌換的貨幣的計價競爭當中，就會處於劣勢。

1　29.63萬億元人民幣，折算成美元大約為4.86萬億美元。

從這些方面來看，人民幣充當國際計價貨幣的路途還十分漫長。

——黃志凌

（中國建設銀行首席經濟學家）

2020年人民幣能否成為前三大國際貨幣

目前，國際貨幣基金組織認為只有四種貨幣可被視作廣泛使用和廣泛交易的國際貨幣：美元、歐元、日圓和英鎊。這四種貨幣組成了國際貨幣基金組織特別提款權（Special Drawing Rights，SDR）的貨幣籃子。有幾個指標被用來評估一種貨幣是否在全球廣泛使用，並在主要外匯市場上被廣泛交易，這些指標包括：

（1）官方儲備持有的貨幣組合。世界各地越來越多的中央銀行已表示將人民幣加入了其外匯儲備持有，關於人民幣在全球外匯儲備中被使用的資料尚不可用。然而，人民幣在全球儲備中所占份額可能還是微小的。根據國際貨幣基金組織的最新資料，以「其他貨幣」命名的貨幣儲備（其中包括人民幣），在2013年第3季度末占總「分配儲備」[1]的份額約3%。美元仍然占主導地位，比例是61%；其次是歐元，占24%；而日圓和英鎊各占4%。現有資料表明，隨著各國央行轉向對外幣持有的多樣化，儘管「其他貨幣」的份額近幾年已上升，但多樣化的程度仍非常有限。

使用人民幣作為儲備貨幣的一個補充指標是中央銀行持有的人民幣數量。一項對儲備經理人的調查顯示，15%的受訪者持有人民幣（蘇格蘭皇家銀行，2013年）。而對於一些儲備經理人而言，人民幣缺乏可兌換性通常被認為會阻礙投資。然而，37%的被調查者表示，在未來5～10年他們會考慮投資人民幣。

1　分配儲備是指IMF外匯儲備中實體申報貨幣構成的外匯儲備（2013年第3季度末占全球外匯儲備的54％）。

（2）國際銀行負債和國際債券的計價貨幣。國際清算銀行關於國際負債未償貸款的資料充分彰顯了美元和歐元在國際金融交易中的長期主導地位。這兩種貨幣的占比大致穩定在合計份額75%～80%的範圍。日圓和英鎊則遠遠落後，分列第三和第四。人民幣所占份額雖然沒有作單獨報告，但被計入在了「其他貨幣」項，2013年9月底達到7%。

（3）在外匯市場的交易量。國際清算銀行三年一度的中央銀行調查顯示，人民幣在2013年成為第九種最活躍的交易通貨。該調查指出，人民幣在全球外匯交易中的作用上升，主要得益於離岸人民幣交易的顯著擴大。人民幣交易量從2010年的340億美元飆升至2013年的1 200億美元。然而，人民幣僅占全球外匯交易量的2.2%，美元占87%，歐元占33%，日圓占23%，英鎊占12%。

總體而言，基於中國的經濟規模、增長潛力及貿易聯繫，人民幣國際化已勢在必行。然而，中國金融業的現代化和深化、資本帳戶的逐步開放均處在行進階段。儘管人民幣作為貿易結算貨幣已占有了一席之地，其與國際金融交易中符合「廣泛使用」和「廣泛交易」標準的國際貨幣相比仍有一定差距。

我相信，人民幣具有成為國際貨幣的巨大潛力。關於人民幣國際化的推進，未來面臨的主要挑戰就是在金融市場自由化的支持下開放資本帳戶，發展有深度和流動性的金融市場，放開利率和匯率，並加強監督與監管框架。這些改革的步伐和順序同樣具有挑戰，經驗表明，近期的金融危機往往發生在金融市場欠發達且監管框架薄弱的國家開放資本帳戶之時。這些改革一直是中國改革議題的核心，十八屆三中全會宣佈了加速改革的計畫。如果改革能順利進行，我認為人民幣沒有任何理由不能在2020年成為被國際貨幣基金組織納入特別提款權「貨幣籃子」的「可自由使用的國際貨幣」。

——曾頌華

（IMF亞太局前副局長）

人民幣國際化路徑應該怎麼走

全球貨幣金融出現了三大變局。第一大變局是虛擬經濟惡性膨脹，虛擬經濟日益背離實體經濟。貨幣金融快速甚至惡性膨脹，虛擬經濟日益背離實體經濟，成為過去40年來全球經濟最顯著的特徵之一，也是全球經濟最令人困惑、最有趣的重大現象之一。1980年全球金融資產與GDP的比例是1：1，2012年全球金融資產已經是全球GDP的11倍了。第二大變局是量化寬鬆貨幣政策改變了全球貨幣金融格局。以美聯儲為首的量化寬鬆貨幣政策，進一步惡化了虛擬經濟與實體經濟之間的背離，成為全球經濟金融穩定的主要威脅。2014年美聯儲計畫開始退出量化寬鬆政策，如果退出速度過快，則除了中國以外的金磚國家的匯率都可能出現大幅度貶值，甚至會出現1997年亞洲金融危機的困境。第三大變局是美元霸權持續增強。全球金融危機並沒有削弱美元霸權，反而從多個側面強化了美元霸權。2008年金融危機過後全球的美元儲備超過了8萬億，如此大規模的外匯儲備進一步鞏固了美元的國際地位，而中國是世界第一大債權國，中國也不會選擇大量減持美元資產，不會搬起石頭砸自己的腳。

人民幣國際化路徑到底應該怎麼走？我認為人民幣國際化有三個基本路徑：第一條是貿易路徑，即從貿易結算過渡到金融結算，再過渡到儲備貨幣，日本和德國是經典案例。第二條是貨幣金融路徑，即類似盧森堡、蘇黎世和香港，純粹打造成金融中心。第三條是經典路徑，即同時打造製造業中心、貿易中心和貨幣金融中心。美元和英鎊的國際化過程都是典型的經典路徑，美國和英國在其貨幣化的過程中，已經是全球製造業中心、貿易中心和貨幣金融中心。目前中國是貿易大國，但不是製造業大國，也不是貨幣金融中心，在貨幣金融市場中甚至沒有什麼話語權。當全球經濟格局、權力格局出現巨大變化時，人民幣國際化應當選擇哪一條路徑？中國人民銀行規劃的是第一條貿易路徑，希望通過貿易結算首先發展香港離岸市場，最終實現人民幣國際化，但這個路徑

能否走向成功？日本和德國的例子都證明這個路徑也許並不正確。此外，美國正在大力推進跨太平洋戰略經濟夥伴關係協議（Trans-Pacific Partnership Agreement,TPP）以顛覆WTO，新的貿易規則格局是否會很快形成？貿易規則會直接影響金融交易和金融結算，所以貿易規則改變必然會對貨幣金融規則產生顯著影響。在新的貿易規則下，人民幣國際化的貿易路徑是否還能走通？虛擬經濟和實體經濟到底是什麼關係，是實體經濟主導虛擬經濟還是虛擬經濟主導實體經濟？貨幣中心和金融中心又是什麼關係？基於這些問題，我認為全球的資本主義經濟邁入了第三個階段，第一個階段是商業資本主義階段，第二個階段是產業資本主義階段，第三個階段就是金融資本主義階段，所以基於過去兩個階段構建的傳統經濟學原理不能有效解釋當前的經濟現象了。這個大背景加劇了貿易路徑的難度。還有一些其他問題也會阻礙人民幣國際化的發展，比如我國貨幣政策美元化的程度大大加深，所謂貨幣政策美元化即本國貨幣政策和貨幣供應量深受美元和美聯儲貨幣政策之影響，導致本國貨幣政策部分或全部喪失獨立性。此外，我國商業銀行海外網點的構建與人民幣步伐相差不是一點、兩點，「走出去」的步伐太慢。中國工商銀行的資產、市值、收入和利潤都是世界第一，卻不是全球系統重要性金融機構，因為其海外業務不到5%，而根據巴塞爾銀行監管委員會制定的標準，海外收入占比達到30%才能稱為全球系統重要性銀行。

最後，十八屆三中全會通過的《中共中央關於全面深化改革若干重大問題的決定》對人民幣國際化有重大推動作用。《中共中央關於全面深化改革若干重大問題的決定》首次明確強調了市場的決定性作用，肯定了深化經濟體制改革的基本方向——市場化改革方向。金融改革的核心和關鍵就是金融市場體系的逐漸市場化。其中與人民幣國際化有關的具體政策有如下幾項：（1）金融領域的利率市場化；（2）匯率市場化（逐步）；（3）推進股票發行註冊制改革，多管道推動股權融資；（4）發展並規範債券市場；（5）完善人民幣匯率市場化形成機制，加快推進

利率市場化，健全反映市場供求關係的國債收益率曲線；（6）推動資本市場雙向開放，有序提高跨境資本和金融交易可兌換程度；（7）加快實現人民幣資本項目可兌換；（8）推進金融、教育、文化、醫療等服務業領域有序開放；（9）擴大企業及個人對外投資，允許到境外開展投資合作、自由承攬工程和勞務合作，開展綠地投資、併購投資、證券投資、聯合投資。根據《中共中央關於全面深化改革若干重大問題的決定》，我國企業和個人將掀起新一輪海外投資高潮。

——向松祚

（中國農業銀行首席經濟學家）

人民幣國際化需樹立「內外互動」戰略思路

經過近幾年的快速推進，人民幣國際化的路徑日益清晰。但伴隨這一進程，一些深層次的問題也逐漸暴露。在當前資本帳戶有限開放的背景下，如何保障和持續拓展人民幣離岸市場的流動性、有效增強人民幣對境外持有主體的吸引力，是提升人民幣國際地位所面臨的主要挑戰之一。境外人民幣市場和境內人民幣業務的良性互動，有助於解決上述問題。這一「內外互動」的戰略思路，需要「兩條腿」走路：一是建立境內外分離的離岸金融中心模式，二是中資銀行通過推進國際化發展將本幣業務的境內優勢延伸至境外。

首先，建立多種形式的人民幣離岸市場，可以推動人民幣在全球範圍的需求和使用。我國可借鑒日本、新加坡的經驗，建立內外分離的離岸金融中心模式。第一，推動香港等境外離岸人民幣中心取得更大發展。繼香港之後，可在新加坡、倫敦、東京等世界金融中心逐步建立離岸人民幣中心。此外，中東的迪拜、南非的約翰尼斯堡、俄羅斯的莫斯科、美國的紐約以及巴西的聖保羅也都是潛在的人民幣離岸市場。應通過進一步完善人民幣境外清算機制、豐富境外人民幣產品體系、發揮中

資銀行的主動作用、加強在岸和離岸的市場融合和監管合作、做好離岸中心運行的風險防控等措施，為境外離岸人民幣市場的快速發展創造各方面軟硬體條件。第二，通過上海自貿區人民幣跨境使用的擴大，加速人民幣國際化。上海自貿區不僅要建設成境內的人民幣離岸金融中心，還應進一步打造成全球性人民幣產品定價和清算中心。同時隨著國內自貿區的增設，考慮在其他有潛力的自貿區擴大開放人民幣離岸業務，並准許更多有條件的中資銀行開辦境內離岸金融業務。第三，注重加強境內外人民幣離岸市場之間的合作。未來各離岸市場需要確定好各自的發展定位，相關的貨幣當局、監管部門和金融機構需秉持互利共贏的理念，保持密切合作，共同發展離岸人民幣業務。各人民幣離岸市場應該打通，保證人民幣在各離岸市場之間流動的便利。人民幣在各離岸市場之間流動的便利有助於形成統一的離岸人民幣價格，降低人民幣市場參與者的管理和交易成本，增加境外人民幣使用的吸引力。

其次，人民幣跨境業務的開展也為中資金融機構的國際化提供了新的思路和機遇。從全球來看，金融機構的國際化是本幣國際化的重要載體。一方面，人民幣境外使用要取得更大進展，必須以中資銀行的國際化經營作為重要支撐。另一方面，中資銀行作為人民幣業務的主要服務商，可以借助跨境人民幣業務將自身的本幣經營優勢擴大到國際市場，推動國際化經營。就中資銀行而言，應繼續完善境外人民幣清算網路、加快人民幣離岸金融產品創新，支援企業「走出去」、積極參與人民幣國際化進程。就監管政策而言，人民幣國際化作為中國最高層次的金融戰略的組成部分，尤需做好頂層設計，特別應注重將人民幣國際化、企業「走出去」及中資金融機構的國際化進行統籌考慮、協同推進。

——詹向陽

（中國工商銀行金融研究總監）

3.2 人民幣國際化的國際輿情分析

　　人民幣國際化程度可以有兩個不同視角的衡量方法，一個是國際貨幣功能實現的視角，即運用RII指標來衡量，另一個是媒體關注度視角，通過考察國際輿情對人民幣的關注度來客觀反映人民幣被各國關注、重視的程度，間接說明人民幣被國際社會、大眾接納的程度。

3.2.1 國際輿情分析方案與技術

　　隨著人民幣國際化進程的不斷加速，人民幣在國際貿易、直接投資、國際信貸中的份額逐漸上升，已經進入前十大交易貨幣行列。人民幣計價結算、人民幣匯率變化、人民幣貨幣政策對越來越多國家的經濟利益有一定的影響，這些國家的企業和個人的收入多多少少與人民幣有關。正因為如此，各國媒體對人民幣的報導和關注程度呈現上升趨勢。毫無疑問，人民幣的國際關注度本身就是人民幣國際化的一種具體表現。

　　國際輿情紛繁浩雜，既有主流媒體也有非主流媒體，涉及人民幣的報導動機與具體內容差異較大，不一定都與人民幣國際化相關，需要設計一套科學的方案來挖掘國際輿情與人民幣國際化之間的內在聯繫。為此，按以下三步進行研究。

　　第一步，以德爾菲法徵求全球各大洲研究貨幣問題的專家，邀請他們推薦篩選全球主要新聞媒體。根據這些專家的意見，最終確認了二十國集團國家合計101家英文版媒體名錄（如表3—1所示），以這些媒體的英文報導網站資料庫作為研究對象。這些媒體的地區分佈較為均勻，在平面媒體中具有足夠的代表性，足以代表國際主流媒體，用以研究人民幣國際關注問題較為可信與可靠。

表3—1 人民幣國際關注度研究媒體地理分佈

地區	媒體家數
北美	15
其中：美國	11
加拿大	4
南美	9
其中：巴西	3
墨西哥	4
阿根廷	2
亞洲	25
其中：東亞（日本、韓國）	各5家
東南亞（印尼）	4
南亞（印度）	7
西亞（沙烏地阿拉伯）	4
歐洲	36
其中：歐盟	7
英國	8
德國	5
法國	5
義大利	2
俄羅斯	6
土耳其	3
澳洲	4
非洲（南非）	13

注：(1)WSJ網站資料無法獲取，故放棄；(2)歐洲部分，歐盟是指直接以「歐盟」為發行主體的媒體，不包括歐盟成員國。

第二步，以2001年中國加入WTO至2013年底為時間段，挖掘國際主流媒體對人民幣的關注程度。由於各大新聞媒體2008年前對人民幣的報導極少，例如2003年人民幣竟然為零報導，故將2008年以前的資料與2008年合併，計為「2008年及以前」資料。

第三步，研究這些關注人民幣的媒體狀況及其關注、報導的重點內容。在各國媒體的英文網站上搜索新聞報導中含「RENMINBI」、「RMB」、「CNY」的新聞，再搜索「Internationalization」以及「International use」，研究中發現，近年來國際媒體有很多關於人民幣的報導，然而搜索「Internationalization」及「International use」卻鮮有結果。由於「人民幣國際化」是國內學術界用語，「人民幣跨境使用」則是中國官方的政策性用語，這兩種用語在各國新聞中使用不多。因此對輿情分析的技術路徑進行了修正，將搜索對象確定為「renminbi（人民幣）」。直接搜索新聞報導中含「RENMINBI」、「RMB」、「CNY」的新聞，再在這些新聞群組合而成的文本資料庫中挖掘高頻詞彙，形成後續部分的研究成果。

輿情分析主要採用了規則運算式（Regular Expression）[1]、LDA建模[2]以及一般文本挖掘的技術。

3.2.2 人民幣國際輿情特徵

人民幣國際輿情研究的重點在於兩個方面，一是縱向研究國際輿論對人民幣關注程度的演變，二是橫向比較不同國家和地區關注人民幣的經濟活動。表3—2詳細給出了全球及各大洲媒體報導中涉及人民幣報導篇數的統計。根據該表以及衍生出的資料統計圖（見圖3—1、圖3—2和圖3—3），我們總結出國際輿情的一些特徵。

1　參見Schwartz：《Perl語言入門》，南京，東南大學出版社，2012。
2　Blei, D., Ng, A., and Jordan, M. (2003). "Latent Dirichlet Allocation". *Journal of Machine Learning Research*, 3:993-1022.

表3—2 2008—2013年世界各地區主要網路媒體對人民幣報導數量

報導數量 國家（地區）	年份						
	2008	2009	2010	2011	2012	2013	總計
非洲					4	2	6
亞洲			66	92	169	181	508
東亞			21	27	67	25	140
南亞			20	37	67	116	240
東南亞			23	24	29	23	99
西亞			2	4	6	17	29
歐洲	259	168	422	296	325	1 041	2 511
歐盟			17	4	5	24	50
其中：法國			5	2	1	9	17
德國			10	10	3	1	24
俄羅斯				1	2	1	4
土耳其			23	35	38	13	109
英國	259	168	367	244	276	993	2 307
北美		3	39	41	88	67	238
其中：加拿大			37	38	46	30	151
美國		3	2	3	42	37	87
大洋洲			24	36	47	43	150
澳洲			24	36	47	43	150
南美洲			1	1			2
阿根廷				1			1
墨西哥			1				1
總計	259	171	552	466	633	1 334	3 415

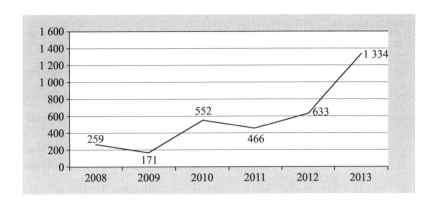

圖3—1　全球主流媒體對人民幣報導數量總數

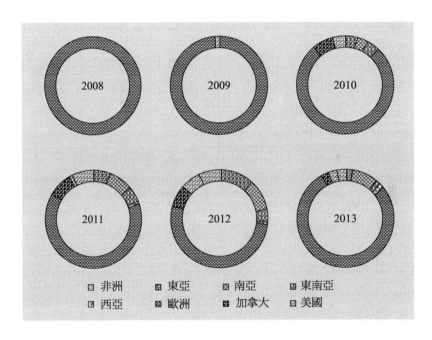

▨ 非洲	▨ 東亞	▨ 南亞	▨ 東南亞
▨ 西亞	▨ 歐洲	▨ 加拿大	▨ 美國

圖3—2　2008—2013年世界各地區主要網路媒體對人民幣報導數量對比

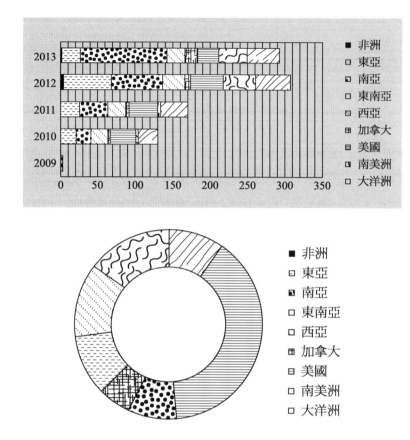

圖3—3　除歐洲外各地區主要媒體對人民幣報導數量對比（2009—2013年）

第一，人民幣受到主流媒體越來越多的關注。2008年以前，所選101家主流媒體涉及人民幣的報導累計為259篇，隨著人民幣國際化的全面起航，全球媒體對人民幣的關注程度急劇上升，2010年報導篇數增加到552篇。2013年關於人民幣的報導又翻了一番，達到1 334篇。每家媒體的年平均報導篇數超過10篇。在全球主流媒體中，以報導人民幣的數量來衡量，關注度前四名分別是英國、印度、加拿大、澳洲。

第二，媒體關注度的國別與地區差異非常大，對人民幣關注度最高的是歐洲國家。2008年前，101家主流媒體中只有歐洲，準確地講只有英國，有關於

人民幣的相關報導，其他各洲的主流媒體均未提及人民幣。2009年有3家美國媒體加入了人民幣報導行列。此後3年，報導人民幣的媒體範圍擴大到亞洲、非洲、拉丁美洲、大洋洲，報導數量成倍增長。歐洲媒體是報導人民幣的主力軍，歐洲與人民幣相關的報導占全球相關報導的一半以上。值得注意的是，在歐洲媒體的相關報導中，英國一直占80%以上，表明英國作為全球最大的金融中心，在金融交易中涉及人民幣的概率較高，倫敦對人民幣作為國際貨幣的前景高度重視。此外，土耳其對人民幣的關注度竟然超過了德國、法國等傳統的歐盟大國，表明中國與土耳其之間的經貿往來可能有了新的突破。此外，自2010年起，由於中國參與歐洲主權債務危機緩解計畫，加大了在歐盟的直接投資力度，歐盟的兩大核心——德國與法國的媒體對人民幣表現出濃厚的興趣，報導明顯增多，其中德國報導的密度較法國高出許多，這與中國與德國之間規模擴大的貿易與投資高度正相關。

第三，亞洲媒體對人民幣的關注快速升溫。從2010年開始，東亞、東南亞和南亞國家對人民幣的報導逐漸增加，在2012年達到一個高潮，當年報導數量163篇。除了歐洲媒體外，涉及人民幣的新聞報導數量中亞洲媒體的占比超過一半，其中南亞的印度頻率最高，2009—2013年合計有240篇，特別是2013年，在全球其他國家人民幣關注熱度下降時，印度卻直線上升了73%，達116篇。表明金磚國家金融合作機制、國際貨幣體系改革、人民幣國際化等事件在印度受到較高的關注。此外，2013年沙烏地阿拉伯媒體對人民幣的報導同比增加了183%，從2012年的6篇增加到17篇。

第四，北美地區近兩年表現出對人民幣的強烈關注。儘管人民幣跨境使用目前主要發生在中國周邊和亞洲地區，但是對北美地區也有較大的震動。2012年和2013年，美國和加拿大媒體中報導人民幣的數量大幅上升，每年都有40篇左右的相關報導。總體上看，與中國經濟關係緊密的美國，媒體報導頻率不及印度，只有87篇。

3.2.3　人民幣國際輿情關注內容比較

　　對101家媒體網路資料與人民幣相關的高頻詞的挖掘和分析表明，國際社會對人民幣的關注主要集中於經濟、貿易領域。從2013年開始，對人民幣的報導更多與金融相關，出現在外匯、證券、投資等領域。各大洲媒體對人民幣的關注點各不相同，關注的內容大多與雙邊經濟、金融往來高度相關，具有本地特色。

　　1.國際輿情重點關注經貿金融領域。

　　運用媒體報導中與人民幣相關的高頻詞分析，可以準確地反映出輿情關注的焦點。圖3—4列出了2010—2013年全球有關人民幣的報導中排名前25位的高頻詞。排在前五位的分別是「經濟」（Economy）、「銀行」（Bank）、「市場」（Market）、「金融」（Finance）、「貿易」（Trade）。人民幣匯率出現的頻數排名第二十三，也受到國際媒體的廣泛關注。

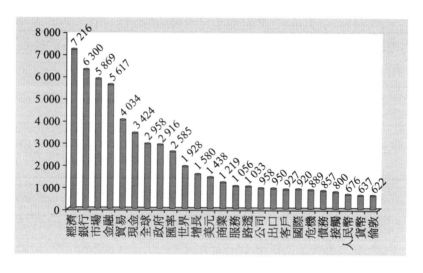

圖3—4　人民幣相關報導全球關注焦點詞彙頻數

　　實際上，人民幣的國際使用也被不少媒體報導，將人民幣與世界經濟、全球化與國際社會掛鉤。在有關人民幣的報導中，「全球」（Global）、「世

界」（World）及「國際」（International）頻頻出現，在高頻詞彙中分別排名第七、第十和第十九。值得一提的是，「倫敦」（London）作為一個地名，位列高頻詞彙的第二十五位，表明英國對人民幣國際化非常敏感，社會關注度很高。

人民幣國際化是2008年國際金融危機的產物，是國際貨幣體系改革的具體表現。這一點也充分地體現在國際輿情中。在人民幣相關報導中，「美元」（Dollar）、「危機」（Crisis）、「債務」（Debt）、「貨幣」（Currency）在高頻詞排序中分別名列第十二、第二十、第二十一和第二十四。相當多的新聞報導對美元主導的國際貨幣體系導致金融危機、債務危機進行了深度的分析，認為人民幣國際化有一定的客觀必然性。

2.國際輿情焦點隨國際經濟金融形勢而變化。

國際金融危機迫使世界各國進行痛苦的經濟結構大調整，國際政治、經濟、貨幣格局相應地發生了劇烈變化。這種變化無疑會第一時間反映在各國的媒體報導之中，突出表現為與人民幣相關的報導內容的年度焦點差異較大。圖3—5反映了自2010—2013年各年人民幣相關報導中高頻詞彙變化。

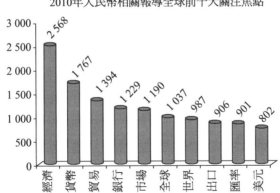

2010年人民幣相關報導全球前十大關注焦點

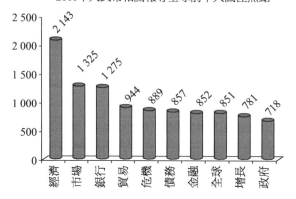

2011年人民幣相關報導全球前十大關注焦點

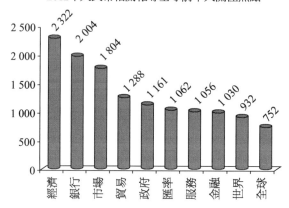

2012年人民幣相關報導全球前十大關注焦點

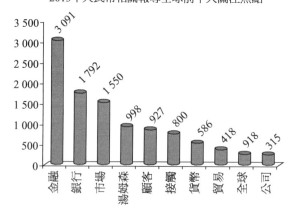

2013年人民幣相關報導全球前十大關注焦點

圖3—5 人民幣相關報導各年關注焦點詞變化

高頻詞彙的變化表明，隨著時間的推移，「金融」與「銀行」的關注度越來越高，「銀行」的排序逐年提升，由2010年的第四名升至2011年的第三位，並在2012年和2013年穩居第二位。「金融」在2010年尚未出現在前十大關注焦點內，2011年、2012年分居第七位、第八位，2013年就躍居高頻詞的第一位。與此相反，「貿易」（Trade）的關注度則由2010年的第三名退到2011年及2012年的第四名，2013年進一步退至第八名。其實，國際輿情的這一變化與人民幣國際化進程高度吻合，人民幣國際化起步於貿易計價結算，其發展則更多依賴銀行及金融交易的大力推動。

3.各洲均有體現本地特色的關注焦點。

中國是世界最大貿易國，與世界各國均有貿易往來，在使用人民幣計價結算方面各國的利弊得失不盡相同，系統梳理各大洲國家對人民幣的關注領域，有利於把握各國通過什麼管道了解、接受、認同人民幣，對今後有針對性地擴展人民幣的使用範圍大有裨益。

各洲不同年份對人民幣的關注領域有很大不同，不同國家與地區更多關注本地區與中國的相關事務。通過對各洲不同年份對人民幣關注的詞彙按頻率由高到低排序，可以大致反映各洲輿情的關注焦點及其變化（見表3—3）。

表3—3　世界各國和地區對人民幣關注的關鍵字匯歷年變化表

	2009年及之前	2010年	2011年	2012年	2013年
非洲	—	—	—	貿易，債券，所有權，代理，收入，稅收，公平	反射，系統，稅務，交易
東亞	—	大學，教授，職員，科學，經濟，增長，匯率，投資，出口，企業，需求	基金，日本，投資，公司，債券，外匯	臺灣，島，國家，日本人，美元	大學，早稻田，教授，職員，科學，儲備，香港，法人

續前表

	2009年及之前	2010年	2011年	2012年	2013年
南亞	—	印度,儲備,赤字,盧比,出口	印度,貿易,新加坡,全球,力量,盧布,基礎設施	貿易,國民,印度人,外匯,增長,投資	人民幣進攻,同意,盧布,推薦人民幣
東南亞	—	政治,印尼,基金,出口,投資,貿易,外匯,資本,美元,國民	香港,印尼,國際,東盟,地區	北部,美元,印尼,州,地區	債券,印尼,通脹,增長,計畫
西亞	—	品牌,貿易,橙色,出口	馬來西亞,伊斯蘭,基金,資本,ICM,提供,產品,服務	伊斯蘭,發行,部門,工業,管理,累加,持續	香港,日圓,增長,日本,IMF,貨幣,價值
歐洲	現金貨幣,市場,美元,經濟,貿易,匯率,公司,轉向,價格	現金貨幣,經濟,世界,市場,全球,最後,出口,政府,美元	危機,債務,攝影,金融,增長,貿易,歐洲	倫敦,人民幣需求,中國,投資增長,結算需求	持續,離岸,前景,接觸,直接投資,描述
北美洲	—	加拿大,美元,百分比,業務,儲備,全球,貿易,債券,今天,持續	儲備,貿易,國際,說明	毛皮,儲備,投資	數字,儲備,主要的,投資者
美國	美元,掌控,政策,貿易,現金,赤字,浸泡,光纖	美元,公司,外匯,價值,成本,顧客,工廠,工作,手機	蘋果公司,債務,iPhone,亞洲,iPad,購買,歐巴馬	美元,十億,增長,匯率,投資,基金	美元,十億,投資,出口
南美洲	—	—	通脹,農業,出口,貶值	—	—

續前表

	2009年及之前	2010年	2011年	2012年	2013年
大洋洲	—	谷歌（google），chrome	歐洲，全球，網路，貿易，美元，貨幣	酒，奔富（Penfolds），喝酒的人	投資，美元，基金，增長

　　輿情分析顯示，歐洲國家關注與人民幣相關的領域較為宏觀，它們關注的焦點集中在市場、貿易、銀行、金融、政府控制（govern）、危機以及經濟增長。北美洲國家在報導人民幣時重點關注美元、赤字、外匯儲備、收入、貿易等問題，美國更關注高科技產品對中國出口的問題。此外，2009年北美洲國家還非常關注光學玻璃等具體問題，2010年對金融、儲備、投資的關注度明顯上升。

　　由於美元是當今國際貨幣體系的霸主，人民幣國際化在一定程度上會替代美元，因此美國對人民幣的態度十分複雜，值得將美國輿情進行單獨、重點分析。美國是一個很自我、很務實的國家，2012年以前，美國提及人民幣的報導較少，話題也比較發散，高頻詞彙出現頻數很低。例如，在2011年提及人民幣的新聞報導中，蘋果公司是頻數最高的詞，其主要產品iPhone、iPad也是排名靠前的高頻詞彙，意味著美國對人民幣的關心，更多是對中國人狂熱購買蘋果公司產品的關心。2012年以後，美國關注人民幣的報導激增，高頻詞出現的頻率提高，表明美國主流媒體開始關注人民幣國際化的影響了。貿易、市場、銀行、基金、投資、債券是美國關注人民幣的焦點。

　　對南美洲新聞媒體的研究包括巴西、阿根廷兩個國家。南美洲由於自身經濟結構、貿易格局以及地理距離遙遠等原因，對人民幣不太關注。2004—2013年的新聞報導中，只有2010年巴西一篇和2011年阿根廷一篇提到人民幣，相關報導的焦點集中於進出口、貿易、通脹、農業等。

　　亞洲各國與中國無論在政治、經濟、軍事還是在金融方面均有廣泛而複雜的聯繫。人民幣國際化第一階段的目標就是要成為亞洲的區域國際貨幣，中國與部分東亞、東南亞國家簽訂了自由貿易協議，經濟關係十分緊密，相對而

言，中國與南亞、西亞的經貿往來規模較小。為了深入研究亞洲輿情的關注焦點，我們將亞洲細分為東亞、南亞、東南亞、西亞四個區域，分別進行研究。

（1）東亞的日本和韓國在提及人民幣的報導中，各年度關注焦點均包括經濟、金融、銀行、債券、國際儲備、日圓與人民幣關係等。從高頻詞的具體內容看，日韓兩國對大學、科研的興趣超過對經濟的興趣。2012年的關注焦點還包括臺灣問題和島嶼問題，反映政治形勢變化對人民幣關注內容的影響。

（2）南亞國家以印度為代表。自2010年以來印度對人民幣的報導持續增加，2013年報導數量達到巔峰。印度對人民幣的關注直接與貨幣國際化相關，在對人民幣的報告中總是與「通貨」、「俄羅斯盧布」、「美元」等詞彙聯繫在一起，在印度看來，人民幣、美元和俄羅斯盧布作為貿易或投資的計價貨幣，存在正面的競爭關係。此外，印度對人民幣的關注內容還包括銀行、貿易、經濟增長、政府治理以及基礎設施。

（3）東南亞對人民幣的關注更加直截了當，與人民幣報導相關度最高的詞是「貨幣」，其次是「貿易」與「市場」，接下來是「金融」、「銀行」。隨著人民幣債券發行規模增加，基金、債券、投資等均成為人民幣報導中關注的重點內容。相比其他地區，東南亞可能是對人民幣國際化最為關注的，「國際」和「全球」出現在媒體高頻詞之中，不僅如此，「美元」也與人民幣關注頻率緊密相關，表明人民幣國際化對美元的使用的確產生了影響。

（4）西亞報導主要以沙烏地阿拉伯的媒體為代表。沙烏地阿拉伯有關人民幣的新聞報導中「美元」、「伊斯蘭」（Islam）出現的頻率非常高，成為關注重點的還有「日本」（Japan）。由於沙烏地阿拉伯是石油出口國，美國、日本是其主要的石油進口國，而且出口收入都是美元，表明沙烏地阿拉伯關心的是人民幣國際化對其石油出口收入的影響。此外，2013年「IMF改革」也是沙烏地阿拉伯有關人民幣報導中出現頻數較高的詞。

（5）大洋洲以澳洲為代表。2012年以前澳洲媒體最為關注的是網路和瀏覽器；2012年關注點主要集中於紅酒，其中一個品牌叫「Penfolds」，在中國稱為「奔富」，很受歡迎，進入了媒體的關注熱點。2013年澳洲與人民幣相關

報導的關注熱點開始與其他地區趨同，重點轉向了「投資」、「銀行」、「貿易」、「金融」及「全球化」等。

（6）非洲在2012年前，沒有對人民幣的相關報導。2012年開始出現人民幣相關報導，報導熱點集中於經濟金融領域，其中「貿易」在兩年中均處於關注熱點的榜首。緊隨其後的是「外匯」、「銀行」、「金融」、「經濟」、「債券」等。

3.3 觀察——人民幣國際化實踐

3.3.1 前海地區跨境人民幣業務調研

2010年8月26日，國務院正式批復了《前海深港現代服務業合作區總體發展規劃》。2012年6月27日，《國務院關於支持深圳前海深港現代服務業合作區開發開放有關政策的批復》中，明確支持前海在金融改革創新方面先行先試，建設我國金融業對外開放試驗示範視窗，提出「金八條」[1]。

中國人民大學國際貨幣研究所人民幣國際化調研團隊赴深圳進行人民幣國際化專題調研。調研對象涵蓋中國人民銀行深圳中心支行、深圳市前海深港現代服務業合作區管理局、深圳市前海保稅港區管理局等政策制定與監管機

1　（1）允許前海探索拓寬境外人民幣資金回流管道，配合支持香港人民幣離岸業務發展，構建跨境人民幣業務創新試驗區；（2）支持設立在前海的銀行機構發放境外項目人民幣貸款；（3）在《內地與香港關於建立更緊密經貿關係的安排》（CEPA）框架下，積極研究香港銀行機構對設立在前海的企業或專案發放人民幣貸款；支援在前海註冊、符合條件的企業和金融機構在國務院批准的額度範圍內在香港發行人民幣債券，用於支持前海開發建設；（4）支持設立前海股權投資母基金；支援包括香港在內的外資股權投資基金在前海創新發展，積極探索外資股權投資企業在資本金結匯、投資、基金管理等方面的新模式；（5）進一步推進前海金融市場擴大對香港開放；（6）支持在CEPA框架下適當降低香港金融企業在前海設立機構和開展金融業務的准入條件；（7）根據國家總體部署和規範發展要求，支援前海試點設立各類有利於增強市場功能的創新型金融機構，探索推動新型要素交易平臺建設，支持前海開展以服務實體經濟為重點的金融體制機制改革和業務模式創新；（8）支持香港金融機構和其他境內外金融機構在前海設立國際性或全國性管理總部、業務運營總部，加快提高金融國際化水準，促進前海金融業和總部經濟集聚發展。

構，中行、建行、平安銀行、國開行、招商銀行等當地銀行業金融機構，中信證券、國信證券、招商證券、平安證券、南方基金、博時基金等當地證券業金融機構，以及中興通訊、騰訊等代表性企業。業界專家們立足深圳前海發展實際，圍繞人民幣跨境業務發展與人民幣國際化提出了自己的觀點。

1.人民幣跨境業務創新的積極意義。

人民幣跨境業務創新，對於人民幣國際化乃至中國進出口貿易，都具有積極意義。國際社會接納與使用人民幣的關鍵在於解決其投資管道狹窄的問題。「能進才能出」，構建起完善的回流管道，人民幣國際化才能走得更高、更遠。自由與創新是深圳的生命與活力。深圳前海宣導解放思想，加大改革力度，突破了一定的政策與制度阻礙，依託與溝通香港人民幣離岸市場，嘗試構建完善的人民幣回流管道體系，已經取得了一定的成績。目前，「金八條」中，跨境人民幣貸款各項政策已基本落實，市場反應良好。金融機構重視前海發展，紛紛積極開展合作與業務創新，股權交易所、石化交易所、排放權交易所等要素交易市場蓬勃發展。

2.人民幣跨境業務存在的問題。

（1）人民幣回流管道不暢。

當前，跨境人民幣業務存在明顯的「鼓勵出境、嚴防入境」現象。然而，「能入才能出」，回流管道不暢將對人民幣國際化形成抑制作用。此外，現有的一些人民幣跨境業務過多強調控制風險，降低了市場容量與活力。以前海跨境人民幣貸款為例，政策要求僅限於園區內企業使用，實際上，眾多企業雖然註冊在前海，但其主體或專案卻不在前海，由此存在融資需求不足，難以消化與使用大規模銀行借款的問題。在跨境債券融資方面，儘管綠色通道已經開通，然而除了上述企業主體所在地問題以外，三年的經營期要求以及煩瑣的政策審批，也致使企業難以獲得發債資格，具備發債資格的企業則融資需求與動力不足。

（2）境外人民幣資金成本較高。

從名義利率看，境外人民幣比境內低3個百分點左右，境外人民幣融資應

該具有不小的吸引力。然而，在跨境人民幣融資方面，由於擔保、銀行全額表外加權風險資產等規定推高了資金成本，加上大型企業與中小企業存在兩極分化現象，大型企業資信較好，可以採用債券融資，然而較高的稅收幾乎抵消了海外融資成本低廉的優勢，使得大企業融資需求與動力不足；中小企業融資需求旺盛，但是境外貸款需要增信措施，而境內土地與房產又難以抵押，造成融資難度與成本都較高。

（3）海外人民幣保有量不足。

近年來，儘管中國人民銀行與許多國家央行簽署了一系列雙邊貨幣互換協議，提供了大量的人民幣流動性，但是相對於人民幣的潛在需求而言，海外人民幣資金保有量依然有限，對人民幣流動性風險的擔心在一定程度上限制了人民幣的跨境使用。離岸人民幣主要集中在香港，歐美國家的人民幣保有量相對較少，使得外幣資金價格大大優於人民幣計價，打擊了歐美企業使用人民幣的意願，人民幣跨境業務規模難以大幅增長。

（4）政策與法規建設滯後。

在深圳前海建設初期，其政策優勢明顯，然而在政策的落實與細則的明確等方面較為滯後。各項政策制定均涉及人民銀行、外匯管理局、商務部、發改委等眾多部門。在人民幣資金回流的稅務處理方面相對敏感，擔保與反擔保等方面則需要國土局、工商局等部門的政策支持，人民幣跨境業務實際操作中存在較多政策法規模糊與衝突的問題，有待細化與協調。同時，在前海跨境業務與香港離岸市場對接的過程中，存在香港法律與國內條例衝突、不匹配的現象，缺乏統一解釋，造成跨境人民幣業務開展的政策法規障礙。

3.人民幣國際化的未來發展方向與建議。

深圳前海人民幣跨境業務發展需要進一步突破傳統框架，立足深港合作，實現創新與突破。

（1）明確功能定位。

深圳前海應該儘快打通人民幣回流管道，釋放香港人民幣離岸市場活力，吸引全球資金流向深港。深港合作就要求深港實現全方位政策對接。在貸款途

徑走通後，**繼續拓展跨境人民幣貸款用途；加快放開投資管道，釋放企業境外**投資需求；不斷完善前海金融機構的人民幣跨境業務。此外，深圳前海與上海在人民幣跨境業務方面是互補關係，上海國際金融中心支援人民幣「走出去」，打通境內資金對外投資管道，前海則依託香港離岸人民幣市場，打通人民幣回流管道。在資本帳戶尚未完全開放的條件下，嘗試建設人民幣國際循環圈，共同推進人民幣國際化進程。

（2）深港對接。

人民幣國際化處於初步發展階段，跨境人民幣業務相關政策與規則變化更新較快。加強與香港等境外主要人民幣離岸市場或結算地區的溝通，令其及時了解中國內地監管要求與政策走向。香港是股票交易中心，在香港實現人民幣股票發行與交易，對於人民幣境外存量增長具有重要意義。對接香港資本市場，採取香港標準，允許前海企業香港上市，推進雙幣雙股IPO、深圳B股轉H股，嘗試剝離深交所創業板與香港合併，逐步放開政策限制。

（3）拓展跨境人民幣投融資管道。

隨著人民幣國際化進程加快，人民幣離岸市場蓬勃發展。深圳前海人民幣跨境業務合作地域不應僅局限於香港，應當逐步囊括臺灣、新加坡等國家和地區。同時，逐步放開人民幣投融資範圍，降低人民幣投融資門檻，以進一步拓寬跨境人民幣投融資管道。首先，推進深圳前海金融機構境內外業務分賬管理，允許大型金融機構進行混業經營試點；其次，實現前海企業資金結匯的總體額度管理，在適當額度範圍內，以備案制代替審批制，長遠逐步取消前海企業資金結匯規模限制；再次，進一步降低深圳企業境外發行人民幣債券門檻，允許深圳前海註冊券商發行人民幣股票，在有效監管下實現人民幣資金自由回流與使用，增大活動與創新空間，同時推進人民幣基金海外發行，募集資金，並進一步拓寬投資範圍；最後，推動前海財富管理中心建設，將海外金融產品引入國內，配置全球資源，推動人民幣跨境業務發展。

（4）完善配套機制建設。

完善法律法規建設，提升法制精神。以法律適用為突破口，大力發展國際

仲裁，允許商業主體自主選擇法律制度。加大深圳前海財政與經營稅制改革，實現稅收、會計等制度建設與國際對接。重視人才發展政策，增添深圳前海持續發展能力。此外，強化媒體與公關，推動深圳前海人民幣跨境業務發展。

3.3.2　香港人民幣離岸市場調研

香港是全球最大的人民幣離岸市場。伴隨人民幣國際化進程，近年來香港人民幣離岸市場規模迅速擴大，發展尤為迅猛，香港人民幣自我循環日漸完善。其中，香港點心債規模不斷擴大，人民幣債券發行量年均保持30%以上的高速增長。人民幣價格發現功能已顯現，清算體系等配套設施逐步完善，香港成為離岸人民幣交易樞紐，為人民幣國際化進程的穩步推進提供有利條件。

中國人民大學國際貨幣研究所的調研團隊赴香港進行人民幣國際化與香港離岸市場發展專題調研。調研對象涵蓋香港中文大學全球經濟及金融研究所、香港金融管理局、摩根大通、中銀香港、滙豐銀行、交通銀行香港分行、惠譽等學界與業界部門，專家們立足香港離岸市場，就人民幣國際化未來的發展提出了寶貴的建議。

1.香港人民幣離岸市場發展的重要意義。

人民幣國際化存在多條路徑，離岸市場建設並非其必要條件。然而，在當前中國資本帳戶尚未完全開放的情況下，人民幣離岸市場建設卻是一條現實的最優途徑。人民幣離岸市場發展來源於貿易與金融需求，以市場為導向，充分體現價格發現功能，反映人民幣真實匯率與利率，有利於提升人民幣資產吸引力，服務於全球居民需求，對人民幣國際化進程具有加速作用。

香港是全球最大的人民幣離岸中心。與其他人民幣離岸市場相比，香港具有明顯優勢。第一，香港與內地經貿往來密切，服務於國內經濟金融需求，人民幣資金存量較大，政策優惠傾斜性明顯；第二，香港人民幣雙向流動管道基本打通，人民幣貸款、RQFII、銀行間債券市場、人民幣直接投資、點心債等已具規模，香港人民幣債券發行量每年保持30%的高增長，監管審批手續進一步簡化，市場行為驅動，人民幣資產吸引力大幅提升。香港事實上已經成為

海外人民幣拆借中心。第三，香港人民幣離岸市場基本形成一個完整的金融生態，利率和匯率快速傳導，人民幣價格發現功能已經顯現，並對倫敦、新加坡等市場人民幣價格產生引導作用。第四，香港人民幣清算體系基本完善，與中央銀行、海外債券系統等相連接，清算和結算較為便利，15個小時的清算時間覆蓋了美國、歐洲的部分交易時間，成為離岸人民幣交易樞紐。第五，香港機構、市場、法律、政策等與國際接軌，海外接納與認可度較高。

2.香港人民幣離岸市場建設中存在的問題。

香港人民幣離岸市場發展迅猛，積累了大量實踐經驗，對人民幣國際化進程起到了重要的推進作用，然而，在發展中也面臨以下問題：

（1）流動性風險監管薄弱。

大量投資與套利性人民幣資產，對香港地區流動性風險管理造成了一定的挑戰，致使利率、匯率等價格波動較大。目前，香港人民幣流動性主要由中銀香港管理，相比美聯儲對境外美元流動性的管理，中央銀行尚未充分發揮境外人民幣流動性管理的作用，流動性風險監管存在大量薄弱環節。

（2）對人民幣升值預期依賴性較強。

近年來，隨著中國經濟的增長、金融市場管道的開放，人民幣海外交易量快速增加，人民幣國際化已走過了貿易、金融結算兩個階段。從人民幣金融交易看，人民幣升值和市場升值預期是推動人民幣離岸市場發展的主要動力。亞洲之外的國家對人民幣金融產品了解較少，人民幣資產相關法律和稅務情況推介力度不足。當前，人民幣離岸市場中短期套利者較多，長期投資者較少，投資者結構不合理。一旦人民幣升值趨勢逆轉，容易致使香港人民幣離岸市場發展停滯。

（3）人民幣資金池產品不健全。

金融產品創新與健全的產品體系，對人民幣國際化和人民幣離岸市場發展具有至關重要的作用。目前，香港人民幣離岸市場的主導產品是人民幣存款證、私人理財產品，人民幣資金池產品比較單一，不夠豐富，與美元等主要國際貨幣相比，產品體系尚不健全。由此約束，香港人民幣離岸市場難以吸引國

際主流機構投資者，人民幣資金池產品體系有待進一步完善。

（4）在岸與離岸市場尚未形成有效聯動。

中國金融改革較為滯後，金融市場、金融機構的國際化程度較低。人民幣在岸市場的法規與政策體系、稅務、會計準則等都與國際市場的慣例及通行標準存在較大的差距，這就阻礙了內地市場與香港人民幣離岸市場形成有效聯動，使得人民幣資金缺乏效率。

（5）評級體系有待完善。

點心債市場是香港人民幣離岸市場的重要組成部分。儘管眾多內地企業赴香港發行人民幣債券，但是其中60%的企業並未進行評級，導致海外投資者的認可度較低，點心債市場規模拓展受到不利影響。

3.人民幣離岸市場發展建議。

香港離岸市場建設對人民幣國際化的發展具有積極的促進作用，離岸市場建設必須以市場為主導，更好地服務於實體經濟。

（1）培育實體經濟國際化。

貨幣國際化的基礎在於強大的實體經濟。從國家戰略來看，應該加強培育中國實體經濟國際化，提升實體經濟國際競爭力，將人民幣跨境使用中的投機行為真正轉變為投資行為。只有做大做強中國實體產業，才能夯實人民幣離岸市場發展基礎，穩步推進人民幣國際化進程。

（2）穩步推進金融改革。

香港人民幣離岸市場利率較低，內地人民幣在岸市場利率較高，離岸與在岸市場人民幣存在較大利差。較大利差的存在表明中國內地的金融市場存在比較嚴重的金融抑制，要素流動受到限制。因此，中國金融體系應由金融抑制向金融自由轉變，穩步推進利率市場化改革，降低資金成本，調整、完善金融結構，切實發揮金融服務實體經濟的功能。資本帳戶開放程度是人民幣國際化的決定因素之一。在中國資本帳戶完全開放前，香港人民幣離岸市場應當發揮人民幣雙向流通、交易樞紐的作用，實現離岸在岸的有效聯動。

（3）實現人民幣金融產品國際化。

人民幣國際化實際上是將中國信用推介給全世界，促使國際市場接受、使用人民幣。人民幣金融產品設計需要遵循國際標準，與國際法律框架接軌，減少法律風險等。中資機構不應局限於發行人民幣債券，可以通過發行美元等雙幣種債券來減少海外客戶對中資企業的風險擔憂。針對世界主流基金資產池的投資偏好，在全球範圍內推介人民幣債券，提升人民幣債券的吸引力，確保人民幣債券國際投資的穩定性。提升金融機構的國際化服務水準，注重與投資者群體的長期合作，通過金融機構的全球網路建設人民幣金融服務網路。

3.3.3 人民幣國際化國外專家專項調查分析

人民幣國際化需要在全球範圍形成必要的共識。中國國內和周邊國家對人民幣國際化的認知程度比較高，因為人民幣國際化往往與它們的切身利益相關，歐美國家的感受則大不相同。為了全面、準確地反映國際社會的看法，防止出現以偏概全的錯誤，我們專門針對歐美國家中央銀行、國際組織、研究機構的經濟學家設計了一份問卷，了解他們對於人民幣國際化的前景、人民幣離岸市場的機遇和挑戰等方面的見解和看法。IMF亞太局的官員、路透社的高級記者、瑞士銀行的高級顧問、英格蘭銀行的研究員接受了我們的問卷調查。通過此次調查發現，國外專家認為，離岸市場能在一定程度上克服目前人民幣自由流動受限的障礙，成為人民幣國際化的助力。人民幣國際化未來的關鍵在於目前正在漸進改革的資本帳戶開放、金融市場深化和內外政策協調配合。

1.離岸市場的作用與風險。

（1）離岸市場能夠擴大人民幣境外使用和流通。

受訪專家認為，離岸中心的發展並不是貨幣國際化進程中必要的步驟，但可以幫助人民幣逾越一些資本帳戶尚未開放造成的障礙，這樣看來人民幣國際化進程中離岸市場的設立和發展就是不可繞開的客觀需要。人民幣離岸市場的建設和發展一定能對人民幣國際化有所幫助，但這仍取決於政府追求的是人民幣使用的國際化，還是使人民幣成為儲備貨幣。離岸市場會與開放的資本帳戶相互補充，其優點在於增加流動性和可獲得性，拓寬准入範圍，擴大金融創新

等等。離岸市場和目前在建的上海自貿區都是為了在資本自由流動受限的情況下促進人民幣在國際貿易和投資上的使用。

離岸市場能夠擴大人民幣的境外使用和流通，特別是在中國資本項目尚未完全開放之前，離岸市場發展對於拓寬境外人民幣投資管道，擴大人民幣使用範圍，推動人民幣國際化深化發展意義重大。人民幣在世界範圍內的流通使用和沉澱是人民幣國際化的基礎，意味著人民幣將成為國際上普遍認可的計價結算貨幣，甚至其他國家的儲備貨幣，會有大量境外企業、機構和個人在境外持有人民幣資產。這就需要一個便捷、安全、成本低的金融市場環境進行支付、結算、兌換、投融資等活動。離岸市場交易行為受市場法規和稅制的限制較少，並具有金融基礎設施完善、金融產品豐富、法律透明、政治穩定等優勢，市場效率較高，有利於價格發現和資源有效配置，能夠給貨幣流通和貨幣保值增值創造條件。

（2）離岸市場的風險在於內外宏觀經濟政策目標是否協調。

大部分受訪專家一致認為，對於中國政府來說，香港人民幣數量和帳戶數目不斷增加，有利於增強香港離岸人民幣交易的流動性，但離岸市場發展的風險在於，離岸資產池的逐步增大會影響、干擾國內基準利率。從宏觀經濟學的角度看，需要確保用於國內和國外的貨幣政策及財政政策之間沒有衝突。同時，離岸市場的發展需要提高決策及資訊的透明度，增加金融市場的深度，而這樣做的結果都會帶來一些意想不到的風險。

更深層次的風險在於，中國尚未建立必要的制度基礎，獨立、誠信的法律體系和深層次、具有流動性的金融市場。美元之所以能夠迅速成為國際貨幣，歸功於政治家們在第一次世界大戰期間施行了一系列政策來推動美元的國際化，包括成立美聯儲、在紐約建立商業票據市場、允許美國的銀行到海外設立分支機構等。但美元能持續、迅速成為儲備貨幣，更重要的原因在於美國已經構築了必要的制度基礎，如獨立、誠信的法律體系和深層次的、具有流動性的金融市場。而在過去幾十年中，中國尚未完成以上步驟。

正在進行的人民幣國際化是史無前例的。20世紀50年代末60年代初發展的

歐洲美元市場是為了規避美國政府的一些監管政策，而歐洲美元市場成為一個純粹的離岸市場時，美元已經是關鍵的儲備貨幣。這一進程與正在推進中的人民幣離岸市場建設有本質差別。

2.離岸市場帶來的機遇和挑戰。

（1）機遇與挑戰。

在中國境內金融市場不夠發達、資本項目尚未完全開放的條件下，發展離岸市場可以開闢人民幣投資管道，使境外企業、機構和個人願意持有人民幣，擴大人民幣的國際使用範圍，同時還可以相對隔離國際金融風險向境內傳導。目前，人民幣離岸市場的廣度和深度不夠，發展空間和潛力很大。

當談到離岸中心帶來的機遇和挑戰時，受訪專家做了一個較為貼切的比喻。建立為貿易服務的人民幣離岸中心，而不允許非貿易產生的自由資本流向中國，就像一個孩子用裝有後輪穩定器的自行車學習騎車一樣，開始可以給她戴上頭盔和穿上防護服，並用手扶著她的肩膀保護她，但在某些時候不得不放手，才能讓她獨立起來。受訪專家一致認為，中國到最後需要放棄資本管制，而當面臨諸如資本帳戶開放如何配合國內經濟發展問題的權衡時，答案就充滿了不確定性。中國需要在銀行和金融領域進行改革，並繼續使匯率更具彈性。

（2）離岸中心選擇的決定因素。

按照離岸中心行使的職能，受訪專家認為選擇人民幣離岸中心需要考慮的決定性因素包括：第一，中國是否擁有管轄權，例如香港。香港作為中國的行政區與中國來往最為密切，離岸人民幣業務歷史較長，是目前全球最有效率的離岸人民幣業務中心。第二，當地是否使用中國語言以及文化是否相近，例如新加坡、馬來西亞。第三，是否與中國有緊密的貿易往來，例如臺灣地區等。與中國具有緊密的貿易往來的貿易港、轉口城市更容易成為人民幣離岸中心。第四，是否具有深層次的金融市場。深層次的金融市場產品較為豐富，例如倫敦、巴黎、紐約。第五，是否和中國處於一個時區，相似時區交易時間相似，方便進行交易。

3.人民幣國際化的前景。

（1）人民幣國際化的未來。

國際經驗表明，一種貨幣的國際化及其作為儲備貨幣成功崛起的進程中會受到一些重要因素的影響，這些因素包括：經濟規模和廣泛的貿易網路，可以促生一種貨幣作為計量單位和交換介質的需求；宏觀經濟的穩定性、低通貨膨脹率和可持續發展的公共債務，可以增強貨幣在價值貯藏方面的可信度和吸引力；資本項目可兌換，使得貨幣在國際金融市場保持良好的流通性；國內金融市場的深度和流動性（連同貨幣的可兌換性），讓全球投資者能夠借用多種以本國貨幣計價的金融工具來投資和貯藏價值。

受訪專家一致認為人民幣在未來會實現國際化，中國的貿易規模及經濟重要性均表明人民幣將最終成為廣泛應用於國際貿易和投資的貨幣。但在人民幣能否成為儲備貨幣的問題上，受訪專家意見不一，有的專家認為可能需要20年，人民幣作為儲備貨幣的份額才會大於日圓和英鎊，但要做到與歐元匹敵，還需要更長的時間。還有的專家則認為，到2030年人民幣在儲備貨幣中所占比例仍然會很低，究竟能夠獲得多大的份額，關鍵取決於人民幣能否成為受外國投資者信任的可以作為價值貯藏的貨幣。

（2）人民幣國際化的三個挑戰。

儘管在過去十年，中國經濟取得了舉世矚目的增長，經濟規模和貿易份額均居於世界前列，金融領域改革也已取得了良好進展，但中國的金融體系在廣度、深度、流動性方面仍與那些儲備貨幣國家有著相當大的差距，中國的資本帳戶開放程度仍顯不足。問及受訪專家人民幣國際化進程中將面臨的最重要的三大挑戰是什麼，受訪專家看法不盡相同。有的專家認為最根本的還在於政府。有的專家認為三大挑戰是金融改革、匯率改革和政府改革。有的專家則認為三大挑戰是國內政治的相容性、國際接受度和中國在面臨經常項目赤字、是否願意放棄資本管制等方面的選擇。

十八屆三中全會所提出的金融領域改革方案，得到了國內外眾多專家的一致好評，具有全面而深遠的意義，包括加強金融監管、利率市場化、引入存款保險制度、基於市場的匯率制度和經濟政策等。隨著這些改革的全面實施，中

國將迎來一個更有效且立足於市場的金融體系。受訪專家認為，這些措施是漸進的，而中國面臨的重要政策挑戰也是不確定的，挑戰主要包括：是否減慢信貸創造速度以避免銀行業不良貸款積聚；何時停止非市場化的「剛性兌付」；如何減緩外匯儲備的積累。人民幣國際化的前景依賴於妥善處理信貸管理政策、利率和資本帳戶開放之間的衝突，使得金融改革收到預期的效果。

第四章

貨幣國際化和離岸市場：
歷史經驗的啟示

4.1 離岸市場發展的必然性

　　生產和貿易始終是世界經濟發展的永恆主題。隨著經濟的發展，當商品貿易範圍突破一國邊境擴大至跨境貿易，對金融服務的要求也相應拓展至貨幣匯兌、跨境結算清收、貿易融資等國際金融服務。離岸金融市場的產生和發展正是世界經濟發展的必然要求。

　　（1）國際貿易融資服務推動了離岸金融市場的產生。

　　國際貿易規模的提高和貿易範圍的擴大都得益於出口信貸等各種形式的貿易融資活動。第二次世界大戰後國際貿易迅速發展，全球貿易增速遠遠超過世界各國的經濟增長速度。然而，貿易逆差國一般會採取貿易保護、保護性融資政策、加強外匯管制等一系列措施來限制本國貨幣外流。因此，市場上存在著以外國貨幣獲取貿易融資的需求。與此同時，貿易順差國也有大量的貿易資金盈餘需要尋找存取方便、回報率較高的交易場所。當資金餘缺脫節的情況變得嚴重時，以融通資金為目的的金融機構便在離岸金融市場上應運而生。1951年英鎊危機發生時，英國當局禁止本國商業銀行對非英鎊區居民提供以英鎊計價的貿易融資服務，市場因此產生了以非英鎊計價的貿易融資需求。為滿足市場

需求，英國商業銀行通過吸收國際金融市場上的美元存款對國際貿易商放貸。於是，以倫敦為代表的歐洲金融市場開始出現離岸美元存貸款、貿易融資等最基本的銀行業務，美元離岸市場由此產生。

（2）跨國公司對金融服務的需求促進了離岸金融市場發展。

跨國公司是全球社會分工深化的重要載體。跨國公司以母國為中心，通過設立遍佈全球的生產經營網路或從事貫穿南北半球的直接投資活動，積極參與並推動經濟全球化。跨國公司除了進行一般性生產銷售活動外，還積極參與國際投資、融資、海外併購等金融活動。除了最基本的支付結算、貿易融資以外，資產管理、風險對沖、財務顧問等高層次國際金融服務都需要國際金融市場和跨國金融機構來提供。

隨著市場競爭加劇，跨國公司在商業併購、資產管理中產生了保密、避稅（或逃稅）等一系列特殊金融需求。大量以保密、避稅為特色的簿記型離岸金融中心逐漸發展壯大。以安地列斯群島為例，基於當地嚴格的銀行保密法和1948年美國與荷蘭簽訂的稅收條約（該島是荷蘭自治區域），當地企業對美國投資可以獲得非常顯著的稅收優勢。所以安地列斯群島成為20世紀下半葉對美投資的主要來源地。

（3）金融機構國際化成為離岸金融市場發展的主要動力。

金融機構是國際金融市場的重要參與主體和仲介機構。金融機構國際化經營促進了離岸金融市場的產生和發展，表現在以下幾個方面：第一，交易主體國際化，服務對象既有居民也有非居民。第二，分支機構跨國化。20世紀60年代以後，歐美國家的大型銀行紛紛在海外設立分支機構或其控股銀行擴大海外業務，主要國際金融中心同時也都是跨國銀行的聚集地。第三，業務品種國際化。銀行離岸業務逐漸豐富，資金跨境融通增加，例如離岸帳戶間開展的銀行同業間短期資金交易、歐洲辛迪加貸款、發行外幣可轉讓存單、期權期貨等外匯交易。第四，資產構成國際化。全球跨國銀行資產構成中離岸銀行資產所占比重較大。據2013年國際清算銀行統計，雖然20世紀90年代以來離岸銀行業務有所縮減，但其資產占跨國銀行總資產的比重仍高於50%。第五，收益來源構

成國際化。20世紀70年代上半期，美國13家大型跨國銀行的利潤增長約70%來自歐洲信貸。於是跨國銀行更加重視海外業務發展，為離岸市場發展提供了源源不斷的動力。

（4）離岸金融市場是金融自由化和政府管制放鬆的結果。

金融自由化是離岸市場產生和發展的動力。金融自由化在20世紀50年代後期開始在離岸金融市場得到體現。首先，市場進入限制較少。比如在倫敦，英格蘭銀行對境外境內銀行設立離岸機構採取較為寬鬆的政策。又如在開曼群島，一家跨國銀行只需24萬美元的資本就能滿足在當地設立分支機構的最低資本限制。第二，成本管理要求較低。絕大多數離岸市場的管理當局均不要求離岸金融機構繳納存款準備，稅收較為優惠。大部分簿記型離岸金融中心均不收取個人和公司所得稅、資本利得稅、利息和股息預扣稅。第三，市場運作和機構業務活動的監管寬鬆。對利率和匯率波動一般不加限制，對外匯交易和資本國際流動基本不加限制，對金融創新活動管制較少。

經濟國際化、金融自由化意味著各種經濟、金融要素的自由流動以及市場的對外開放，而這必然是以政府管制放鬆為前提。第一，政府對外經濟和金融管制放鬆對離岸金融市場形成和發展發揮了重要作用。第二，允許對居民的進口及其他支付進行某種程度的限制。措施之一是各國逐步提高商品進口的自由化比例，即自由進口部分占進口總額的比例。1958年底西歐各國的自由進口比例已占全部區域內進口的90%。第三，資本國際流動管制的放鬆。20世紀60年代以後，英國等歐洲國家普遍放鬆銀行接受非居民外國通貨存款的限制，資金（主要是美元）由於利率變動而在國家間大規模流動。20世紀80年代，由於歐洲各國取消對國內市場資金流入的管制，歐洲債券市場得到迅速發展，從而使得離岸金融市場的投融資活動更加活躍，業務品種和交易規模都呈現出快速擴張的趨勢。

4.2 離岸金融市場發展的重要意義

離岸金融市場與國內金融市場以及傳統國際金融市場有很大的不同，關鍵在於這是一個完全自由的市場。

4.2.1 離岸金融市場的特點

（1）監管寬鬆，經營自由。

傳統的國際金融市場必須受所在地政府的政策法令的約束，而離岸金融市場則不受國家政府管制與稅收限制，擺脫了任何國家或地區政府法令的管理約束。因為一方面，這個市場本質上是一個為了避免主權國家干預而形成的「超國家」的資金市場，它在貨幣發行國境外，貨幣發行國無權施以管制；另一方面，市場所在地的政府為了吸引更多的歐洲貨幣資金，擴大借貸業務，通常採取種種優惠措施，盡力創造寬鬆的管理氛圍。因此，這個市場經營非常自由，不受任何管制，例如，借款條件靈活、借款不限制用途等；而且離岸金融市場資金調度靈活、手續簡便，有很強的競爭力。離岸金融市場資金周轉極快，調度十分靈便，因為這些資金不受任何管轄。因此這個市場不僅符合跨國公司和進出口商的需要，而且也符合許多西方國家和發展中國家政府的需要。

（2）資金成本低。

由於不受法定準備金和存款利率最高額限制，離岸金融市場利率較國內金融市場獨特。其獨特性表現為存貸利差較小，即存款利率略高於國內金融市場，而貸款利率略低於國內金融市場。存款利率較高，是因為一方面國外存款的風險比國內大，存款人要求更高的風險溢價補償，另一方面不受法定準備金和存款利率最高額限制。而貸款利率略低，是因為歐洲銀行享有所在國的免稅和免繳存款準備金等優惠條件，貸款的資金成本相對較低，故可以降低貸款利率來招徠客戶。離岸金融市場存貸款利差很小，一般為0.25%～0.5%，對借貸雙方都極具吸引力。

（3）離岸金融市場的開放度、深度和廣度優於國內市場。

離岸金融市場資金規模極其龐大。離岸金融市場的資金管道廣泛，來自世界各地，流動性非常充裕，各種主要可兌換貨幣應有盡有，不同期限、不同風險、不同用途的金融產品層出不窮，故能滿足政府、金融機構及跨國公司的各類資金需要。實際上，離岸金融市場是一個重量級大客戶進行交易的「批發市場」。每筆資金交易的數額都很大，一般少則數十萬美元，多則可達到數億甚至數十億美元。

（4）主要由非居民交易形成借貸關係。

國際金融市場的借貸關係，主要是外國投資者與外國籌資者的關係，即非居民之間的借貸關係。國際金融市場通常有三種類型的交易活動：一是外國投資者與本國籌資者之間的交易，如外國投資者在證券市場上直接購買本國籌資者發行的證券。二是本國投資者與外國籌資者之間的交易，如本國投資者在證券市場上購買外國籌資者發行的證券。三是外國投資者與外國籌資者之間的交易，如外國投資者通過某一金融中心的銀行仲介或證券市場，向外國籌資者提供資金。第一種交易和第二種交易是居民和非居民之間的交易，這種交易形成的關係是傳統國際金融市場的借貸關係。目前我國的跨境人民幣業務大多屬於這一類型。第三種交易是非居民之間的交易，又稱中轉或離岸交易。這種交易形成的關係才是離岸金融市場的借貸關係。

4.2.2 離岸市場的職能

（1）提供貨幣流動性。

離岸金融市場具有國內市場不可比擬的強大的資金供給能力和較高的市場開放度。富有競爭力的利率結構和自由度，使得各國政府、跨國公司、金融機構樂於將資金投入離岸金融市場，增強了該市場的派生存款能力，形成不依賴於貨幣發行國境內貨幣供給的貨幣自我循環系統。

由於離岸市場沒有存款準備金要求，從理論上講，該市場具有無限的派生存款能力。在沒有出現金融危機的正常情況下，離岸市場的流動性是充裕的，能夠滿足各類市場主體的資金需求。

（2）提供清算交收便利。

國際離岸金融中心分佈在全球幾大主要時區，通過處於不同時區的離岸市場的聯網，既可以保證交易者連續24小時不間斷進行交易，又可以輻射全球主要經濟體，使各個時區的客戶能夠在本時區內完成正常外匯交易，滿足國際貿易和金融交易者對資金的清算交收需求。

（3）提供高效、低廉、安全的貨幣支付交易平臺。

離岸市場具有政治穩定、法律透明、金融基礎設施完備、自由度較高、金融產品種類齊全、交易成本低廉等特點，而且還有低稅收、保密性好等制度優勢，是理想的國際金融交易及支付平臺。

（4）提供國家風險管理平臺。

國家風險是損失最大、最需要管理的金融風險。一國政府通過政治、法律、稅收和對隱私的保護等強制力，在給定的轄區內阻礙資金使用，降低資產價值，從而直接損害投資者的利益。離岸金融市場提供了規避貨幣發行國政府強制力的有效管道，因而成為投資者無比青睞的國家風險管理平臺。歷史上最早的美元離岸市場就是前蘇聯將美元存款放置於倫敦，避免美國政府凍結其資產的結果。目前，前十大離岸市場之所以吸引了全球三分之二的美元存款，其中一個主要的原因就是規避難以預料的國家風險。

當然，將貨幣風險從國家風險中分離出來的做法，源自只在一個國家存儲美元會面臨基礎設施或營運風險過於集中的問題。2001年9月11日發生在紐約的恐怖襲擊使美國國債交易遭到破壞，「這讓各國央行意識到了交易場所多元化能夠帶來的潛在好處」——當境內美國國債的正常交易中止時，中央銀行存放在歐洲離岸市場的美元證券仍然可以開展交易，因為美元支付清算系統仍然繼續運行，銀行支付美元的業務活動可以不受影響。[1]

（5）提供協力廠商交易平臺，鞏固國際貨幣地位。

國際貨幣通常也是非國際貨幣發行國之間開展經濟往來活動時使用的貨

1　參見何東、羅伯特・參考利：《本國貨幣的離岸市場：貨幣和金融穩定問題》，載《比較》，2010(1)。

幣，這一現象被稱為國際貨幣的協力廠商使用。由於協力廠商使用與貨幣發行國國內實體經濟無關，考慮到交易的便利性和安全性，無須在貨幣發行國國內金融市場實現，大多通過離岸市場交易來完成。在離岸市場上協力廠商使用程度越高，貨幣的國際地位越強。例如，美國對外貿易占全球貿易的10%左右，美國居民參與的投資活動約占全球投資的20%～50%，但是美元在全球外匯交易中的比例高達42%，美元被廣泛用於協力廠商交易，在國際貨幣體系中高居榜首。

4.2.3 離岸市場對世界經濟的影響

（1）提高國際金融市場一體化程度。

離岸金融市場在很大程度上打破了各國貨幣金融體系之間的相互隔絕狀態。歐洲離岸市場的發展將大西洋兩岸的金融市場和外匯市場聯繫在一起，從而促進了國際資金流動。國際銀行廣泛從事的套利套匯活動，使得兩種國際貨幣之間的利率平價成立，促進了國際金融市場的一體化，提高了全球金融效率。

（2）促進經濟增長。

離岸金融市場建立了資金自由、高效流動的機制，有利於全球資源優化配置，因而是推動世界經濟增長的重要力量。如果沒有離岸金融市場，20世紀六七十年代的亞洲「四小龍」、「拉美奇跡」就不可能出現。離岸金融市場提供的巨額資金，在很大程度上幫助了西歐和日本迅速從第二次世界大戰的廢墟中恢復經濟，並為發展中國家實現「負債發展」、擺脫「馬太效應」的惡性經濟循環創造了有利條件。

（3）幫助解決國際收支逆差問題。

離岸金融市場大大方便了短期資金流動，特別是促進了石油美元回流。據國際貨幣基金組織估計，在1974—1981年間，世界各國的國際收支經常專案逆差總額高達8 100億美元，但各國通過國際金融市場籌集的資金總額即達7 530億美元，這在很大程度上緩和了世界性的國際收支失調問題。在這期間，離岸

金融市場所吸收的石油出口國的存款就達1 330億美元，在防止國際收支失衡導致貨幣危機方面發揮了重要作用。

（4）對國內金融監管和貨幣政策有效性提出挑戰。

離岸市場是一個與本國貨幣體系並行而且不受本國政府監管的市場，如果一國企業和金融機構的資金活動過度依賴離岸市場，特別是如果「熱錢」流動過於頻繁、金額過大，那麼該國國內貨幣數量、資金價格、匯率必然會受到干擾。此外，離岸市場強大的貨幣派生功能有可能加劇通貨膨脹的國際傳遞，將主要貨幣發行國的貨幣擴張效果溢出到本國，導致本國的貨幣政策失靈或達不到預期的效果。這就對本國的宏觀經濟管理提出了新的挑戰。

4.3 人民幣國際化與離岸市場建設的內在邏輯

4.3.1 離岸市場建設有利於人民幣國際化縱深發展

（1）離岸市場建設有利於發揮市場基礎作用。

由於中國的利率、匯率市場化改革尚未完全到位，國內外金融市場存在雙重定價，套利、套匯成為人民幣結算規模大幅增長的主要原因之一。通過人民幣離岸市場建設的日臻完善，一方面，可以發揮示範作用，引導、影響市場主體行為，促進利率、匯率市場化，為人民幣資本帳戶可兌換創造有利的市場條件。另一方面，促成人民幣匯率、利率更好地發揮「看不見的手」的基礎性作用，減少境內外套利套匯空間，降低貨幣風險隱患。

（2）發展離岸市場可以放大人民幣輸出體量。

人民幣國際化，意味著人民幣將逐漸成為協力廠商使用貨幣，這就要求對外源源不斷地輸出人民幣，在離岸市場保有充足的人民幣流動性。然而，當前人民幣對外輸出更多依靠貿易管道，在中國貿易順差的情況下，人民幣很難輸出，而且規模也十分有限，無法滿足國際市場對人民幣巨大的潛在需求，制約了人民幣發揮國際貨幣職能。據馬駿、徐劍剛等人估測，如果不開放資本帳

戶，僅以貿易項目輸出人民幣，人民幣國際化程度將低於其真實潛能10%。[1]

通過在離岸市場上發行人民幣債券、放寬居民的人民幣兌換限額、提供人民幣貸款等一系列有針對性的放鬆資本管制的手段和安排，擴大人民幣對外輸出管道，可以有效地解決人民幣輸出規模不足的難題。以貿易順差加離岸市場淨輸出的模式實現人民幣對外淨輸出，不僅有利於維護中國經濟的穩定增長，確保出口對經濟增長的正能量，還能夠有效避免依靠貿易逆差實現人民幣國際化而陷入特里芬難題。此外，離岸市場的貨幣派生功能可以起到放大器的作用，派生出數倍於原始人民幣存款的流動性。以香港為例，如果用足香港金融管理局規定的25%的流動性比例的要求，香港可以在由中國內地輸送的1萬億元「原始人民幣存款」的基礎上，派生出新的3萬億元人民幣存款（4倍貨幣乘數）。如果這些派生的人民幣用於協力廠商使用（體外循環），就會以更大倍數擴大原有貿易項下對外淨輸出的人民幣規模。

（3）完善的離岸金融服務有利於提高人民幣的國際需求。

隨著人民幣跨境貿易結算規模的擴大，人民幣的海外沉澱越來越多。國際社會對人民幣的金融服務需求也水漲船高，希望得到高品質的貨幣匯兌、支付結算、貿易融資、風險管理、財富管理等服務。在目前的資本管制下，如果沒有產品豐富、功能齊全的人民幣離岸市場來滿足這些需求，就難以樹立起國際社會接受和使用人民幣的信心，人民幣國際化進程必然遭遇阻礙。因此，現階段人民幣離岸市場具有特別的功效，除了通過發揮人民幣離岸市場的融資功能外，還可以通過創新人民幣利率互換、期貨、期權等金融衍生工具，有效管理各種市場風險，實現保值增值功能，提高海外經濟主體持有人民幣的信心。當然，RQFII、跨國公司人民幣資金池等制度安排，建立了適度的人民幣回流管道，為海外人民幣持有者提供了更大的增值空間，也有利於提高國際市場對人民幣的使用需求。

1　參見馬駿、徐劍剛：《人民幣走出國門之路—離岸市場發展與資本帳戶開放》，北京，中國經濟出版社，2012。

4.3.2 緩解資本帳戶開放前的人民幣可兌換障礙

（1）人民幣國際化和資本帳戶改革相互促進。

資本帳戶開放是一個逐漸放鬆資本管制，允許居民與非居民持有跨境資產及從事跨境資產交易，實現貨幣自由兌換的過程。資本帳戶的開放並不是完全放任跨境資本的自由兌換與流動，從本質上說，資本帳戶開放是一種有管理的資本兌換與流動。1996年12月以來，雖然我國一直保持著「經常帳戶開放＋資本帳戶管制」的政策組合，但資本帳戶卻一直在向著有序、可控放開的目標前進。目前，中國對中長期性質的雙向直接投資與貿易融資已經基本放開，僅在證券投資、跨境借貸與衍生品交易等短期資本流動方面存在較為嚴格的管制。在全球資本流動顯著提高的背景下，微觀主體規避資本管制的做法層出不窮，資本管制的成本和難度明顯上升，中國政府面臨「管不住」也「管不好」的尷尬局面。

國際經驗表明，資本帳戶開放不是貨幣國際化的充分條件，甚至在貨幣國際化初期也不是一個必要條件。對中國來說，人民幣國際化和資本帳戶改革都是由淺入深、從簡單到複雜的漸進過程。在這個過程中，二者完全可以彼此促進、相輔相成。

一方面，資本帳戶改革推高人民幣國際化指數。根據《人民幣國際化報告2013》估算，2012年我國資本帳戶開放度為0.512 5（2011年為0.504 5），在國際上處於中等開放水準。隨著跨境人民幣資本流動相關政策的持續放開，人民幣「走出去」和回流方式實現多樣化試點，並且規模逐漸擴大，使得2012年人民幣國際化指數達到0.87，較上一年增長了49%。其中，「人民幣直接投資全球占比」上升到2.18%，成為當年人民幣國際使用發展最快的領域。在資本帳戶改革推動下，人民幣國際化從單純的貿易計價功能「一輪驅動」模式發展成為貿易計價與金融計價「兩條腿走路」的更合理、更穩健的格局。目前，一些國家的中央銀行和主權財富基金已經通過QFII管道持有人民幣債券和股票。可以相信，只要我國允許QFII繼續擴大規模，或者放鬆交易限制，資本帳戶逐漸

放開的同時，人民幣的國際使用程度也將日漸深化。

另一方面，人民幣國際化對資本帳戶改革提出更高要求。在跨境貿易人民幣結算業務推廣到全球範圍後，貿易項下人民幣輸出和回流的管道便已打通。隨著我國貿易大國地位的確立，人民幣貿易結算規模不斷擴大，由此自然產生非居民對貿易人民幣套期保值和資產管理的需求，客觀上要求我國進一步開放資本帳戶，以實現人民幣自由可兌換、提供豐富的人民幣投融資工具以及創建更多層面的人民幣回流管道。一旦人民幣升值節奏放緩，國際收支趨於平衡，金融機構的國際化步伐加快，則依靠貿易項下推動人民幣國際化的潛力將釋放殆盡。從長期來看，要成為重要的國際金融交易貨幣和國際儲備貨幣，無論如何都避不開實現人民幣的完全可自由兌換。因此，必須通過資本帳戶改革為人民幣更廣泛、更深入的國際使用創造條件。

（2）資本帳戶完全可兌換時機尚未成熟。

資本流動推動了資源在全球的優化配置，無論對流入國還是流出國都大有裨益。但是資本流動本身是一把「雙刃劍」，其規模和波動性往往會構成政策挑戰。在一國金融系統和金融機構尚未強勁到足以應對「熱錢」衝擊時就貿然開放資本帳戶，很容易造成金融市場不穩定甚至引發金融危機。從中國的具體國情出發，我們認為目前並非徹底放開資本帳戶的最佳時機，至少還不適宜採用激進的方式放開資本帳戶。原因如下：

第一，從國際環境來看，受主要發達國家QE貨幣政策影響，國際資金頻繁大進大出於新興市場，為防範系統性風險，對短期套利資金進行限制是十分必要的。否則，資產市場的巨大泡沫及金融風險膨脹將在所難免。例如，2013年6月，美聯儲發出下半年退出量化寬鬆信號，市場反應劇烈，一周內引發國際游資大量迅速撤離新興市場，俄羅斯、印度、巴西等國家立即陷入流動性緊缺的恐慌，並出現了經濟下滑、利率高漲、本幣貶值的金融危機前兆。

第二，從國內宏觀經濟環境來看，雖然我國國民經濟一直保持強勁增長，外匯儲備充足，金融機構經營管理日漸成熟，基本符合西方發達國家和發展中國家資本帳戶開放經驗中所需的前提條件。但不容忽視的是，隨著我國社會經

濟改革漸入深水區，已開始對原有影響市場資源配置效率的各種價格扭曲、體制不健全問題動大手術，多項制度、體制處於大變革、大調整期，不確定因素較多。如果此時開放資本帳戶，國際游資衝擊可能會放大這些不確定因素的負面效應，不利於金融穩定。加上我國還存在產能過剩、房地產泡沫、地方債務負擔較大等容易誘發危機的導火索，開放資本帳戶時需要特別講究策略。

第三，從金融市場運行來看，我國存貸款資金的市場利率水準遠高於國際市場，套利空間吸引了大量短期投機性資金的跨境流動，不適宜全面開放資本帳戶。在國內資金利率維持高水準的條件下完全放開資本帳戶，相當於為國內外資金大規模進出打開了國門，勢必會擾亂國內正常的金融市場秩序。此外，人民幣匯率的單向升值預期，使得不少國內企業在離岸市場結匯。有學者研究指出，如果在所有其他因素都不變的情況下完全開放資本帳戶，中國可能會出現大規模的資金淨流出。[1]

（3）在資本帳戶開放前應當主動培育人民幣離岸市場。

在當前資本帳戶管制條件下，發展人民幣離岸市場，對推動人民幣國際化具有積極意義。人民幣離岸市場建設對資本帳戶開放具有一定程度的替代效果。例如，允許三類機構將海外融到的人民幣投資於境內的銀行間債券市場的舉措本質上和QFII類似；企業可以通過分支機構在香港人民幣離岸市場自由兌換外匯，在一定程度上打破了資本項下貨幣兌換的限制。現階段主動培育人民幣離岸市場，在效果上相當於資本帳戶完全開放之前的過渡性金融安排，有利於將可能的資本流動風險牢牢控制在離岸市場範圍內，保證穩定的國內金融市場環境，同時又能提供以變相的資本帳戶放鬆來助推人民幣國際化。離岸市場中的一些金融安排實質上是資本帳戶可兌換或其變種，目的是調控人民幣離岸市場的規模與結構，適時、有序擴大「離岸」與「在岸」兩個市場的「通道」，以不斷接近並實現資本帳戶開放和人民幣國際化互相促進的功能定位。

1　Tamim Bayoumi and Franziska Ohnsorge. "Do Inflows or Outflows Dominate? Global Implications of Capital Account Liberalization in China\[WP\]". IMF working paper WP13. 2013.

資本帳戶管制條件下培育人民幣離岸市場來有序推動人民幣國際化，是現階段的次優選擇。因為它創造了寶貴的時間視窗，使得資本帳戶深化改革可以從容不迫、有條不紊地開展，為人民幣國際化戰略的順利推進奠定堅實的基礎。

4.3.3 抓住當前有利時機以離岸市場促進人民幣國際化

（1）充分利用國內市場的經濟結構轉型期，以離岸市場建設促進人民幣國際化。

國際金融危機爆發以來，西方國家需求疲軟，導致我國長期以出口為導向的經濟增長模式難以為繼。以離岸市場建設推動人民幣國際化，可成為我國調整優化經濟結構、推進經濟轉型升級的重要切入點。因為人民幣國際化在加快經濟結構調整、促進經濟自主協調發展方面可以發揮重要作用，而提高人民幣離岸市場的廣度和深度，創新離岸人民幣金融產品，滿足國際市場主體對人民幣資產的保值增值需求，是推動跨境貿易人民幣結算和提高人民幣市場接受度的捷徑。這不僅有利於我國逐漸改變以美元為主、被動積累的外匯儲備，而且可以促使我國採取更加平衡的外貿措施，減少貿易順差。此外，我們還可以大力建設人民幣離岸市場，通過人民幣境外直接投資、人民幣對外貸款，進一步拓寬我國居民人民幣投資管道，通過完善離岸人民幣債券市場、離岸人民幣衍生金融產品市場，為中資企業「走出去」提供更豐富的金融服務、創造更加便捷的條件。

（2）充分利用國際離岸金融中心調整期，佈局全球人民幣離岸市場。

當前國際離岸金融中心正處於業務結構和經營格局深度調整時期，主要表現在如下幾個方面：第一，自21世紀以來，在金融自由化和高度競爭環境下，離岸金融中心的整體發展出現結構性變化。離岸金融中心的發展更多取決於市場的流動性、深度、廣度和支付清算的效率及服務品質的提高而非各種優惠措施，因此金融體制較為完善的離岸金融市場依託全球金融一體化浪潮得到較快發展，而眾多避稅型離岸金融中心如加勒比海地區島國型離岸金融中心則呈現業務收縮趨勢，甚至逐漸被市場淘汰。第二，2008年金融海嘯爆發，避稅型離

岸中心為眾多國際資金提供保密、避稅等優惠政策使其游離於國際監管體系之外，這使其廣受詬病。與此同時，OECD、FSF、FATF等國際性組織多次強調透明性、合作和資訊交換，並通過建立國際統一的規範措施使離岸市場的欠規範狀況得到很大改善。受國際組織壓力，島國型離岸金融中心對本地涉及避稅和資訊保密等政策法規進行了必要的修改，國際離岸金融業務結構開始規範整合。第三，金融危機後，受國際金融環境變化的影響，離岸金融中心競爭加劇，業務收益增速放緩，一些大的交易所出現合併整合，傳統離岸中心亟須尋求新的利潤增長點。

我們應充分利用調整期內各主要離岸金融中心競相爭奪人民幣離岸業務的機遇，合理佈局全球人民幣離岸市場。金融危機後，新興市場尤其是中國成為推動全球經濟增長的最主要力量之一。作為全球第一大出口國和第二大進口國，中國與世界多地的經貿往來成為當地經濟發展的一大推動力。隨著中國進出口貿易量以及跨境投資量的逐年攀升，在人民幣跨境貿易結算及央行貨幣互換協議的推動下，海外人民幣存量和交易量快速增長。一旦成為人民幣離岸中心，當地自然會有更多的人民幣交易量，從而帶動更多的金融機構入駐並推出更多的金融創新產品，進而帶動當地整個金融產業的發展，這對任何金融中心而言都具有極大的吸引力。正因為看到了這一點，國際金融中心香港人民幣離岸中心確立之後，倫敦、新加坡、盧森堡、巴黎、法蘭克福、蘇黎世、日內瓦、雪梨、臺北等九大城市先後表達了發展人民幣離岸中心的意願。我國應抓住這一歷史機遇，積極推動人民幣離岸中心的海外佈局，充分發揮各個離岸中心的自身優勢，合理規劃功能定位，利用國際離岸中心的聚集功能、循環功能和輻射功能，發展人民幣離岸金融業務，拓展人民幣的海外使用範圍，推動人民幣國際化。

（3）充分利用國際市場尋找避險幣種的需求，通過離岸人民幣交易提供多層次金融服務。

當前西方發達國家陷入金融危機後的經濟衰退和非常規貨幣政策時期，大量流動性注入國際市場，美元、歐元、日圓等主要儲備貨幣幣值大幅波動。一

方面，美國經濟復甦乏力，歐債危機不斷提升全球避險情緒，市場對金融避險工具、避險資產的需求也將不斷提升；另一方面，與之矛盾的是，歐元以及長期作為避險貨幣的美元因非常規貨幣政策影響而遭遇信任危機，這將倒逼市場尋求新的避險貨幣品種。大量避險資金和逐利資本開始尋找新的價值穩定貨幣作為結算和投資工具。與此同時，新興市場國家經濟增長強勁。新興市場國家貨幣受到國際市場不同程度的追捧，尤其是在我國啟動跨境貿易人民幣計價結算試點後，東南亞國家以及我國周邊市場等形成了對人民幣較強的市場需求。在當前的環境下，順應市場需求，通過人民幣離岸市場建設再配合跨境貿易，就可以在進一步推動人民幣國際化上取得明顯的效果。

總體來看，這個時間視窗是階段性的。一旦歐美等主要經濟體逐步從危機中恢復，人民幣國際化推進的難度勢必加大。因此，應當在當前環境下，更好地把握好市場需求，依託中國經濟、國際貿易的穩定發展和人民幣價值穩定所具有的避險作用，依託離岸人民幣市場，著重推動協力廠商交易和人民幣直接投資、離岸人民幣期貨產品，充分發揮人民幣的計價工具、投資媒介和貯藏手段職能，順勢推進人民幣的國際化。

4.4 以離岸市場促進人民幣國際化：理論與實證分析[1]

4.4.1 影響國際貨幣區域分佈的主要因素

（1）貿易和實體經濟等因素。

國際貿易規模是決定國際貨幣區域分佈的重要因素。Rey（2001）指出，上世紀初的世界貿易格局改變直接導致了美元的國際地位上升和英鎊的國際地位下降，並直接影響了美元和英鎊在全球的分佈格局。事實上，如果一個國家與貨幣發行國之間的進出口貿易對前者來說至關重要或在前者對外貿易總量中

1　受篇幅所限，本節略去了詳細實證過程和完整參考文獻資訊。感興趣的讀者可訪問中國人民大學國際貨幣研究所網站（http://imi-sf.ruc.edu.cn）索取全文。

比重很高，則後者的貨幣就會具有更大的吸引力，這是因為對方國家的進出口商會有更多機會與貨幣發行國進行交易，從而更有可能使用該國際貨幣（丁一兵、鍾陽，2013）。因此，如果貨幣流入國與貨幣流出國進行的國際貿易越多，那麼貨幣流出國的貨幣在貨幣流入國的分佈比重就可能越大。Bergsten（1997）、McKinnon（1998）和Mundell（1998）在實證研究中也表明了對外貿易額對一國貨幣國際化的重要程度。大量的對外貿易將產生大量的貨幣交易，進而使得該經濟體的貨幣自然成為其他國家外匯市場上不可或缺的幣種。與此同時，規模經濟效應的存在使得大量交易的邊際成本降低，又進一步提高了進出口商以及海外投資者使用國際貨幣的意願。另外，伴隨著經濟的強大和生產效率的提高，對外貿易擴張，貿易收支產生高額的順差，高額的貿易順差為本國貨幣的輸出奠定了物質基礎，從而本國的資本與金融項目出現大量逆差。高額貿易收支順差和高額的資本與金融項目逆差是貨幣國際化的初期特徵。從歷史回顧來看，美國、英國的貨幣國際化過程均呈現出此特徵。

不過，貿易量並非決定國際貨幣在全球範圍內分佈的唯一因素。貨幣流出國的實體經濟發展水準以及該貨幣在世界貨幣體系中的相對地位對於國際貨幣在全球範圍內的分佈也起著重要作用。例如，在日圓國際化的同時，日本的進出口貿易也飛速發展。但是，由於日本的出口地主要是歐美等發達國家，而進口的原材料則以石油、礦物等以美元計價的大宗商品為主，難以輸出日圓，從而也無法在全球範圍內形成一個具有相當規模的日圓流通和交易市場（見表4—1和表4—2）。中條誠一（2001）指出，日圓匯率風險大、進出口企業交涉力不強、外匯使用選擇傾向（慣性）是日圓國際化受挫的重要原因。因此，從日本作為典型的貿易國家的角度來看，日圓國際化的困境反映了貿易國家在當今國際經濟與金融體系中的困境（李曉，2005）。另外，上世紀80年代的經濟泡沫破滅以後，日本進入了漫長的衰退期。由於缺乏龐大的國內市場和經濟規模增長來支撐日圓國際化的進程，日圓國際化最終停滯不前（張國慶、劉駿民，2009）。

表4─1　日本進口原料占商品總進口的比重（%）

進口產品	1980	1985	1990	1995	2000	2005	2009
能源燃料	50.03	43.75	24.25	16.09	20.36	25.64	27.63
金屬礦石	9.99	8.91	9.05	6.65	5.57	6.10	6.35
農業產品	8.64	6.68	6.56	5.56	3.09	1.99	1.44

資料來源：World Development Indicators & Global Development Finance， World Bank Data.

表4─2　各出口地區占日本貿易總額的比重（%）

出口地區	1991	1994	1997	2000	2003	2006	2009
發展中國家	19.56	23.19	25.45	22.63	28.35	32.01	38.91
發達國家	80.44	76.81	74.55	77.37	71.65	67.99	61.09

資料來源：World Development Indicators & Global Development Finance, World Bank Data.

（2）資本和投資因素。

首先，一般而言，跨國資金的流動通常能夠擴大國際貨幣在流入國的使用範圍，從而降低其交易費用和轉換成本。Kindleberger（1967）指出，如果一種國際貨幣能在一個較大的範圍內流動，那麼它有著較高的需求，從而能夠降低交易費用。Krugman（1984）和Rey（2001）等人進一步擴展了Kindleberger的理論，並認為貿易和投資能促進國際貨幣在流入國的使用。而Prasad 等（2006）則認為官方的資本流動（如援助資金、外匯儲備等）通過影響國際資本流動而間接對國際貨幣的交易產生影響。

其次，一國的金融發展程度越高，其資訊也就更加透明且交易國際貨幣的成本更低，從而能夠增加國際貨幣在當地的交易。Chen和Khan（1997）指出，資本的流動方向受到資本流入國金融市場發展程度及其增長潛力的綜合影響。如果一國金融市場越發達，就更容易吸引資本流入。另外，國際金融中心地位在貨幣國際化中的作用也日益重要。儘管全球金融危機後，各界對虛擬經濟提出了質疑，但是其對世界經濟發展的促進作用仍毋庸置疑。這也意味著，一種貨幣要想成為國際貨幣，就離不開該貨幣發行國的國際金融地位。這是因為發達的金融市場不僅有利於增加國際社會對該國貨幣的需求，也有助於進出口

商對國際貿易活動中的外匯風險進行管理。以紐約和倫敦為例，它們對促進美元、英鎊成為國際貨幣都起到過重要的作用，而日本由於在金融體制改革上不夠徹底，東京始終沒有發展成為重要的國際金融中心。據統計，截至2013年，從全球的外匯交易比較看，倫敦和紐約的外匯交易量占全球外匯交易量的比重分別為40.9%和18.9%，而東京僅為5.6%，與新加坡和香港接近。

因此，綜合美元和英鎊的發展歷程可以得知，發達的金融市場至少能在三方面增強本國貨幣在國際上的吸引力，從而擴大國際貨幣的分佈範圍。第一，發達的金融市場為國際市場投資者提供了一個開放的、具有良好流動性的證券市場。一般而言，投資者不會單一地持有國際貨幣餘額，而是將其大部分國際貨幣投資在具有良好流動性的生息資產上，以避免資本損失。第二，發達的金融市場還為投資者提供了一系列優質的服務，如融資或投資本幣，或為國際貨幣提供保值增值服務。第三，發達的金融市場能夠吸引大量的海外業務，吸引國外優質的公司來本國上市以及投資。

（3）地緣因素。

越來越多的研究表明，地理位置對於貨幣的交易成本和使用習慣有著重要影響，進而影響國際貨幣的區域分佈。Ghosh和Wolf（2000）認為，由於地理位置的劣勢，非洲和西半球的國家相對於其他地區而言更難獲得資本流入。Flandreau和Jobst（2009）對19世紀英鎊國際化過程進行實證研究後發現，地理距離確實通過影響貨幣的交易成本致使國際貨幣在不同地區的使用程度出現差異。然而，由於貨幣網路外部性的存在，國際貨幣在當地的使用規模越小，其交易成本也就越高，就會進一步抑制國際貨幣在當地的使用。

從資產的角度而言，地緣因素可能會對貨幣交易的資訊不對稱問題產生影響。一般而言，由於資訊不對稱等問題，投資者更青睞本國的資產，從而降低了境內投資者使用國際貨幣的意願（Gehrig, 1993; Kang and Stulz, 1997）。具體而言，Tesar和Werner（1995）認為，地理的阻隔在一定程度上妨礙了投資者的資訊搜集。資訊不對稱的問題是由語言、制度、法律以及獲取國外資訊的成本等因素造成的。而Coval和Moskowitz（1999）則認為，地緣因素所導致的諸

如兩國間機票的價格、電話線路的數量等問題也加劇了貨幣交易和使用的資訊不對稱問題。

（4）政治和文化等因素。

一種貨幣要想成為區域經濟核心貨幣或者國際貨幣，都將是跨文化合作的過程，需要經過跨文化的融合，其中就包括對社會制度、生活理念以及市場等的認同。而由於中國的經濟發展、社會制度、歷史文化與西方社會的差異較大，人民幣要想在全球範圍內形成全方位的佈局，必須經過一段相對較長的時間。歐元國際化的例子表明，在一個政治或者文化共同體內，貨幣國際化的發展會相對順暢。Cohen（1997）指出，兩國是否使用共同語言對於貨幣的區域分佈有著十分顯著的影響。而Hattari和Rajan（2011）則認為相近的文化習慣能夠增加兩國人民相互的認同感，有利於提高國際貨幣在流入國的使用量。

另外，在貨幣國際化的過程中，政治等外部因素也是不可忽視的。事實上，貨幣的國際化不僅是單純的金融角力，還是大國在政治、軍事、技術、文化等方面綜合國力的對弈。當前樂享鑄幣稅的美國等擁有國際貨幣的國家，絕不會甘心將已經占領的市場拱手相讓。另外，由於我國所採用的政治體制與西方大相徑庭，國外投資者對於中國的經濟政治環境以及人民幣的使用顯得更為謹慎。一般而言，一國的政治穩定和完善的制度等因素對於促進國際貨幣在當地的使用也有重要的作用。這是因為穩定的政治制度和完善的法律體系使得該國的社會更為穩定，資訊透明度提高，從而降低其資訊成本。Bergsten（1975）指出，促進國際貨幣使用範圍擴大的政治因素包括穩定的社會制度和良好國際合作的支援，而Mundell（1983）則認為政治穩定性、軍事力量對貨幣國際地位有鞏固作用。

（5）制度建設（離岸市場建設）。

從貨幣國際化發展的路徑來看，一國貨幣要想成為主要的國際貨幣，則必須在國際主要金融中心建立貨幣離岸市場，因為這能夠提高國外進出口商、投資者對人民幣的認可度和接受度（He and McCauley, 2010）。從美元國際化發展的經驗來看，歐洲美元貨幣市場以及歐洲美元債券市場的發展促使外國投資

者在當地更大程度地使用美元作為交易貨幣。2010年國際清算銀行報告表明，大約80%的美元外匯交易量（包括即期和遠期、掉期、期權等衍生工具）在美國境外的離岸市場發生。與此同時，美元在當地交易額的上升促進了美元清算結算體系不斷提升，從而降低了美元的交易成本，進一步增加了美元在當地使用的便利性，反過來又提高了美元在當地的交易比重。而歐元的國際化同樣伴隨著境外離岸市場的發展。馬駿（2011）也指出，人民幣的國際化離不開離岸市場的建設，而不依靠離岸市場發展的貨幣基本上是沒有潛力成為國際儲備貨幣、結算貨幣和計價貨幣的中小型經濟體的貨幣，比如，韓國、臺灣、新加坡等國家和地區貨幣。

因此，建立人民幣離岸市場，首先可以提高人民幣在該地區的接受程度和使用頻率，從而促進人民幣在全球各地區的合理分佈，形成全球性的貨幣網路。這是因為離岸市場的建設為外國投資者提供了更大的便利性，能夠促進大量協力廠商使用人民幣交易。從美元發展的經驗來看，大量的海外美元外匯交易都與美國國內的經濟無關，而是為了滿足其他國家之間的貿易、投資結算需求以及外匯儲備需求。因此，如果人民幣離岸市場能在地域上進一步拓展，那麼將有利於該地區的進出口商和投資者相互進行人民幣的清算結算，從而可以降低交易成本。其次，離岸市場建設能夠提高人民幣交易的安全性，增加該地區投資者使用人民幣的信心。從美元的發展路徑來看，遍佈全球的美元離岸市場保證了美元得以24小時交易，從而在一定程度上降低了美元清算結算的風險，提高了進出口商和投資者對於美元使用的信心。最後，離岸市場的建設能夠促使本國居民和外國居民持有人民幣資產。[1]在人民幣離岸市場發展成熟以後，原本流入中國的資金就可能會選擇在離岸市場交易以人民幣計量的金融產品，這就會增加人民幣在海外的交易量。

1　為了分散風險，投資者會選擇在離岸市場購買以該貨幣計價的資產（He and McCauley, 2010）。

4.4.2 對貨幣區域分佈影響因素的實證檢驗

（1）資料和變數。

為了度量國際貨幣在各個地區的分佈，本報告採用國家貨幣在各個地區的外匯交易量對其進行衡量。各種國際貨幣的交易資料取自BIS Triennial Central Bank Survey of Foreign Exchange and Derivatives Market Activity（以下簡稱為Triennial Survey）。Triennial Survey由國際清算銀行每三年發佈一次，從1995年迄今已發佈了7次。該調查幾乎涵蓋了全球外匯交易，是政策制定者和市場參與者了解全球外匯的重要資料來源。

在此調查的基礎上，本報告選取了1995年、1998年、2001年、2004年、2007年、2010年、2013年這七年的外匯交易量來分析國際貨幣在不同地區的分佈。同時，為了保持樣本的一致性，本報告選取的26個國家和地區[1]與Triennial Survey在1995年選取的國家和地區相同。根據Chinn和Frankel（2008）的研究，本報告選取了美元、英鎊、歐元、日圓、瑞士法郎、加拿大元、澳元7種主要的國際貨幣。需要指出的是，鑒於歐元在1999年才出現，本報告通過歐元區各國家的貨幣以及歐洲貨幣體系貨幣（EMC）在1999年以前的交易比重來類比歐元在1999年以前的交易情況，以此來保持樣本的一致性。

本報告定義 i 國為貨幣流出國，j 國為貨幣流入國。本報告的主要變數及其定義如表4—3所示：

表4—3 主要變數的定義

變數	變數定義
$share_{ijt}$	在 t 年裡，某一國際貨幣 i 在 j 地的交易量占該貨幣在國外（貨幣區外）總交易量的比重
$lninvestment_{ijt}$	在 t 年裡，i、j 兩國（地區）雙邊股權和債券投資額的自然對數*

1　1995年的Triennial Survey僅包含了26個國家和地區。因此，為了保持樣本前後的一致性，本報告選取這26個國家和地區為基準。與此同時，由於上述26個國家和地區大約包含了全球貨幣總交易量的80%，本報告選取的樣本仍然具有代表性。

續前表

變數	變數定義
$trade_{it}$	在 t 年裡，i 國對 j 國貿易額占 i 國總貿易額的比重**
$trade_{jt}$	在 t 年裡，j 國對 i 國貿易額占 j 國總貿易額的比重**
$lnpop_{it}$	在 t 年裡，i 國人口的自然對數
$lnpop_{jt}$	在 t 年內，j 國人口的自然對數
$lngdp_{it}$	在 t 年裡，i 國人均GDP的自然對數
$Lngdp_{jt}$	在 t 年裡，j 國人均GDP的自然對數
$center_j$	啞變數，如果 j 是離岸金融中心，取1，否則取0[+]
$civil_{it}$	啞變數，如果 i 國的法律體系為大陸法，取1，否則取0
$civil_{jt}$	啞變數，如果 j 國的法律體系為大陸法，取1，否則取0
ps_{it}	在 t 年裡，i 國的政治穩定程度[++]
ps_{jt}	在 t 年裡，j 國的政治穩定程度[++]
$lndist_{ij}$	i、j 兩國（地區）距離的自然對數
$comlang_{ij}$	啞變數，如果 i、j 兩國（地區）使用共同的語言，取1，否則取0

資料來源：*資料來源於IMF Coordinated Portfolio Investment Survey。
**資料來源於IMF International Trade Statistics。
＋資料來源於IMF Offshore Financial Centers Report。
＋＋資料來源於Kaufmann等人的測算。詳見「Governance Matters Ⅲ」，World Bank Policy Research Working Paper。

　　表4—4反映了7種國際貨幣在不同國家和地區的交易額占該貨幣交易總額的比重。需要說明的是，由於本報告探討的是影響國際貨幣在其國外分佈的因素，本報告剔除了國際貨幣在其本國的交易比重（對於歐元，本報告也剔除了歐元在各成員國的交易比重）。統計資料表明，國際貨幣的主要交易集中於英國、美國、日本、新加坡以及香港等國家和地區。然而，每一種國際貨幣的地區分佈存在著較大的差異。比如，歐元在英國的交易比重（接近50%）要高於其他國際貨幣在英國的分佈比重，但歐元在日本、新加坡、香港的交易比重則低於美元、英鎊、澳元等其他國際貨幣。

表4—4　7種主要國際貨幣在26個國家和地區分佈的比重（%）

流入國(地區)	美元	歐元	日圓	英鎊	瑞士法郎	加拿大元	澳元
美國	—	22.54	25.22	38.33	24.71	35.54	20.11
英國	40.24	50.61	40.22	—	40.53	37.30	37.40
奧地利	0.58	—	0.42	0.45	1.39	0.16	0.10
比利時	1.32	—	0.60	2.71	0.75	1.27	0.68
丹麥	2.17	2.07	0.52	1.70	3.07	0.39	0.27
法國	4.02	—	2.56	6.44	4.44	2.43	1.78
德國	4.96	—	2.84	7.91	6.86	1.32	1.44
義大利	1.25	—	0.67	1.58	0.76	0.22	0.23
盧森堡	1.11	—	0.65	1.69	1.18	0.49	1.13
荷蘭	1.79	—	0.92	3.42	2.40	0.61	0.54
挪威	0.76	0.65	0.14	0.54	0.18	0.12	0.31
瑞典	1.16	1.67	0.29	1.18	0.71	0.39	0.18
瑞士	5.93	7.76	3.51	9.45	—	3.17	2.37
加拿大	2.73	1.00	1.06	2.40	1.28	—	0.91
日本	10.66	4.90	—	7.48	1.76	3.98	9.41
芬蘭	0.23	—	0.03	0.22	0.57	0.09	0.02
希臘	0.18	—	0.51	0.17	0.22	0.04	0.05
愛爾蘭	0.39	0.70	0.32	2.09	0.23	0.41	0.14
葡萄牙	0.13	—	0.08	0.28	0.11	0.04	0.02
西班牙	0.85	—	0.23	1.50	0.26	0.14	0.09
澳洲	4.55	2.47	3.49	5.08	1.52	2.50	—
紐西蘭	0.43	0.08	0.19	0.26	0.05	0.08	2.06
南非	0.59	0.17	0.11	0.49	0.07	0.03	0.05
巴林	0.17	0.13	0.14	0.33	0.15	0.04	0.02
香港	6.36	1.66	6.96	7.68	1.94	2.61	8.98
新加坡	8.33	4.43	9.20	9.92	4.86	6.63	12.66

注：「一」表示剔除了該貨幣在本國或者本地區的分佈比重。
資料來源：國際清算銀行（BIS）Triennial Central Bank Survey of Foreign Exchange and Derivatives Market Activity（1995，1998，2001，2004，2007，2010，2013）。

表4—5報告了主要變數的統計特徵。本報告發現，國際貨幣在不同地區交易比重的差異十分明顯，最大值約是中位數的70倍；而投資對數值的最大值約是中位數的1.5倍，這說明世界各國之間經濟往來的差異十分巨大。從人口總量和GDP總量來看，各國的經濟差異也十分明顯。另外，從均值來看可以發現，貨幣流入國政治穩定程度的差異略大於貨幣流出國，而貨幣流入國中使用大陸法的比例高於貨幣流出國。

表4—5　描述統計

變數	平均值	標準差	最小值	最大值	中位數
$share_{ijt}$	0.043 3	0.093 7	0.000 0	0.553 6	0.008 0
$lninvestment_{ijt}$	9.834 2	2.385 7	0.000 0	14.906 0	10.051 7
$trade_{it}$	0.024 6	0.051 0	0.000 0	0.682 5	0.007 9
$trade_{jt}$	0.059 0	0.094 0	0.000 4	0.689 0	0.025 9
$lnpop_{it}$	17.940 9	1.303 1	15.760 5	19.617 4	17.902 6
$lnpop_{jt}$	16.530 9	1.350 7	13.183 4	19.564 6	16.171 9
$lngdp_{it}$	10.806 0	0.893 5	9.804 4	13.183 5	10.558 8
$lngdp_{jt}$	10.240 8	0.592 2	8.013 0	11.585 0	10.287 6
$center_{j}$	0.472 3	0.499 4	0	1	0
$civil_{it}$	0.428 6	0.495 1	0	1	0
$civil_{jt}$	0.657 1	0.474 9	0	1	1
ps_{it}	0.939 7	0.312 3	0.049 6	1.491 5	1.002 1
ps_{jt}	0.870 0	0.545 9	−1.216 9	1.668 1	1.013 2
$lndist_{ij}$	8.156 2	1.045 1	5.288 3	9.359 9	8.526 5
$comlang_{ij}$	0.286 6	0.452 4			

（2）實證分析。

本報告沿用Martin和Rey（2004）的分析方法，採用重力模型對國際貨幣地區分佈的決定因素進行分析。

我們的實證研究得出了以下四個結論：

第一，兩國（地區）人口、人均GDP以及雙邊貿易、資本往來對於國際貨幣分佈地區的影響。實證結果表明，貨幣流入國（地區）的人口總量和人均GDP對國際貨幣在當地的交易比重呈較為顯著的積極作用。這在一定程度上說明了如果貨幣流入國（地區）經濟規模較大，那麼國際貨幣在當地就可能有著更大的需求，從而擴大了貨幣流通的網路，降低交易成本。與此同時，實證結果表明，兩國之間的貿易、資本往來對於某種國際貨幣在該地交易額占其海外交易總額的比重有著積極影響，這就證明了本報告第一個假設的正確性。尤其是，如果貨幣流出國對貨幣流入國的貿易總額占貨幣流出國貿易總額的比重越高，那麼該貨幣在貨幣流入國的交易比重也越高。從現實情況來看，美國、歐元區國家、日本等國的經濟實力較強，在國際貿易中具有較強勢的談判地位，而能夠更多地使用本國的貨幣作為清算、結算貨幣，這就使得該國貨幣在流入國的需求增加，進而使得國際貨幣在當地的交易比重上升。

第二，貨幣流入地是否屬於離岸金融中心這個解釋變數對於國際貨幣在當地的交易比重有著積極的影響。資料表明，國際貨幣在倫敦、紐約、日本等擁有離岸金融中心的國家和地區的交易額約占其總交易額的70%。一般而言，由於離岸金融中心的經濟規模較大、發展歷史悠久以及各項制度設施十分完善，國際貨幣在當地的流通量較大，交易成本相對較低。與此同時，由於離岸金融中心有著強大的輻射力，對於擴大貨幣的網路效應有著更為顯著的影響，這就進一步擴大了貨幣在當地的交易規模。這說明，要提高一國貨幣的國際化程度，必須重視離岸金融中心的作用。

第三，政治和法律體系等制度性因素的影響顯著。實證結果表明，兩國的政治穩定程度有利於提高國際貨幣在該地的使用比重。另外，結果顯示，如果貨幣流入國的法律體系屬於英美法系，其對於國際貨幣在當地的交易比重有積極影響，且該變數在1%的水準上顯著。從現實情況來看，英美法系國家（如英國、美國、新加坡以及香港等）的金融開放程度以及自由度相對較高，有利於降低國際貨幣流入當地使用的監管要求，會擴大國際貨幣在當地的流通和交易

規模。從總體上看，良好的社會制度能夠促進國際貨幣在當地的使用程度。

第四，語言文化的影響顯著，但是地理距離的影響不顯著。實證結果表明，共同語言（*comlang*）在5%的水準上顯著。Portes和Rey（2005）指出，如果兩國使用共同的語言，那麼流入國對於流出國可能會有更高的認同感，從而產生一種「熟悉效應」，增加資產交易的規模。例如，英鎊在澳洲、紐西蘭、新加坡以及香港等地的交易比重要高於日圓、瑞士法郎等在上述幾個國家和地區的交易比重。因此，這在一定程度上也印證了語言文化對於國際貨幣地區分佈的重要性。至於地理距離，儘管其係數符號為負，但是在10%的水準上並不顯著。與貿易不同，貨幣的交易並不需要使用交通工具進行運輸，因此地理距離對於國際貨幣在國家間的交易影響甚小。與此同時，隨著資訊技術的發展，資訊的公開度進一步提高，更新速度也進一步加快，而且運用網路進行交易的成本也變得更低。因此，本報告初步認為，地理距離不是影響國際貨幣地區分佈的重要因素。

4.4.3　全球主要離岸金融中心人民幣交易比重類比

在基準模型的基礎上，本報告模擬了2001年、2004年、2007年、2010年、2013年人民幣在六個國際主要離岸金融中心交易比重的理論值。鑒於人民幣國際化尚處於起步階段，要模擬人民幣在各主要離岸金融中心的分佈情況，需要假定人民幣是相對成熟的國際貨幣。因此，本報告的模擬結果基於以下假設：

（1）人民幣基本實現資本帳戶的可兌換，人民幣可跨境自由流動；

（2）人民幣的離岸市場發展水準較高，有豐富人民幣計價的金融產品；

（3）完善的人民幣的海外清算結算系統；

（4）人民幣與其他國際貨幣的國際認可度大致相同。

接下來，本報告利用2001年、2004年、2007年、2010年和2013年中國與美國等地區的雙邊貿易、資金往來以及人口、人均GDP等資料類比了人民幣在美國、英國、德國、香港、日本以及新加坡這六個國家和地區的分佈比重（見表4—6）。

表4—6 全球範圍人民幣交易理論分佈的類比結果（%）

	美國	英國	德國	香港	日本	新加坡	合計
2001	11.16%	5.96	6.97	9.82	7.34	3.36	44.61
2004	11.83	7.09	6.64	10.02	7.80	3.67	47.05
2007	12.75	7.60	6.33	10.26	8.18	4.44	49.56
2010	12.72	7.46	6.20	10.18	7.95	4.90	49.41
2013	13.01	8.15	6.08	11.50	8.01	5.50	52.25

　　從表4—6中可以發現，理論上人民幣在上述六個主要國際金融中心的交易比重之和從2001年的44.61%上升到2013年的52.25%。這與近年來全球外匯交易量更加集中於上述離岸金融市場的趨勢相吻合，同時也印證了主要國際金融中心的離岸交易有助於提高貨幣國際化水準的基本命題。

　　需要強調的是，人民幣離岸市場儘管發展速度很快，但只是處於起步階段。與美元、歐元等主要國際貨幣相比，離岸人民幣交易規模其實非常有限。以2013年為例，英國市場共計發生離岸人民幣交易243億美元，占全球人民幣離岸交易總規模的21.29%；然而與在英國市場上完成的外匯交易總額2.7萬億美元相比，人民幣交易所占份額還不足1%。根據類比結果可知，若前述四個假設條件可以滿足，則理論上2013年全球離岸人民幣交易規模至少要比實際發生值提高近三成。

　　另外，從以上六個國家和地區人民幣離岸交易的具體分佈結構來看，類比結果與現實情況也具有明顯差異（見圖4—1）。一方面，美國、日本、德國離岸市場人民幣交易比重的理論類比值明顯高於實際水準；另一方面，香港、新加坡市場的人民幣實際交易比重大大超過理論類比值。相對而言，英國市場人民幣交易比重的理論類比值與實際情況差距不大。

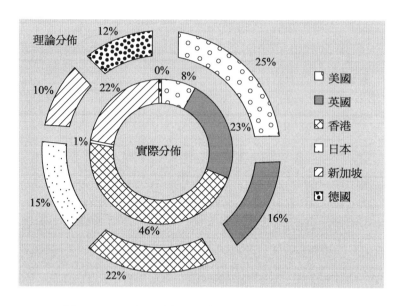

圖4—1 2013年全球主要離岸市場的人民幣交易分佈

資料來源：BIS Triennial Central Bank Survey of Foreign Exchange and Derivatives Market Activity 2013.

　　近年來，香港和新加坡一直扮演著人民幣離岸金融中心的重要角色，也是僅有的兩個擁有人民幣清算行的離岸金融市場。因此，這種清算結算的便捷性使得人民幣在香港和新加坡的交易成本相對較低。與此同時，由於香港和新加坡與中國內地有著較為相似的語言文化傳統，當地對人民幣的接受程度也相對較高。據統計，2013年底全球離岸人民幣存款餘額已逾1.3萬億元，其中香港地區擁有人民幣存款8 605億元，新加坡約有2 000億元。一定規模的人民幣資金池為兩地市場保持更加活躍的離岸人民幣交易奠定了基礎。因此，從實際分佈看，僅香港和新加坡兩地所完成的離岸人民幣交易比重已經高達68%。

　　不過，從貨幣國際化發展的路徑來看，人民幣要想成為主要國際貨幣之一，就必須在主要國際金融中心建立人民幣離岸市場。事實上，中國與英國、美國、德國、日本等國在金融、貿易等方面的聯繫同樣密切，這四個國家在人口總量、經濟規模等方面則遠遠超過香港和新加坡，從當地金融發展水準來看前者也是處於領先位置。因此，就理論上而言，上述四個成熟國際金融中心應

該有較高的離岸人民幣交易比重。

　　目前制約人民幣離岸市場在英國、美國等國發展的主要原因大致包括以下幾個方面：一是政策障礙，即資本管制未完全放開，人民幣匯率和利率的市場化未完全實現；二是市場供求制約，即從供給上缺乏足夠的優質離岸人民幣產品，而人民幣的流動性不足以及以人民幣計價的商品數量較少也抑制了海外投資者對人民幣的需求；三是海外清算結算交易系統建設的滯後，即現有技術不能滿足歐美時區清算需求等具體技術問題。這表明，只有進一步推動人民幣利率和匯率改革，豐富和發展海外人民幣金融產品以及完善人民幣海外清算結算系統，才能夠更好地建設和發展人民幣離岸市場，實現全球範圍內人民幣交易的合理分佈，從而有效提高人民幣國際化程度。此外，本報告的研究結果也表明，語言文化對於提高國際貨幣在國外的交易有著重要的積極影響。因此，我國可以通過進一步推廣孔子學院，增加中華文化在國外的影響力，提高外國居民對於中國的認同感，從而提升人民幣國際化的程度。

　　綜上所述，由於國際貨幣的網路外部性以及其自身作為一種資產的特性，國際貨幣的交易成本和資訊成本對於國際貨幣的地區分佈有著重要的影響。具體而言，國際貨幣在全球範圍內的分佈受到兩國貿易金融交易、流入國的經濟規模、金融發展程度、法律體系以及語言文化等因素的影響。不過，地理距離對國際貨幣地區分佈的作用則不顯著。其中，之所以貨幣流出國和流入國的貿易和資本往來重要，是因為貨幣在國際範圍內的流動需要經濟交易作為載體，才能擴大國際貨幣在當地的流通和使用規模，從而發揮規模經濟效應。同理，貨幣流入國的人口總量和人均GDP越高，流入國對於國際貨幣的需求也越高，就更有利於發揮國際貨幣流通的規模經濟效應。金融發展程度、法律體系則通過影響國際貨幣在當地的交易成本以及資訊成本間接地對國際貨幣的全球分佈產生顯著影響。最後，相同的語言文化習慣有利於提高貨幣流入國對於國際貨幣的認同感，提高流入國居民持有國際貨幣的意願，從而增加貨幣在當地的交易比重。

　　從長遠來看，主要國際金融中心的人民幣離岸金融業務規模與交易比重，

將是檢驗人民幣是否已經成為主要國際貨幣之一的重要標誌。應當看到，這些成熟的國際金融中心是否交易人民幣資產以及在多大範圍和程度上交易人民幣資產，都將完全取決於市場選擇的結果，主動權在當地市場以及市場上的各種交易主體。因此，未來要在英國、美國等發達國家和地區建立人民幣離岸市場，既要與我國企業和金融機構的國際化進程相互配合，又要求貨幣當局儘快解決妨礙人民幣資產全球交易的制度障礙和技術障礙。此外，有針對性地向發達國家和地區積極推廣漢語和中華傳統文化，可以迅速提高人民幣的國際認可度，促使主要國際金融中心願意接受和交易人民幣資產，保證人民幣國際化戰略目標順利實現。

第五章

人民幣離岸市場的現狀和未來

5.1 香港人民幣離岸市場

5.1.1 發展歷程

從2003年底到目前，香港人民幣離岸市場的建立過程總體上可以分為三個階段，即萌芽階段（2003年底—2008年底）、形成階段（2009年初—2011年中）和全面建設階段（2011年8月以來）。同時由於香港離岸人民幣金融業務是從易到難逐步推進的，因而在香港人民幣離岸市場的建立過程中，先後經歷了離岸人民幣個人業務、離岸人民幣債券業務、離岸人民幣存貸款業務、離岸人民幣產品創新等離岸業務的發展，並且香港人民幣離岸市場的建立與發展與我國政府的政策推動有著密切的關係。

1.萌芽階段。

香港人民幣離岸市場的萌芽源於中國內地和香港之間兩個重要的政府間制度安排與合作協議，即《內地與香港關於建立更緊密經貿關係的安排》（CEPA）以及中國人民銀行和香港金融管理局的《合作備忘錄》。

CEPA於2003年6月29日在香港正式簽署，並於2004年1月1日正式生效。該協議是中國內地和香港關於雙邊經貿合作的首次制度安排；《合作備忘錄》於2003年11月19日在北京簽署，中國人民銀行決定開始為香港的個人人民幣存

款、匯兌和匯款等業務提供清算安排，清算銀行由中銀香港來擔任。中國人民銀行和香港金融管理局的《合作備忘錄》為香港開展離岸人民幣存款業務提供了重要的條件。

離岸人民幣個人業務在香港的出現被認為是香港人民幣離岸業務發展的開端。2004年2月24日，香港持牌銀行開始提供人民幣個人業務，主要包括在香港開展的離岸人民幣存款、匯款、兌換及信用卡等個人人民幣業務，並可以進行每人每天不超過等值2萬元人民幣的兌換。為進一步滿足香港對人民幣業務的需求，中國政府於2005年11月1日擴大了香港個人人民幣業務的範圍，並將個人現鈔匯兌上限進一步提高。同年12月4日中國人民銀行下發了《中國人民銀行關於內地銀行與香港銀行辦理人民幣業務有關問題的補充通知》，提高了香港匯入內地的人民幣金額上限，取消香港銀行發行個人人民幣銀行卡的信用額度限制，並且香港居民的個人帳戶每天可以簽發80 000元人民幣限額內的人民幣支票，用於在廣東省內的消費性支出。

離岸人民幣債券業務是繼香港離岸人民幣個人業務之後，中國政府為促進離岸人民幣在香港發展的重要舉措。2007年1月10日，中國政府同意內地機構在香港發行以人民幣計價的金融債券，中國人民銀行並為此制定了《境內金融機構赴香港特別行政區發行人民幣債券管理暫行辦法》。2007年7月，國家開發銀行在香港發行了首支人民幣債券。在萌芽階段（截至2008年底），共有7只人民幣債券在香港發行，發行金額達220億元人民幣。

隨著離岸人民幣業務的發展，關於離岸人民幣金融基礎建設也同時開展。其中，最為重要的應該屬於香港的人民幣即時支付結算系統（RTGS）。為了支持離岸人民幣業務的發展，2007年7月香港推出了RTGS，它能夠實現人民幣、港幣、美元和歐元的即時結算。RTGS自推出以來，運作順暢。

香港人民幣離岸市場的萌芽階段，主要以離岸人民幣個人業務和境內金融機構發行的離岸人民幣債券業務為發展重心。通過這些業務的發展，2008年12月底，香港的離岸人民幣存款達到560.6億元，離岸人民幣債券規模達到220億元人民幣，但其發債主體單一，都是中國內地銀行機構。在萌芽階段，雖然香

港離岸人民幣業務的發展規模十分有限，發展速度也很緩慢，但是人民幣離岸金融業務在香港已經邁出了重要步伐，它的發展為香港人民幣離岸市場的最終形成提供了基礎性條件。

2.形成階段。

香港人民幣離岸市場是政策推動型離岸金融市場，它的形成與中國政府的政策取向密不可分。在這段期間，為了提升香港的離岸人民幣存量規模，促進香港人民幣離岸金融業務發展的政策相繼出臺，主要包括：

第一，2009年1月20日，人民銀行與香港金融管理局簽署貨幣互換協議，提供最高可達2 000億元人民幣的流動性支持，香港的離岸人民幣供給得到有效保障。

第二，2009年4月8日，國務院決定在上海和廣東省廣州、深圳、珠海、東莞四城市先行開展跨境貿易人民幣結算試點，境外地域範圍暫定為港澳地區和東盟國家，香港的離岸人民幣存款迅速增加。

第三，2010年2月，香港金融管理局頒佈《香港人民幣業務的監管原則及操作安排的詮釋》，規定只要涉及的人民幣不回流內地，香港銀行可自由運用持有的人民幣資金。這為人民幣在香港的自由流通創造了重要條件。

第四，2010年6月22日，人民銀行宣佈跨境貿易人民幣結算試點範圍擴至20個省市，同時不再限制境外地域。這為香港人民幣離岸市場初步形成創造了重要條件。

跨境貿易人民幣結算不僅是人民幣國際化戰略的重要步驟，也是建立香港人民幣離岸市場的重要舉措。但是，離岸人民幣的在港流通、服務種類、持有規模以及投資方式等還受到較大的限制。只有離岸人民幣在港相關限制得到取消以及回流內地的管道得以建立以後，才能初步形成香港人民幣離岸市場。

為此，2010年7月19日，中國人民銀行與中銀香港簽署新修訂的《關於人民幣業務的清算協議》，與香港金融管理局簽署《跨境貿易人民幣結算補充合作備忘錄》（四），並且，2010年8月16日，中國人民銀行發佈《關於境外人民幣清算行等三類機構運用人民幣投資銀行間債券市場試點有關事宜的通

知》。由此，香港人民幣存款可於銀行間往來轉帳，企業兌換人民幣的上限被取消，香港的銀行為金融機構開設人民幣帳戶和提供各類服務不再受到限制。並且，境外央行、港澳人民幣業務清算行、跨境貿易人民幣結算境外參加行等三類機構，在一定的額度內，通過專門開設的帳戶，可以投資銀行間債券市場，離岸人民幣資金回流機制建設正式起步。香港潛在離岸人民幣持有者範圍和可開展金融產品種類的拓寬，以及離岸人民幣回流機制的正式啟動標誌著香港人民幣離岸市場在政策角度上的初步形成。

在政策推動之外，實際業務的進展也很迅速。主要表現在兩個方面。

一是離岸人民幣資金池不斷擴大。流動性是香港人民幣離岸市場形成的基礎。只有香港地區的離岸人民幣數量達到一定的規模，才能建立起人民幣離岸市場。所以，通過跨境貿易人民幣結算的方式，向香港地區輸出人民幣，擴大離岸人民幣資金池成為建立香港人民幣離岸市場的必要條件。

二是離岸人民幣產品體系日益健全。2010年7—8月，由於清算協議的修訂以及離岸人民幣回流機制的構建，香港的離岸人民幣業務快速發展，離岸人民幣產品創新十分迅速。人民幣存款證、結構性存款、人民幣保單、人民幣投資基金、人民幣銀團貸款等離岸人民幣產品在香港應運而生。

在一系列政策推動下，香港離岸人民幣產品市場的發展取得了顯著成果。2011年4月11日，香港首單人民幣IPO招股，匯賢房地產信託投資基金（REIT）每單位售價5.24～5.58元人民幣，總集資額104.8億～111.6億元人民幣。至此，香港的人民幣產品已經覆蓋「定息產品、基金產品、IPO產品」三個方面，香港人民幣離岸市場的產品體系框架基本形成，這標誌著香港人民幣離岸市場在實際業務運行方面也已經形成。

交通銀行香港人民幣債券發行與承銷

　　香港人民幣離岸金融中心的快速發展推動了香港人民幣債券（點心債）市場的蓬勃發展，2013年香港人民幣債券發行額為2010年的3.77倍（見圖5—1）。

　　從期限結構看，90%以上的點心債為5年期以下的中短期債券，特別是2年和3年期債券合計約占70%以上。隨著人民幣匯率、利率形成機制逐漸完善，未來香港中長期點心債的規模和占比將有進一步的提高。從發行人的行業結構分析，金融機構尤其是中資金融機構是點心債的主要發行人，約占總發行金額的一半。其次是主權體（主要是中國國債），占比約20%，2013年房地產企業（中資為主）取代了製造業發行人，成為第三大類發行機構，發行占比約15%。

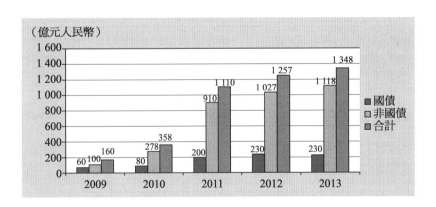

圖5—1　香港人民幣債券發行量

　　交通銀行香港分行抓住人民幣國際化以及香港建設人民幣離岸金融中心的歷史機遇，充分發揮內地分行支持、本地（香港）經驗、專業服

務的三大優勢，以發行及交存代理、承銷商、財務安排行等身份，成功協助國債、政策性金融債、普通金融債、公司債等多筆人民幣債券在香港發行。交通銀行先後擔任晨鳴紙業、大連港和龍源電力等多家內地企業在港發行人民幣債券的牽頭行、簿記行和財務代理行。2012年境內10家金融機構赴港發債，交通銀行作為主承辦行參與了其中7家，發行金額高達155億元人民幣。

交通銀行香港分行先後榮獲該年度香港離岸人民幣中心「人民幣業務傑出大獎」、「傑出批發銀行業務點心債（高評級）類別大獎」，在評級債券發行市場擁有領先地位及良好聲譽，在推動香港離岸人民幣中心建設中發揮了積極的作用。

3.全面建設階段。

嚴格來說，香港人民幣離岸市場的初步形成，並不意味著香港人民幣離岸市場建立過程的完畢，距離最終形成還有較大差距。所以，香港人民幣離岸市場在初步形成後便進入到全面建設階段，該階段將面臨更多的問題以及更大的挑戰。

國家「十二五」規劃明確提出支持香港發展成為離岸人民幣業務中心和資產管理中心，這成為全面建設香港人民幣離岸市場的政策基礎。2011年8月17日，在香港召開的國家「十二五」規劃與兩地經貿金融合作發展論壇上，時任國務院副總理李克強宣佈了積極發展香港離岸人民幣業務的八項措施。此次中央政府對香港發展離岸人民幣業務的大力支持，被視為全面建設香港人民幣離岸市場的開端。

這八項建設香港人民幣離岸市場的政策措施，包括了離岸人民幣回流機制的完善、離岸人民幣債券市場以及離岸人民幣產品市場的建設等，為推動香港人民幣離岸市場走向成熟發揮了重要作用。

2012年2月14日，首支以人民幣計價的交易所買賣基金（ETF）「恒生人民幣黃金ETF」在港交所上市。

2012年9月17日，全球首支美元對人民幣可交收貨幣期貨合約在港交所正式推出。

2012年9月發佈我國《金融業發展和改革「十二五」規劃》，政策層面已明確表示「支持香港發展成為離岸人民幣業務中心和國際資產管理中心，鞏固和提升香港國際金融中心地位」。

2012年10月29日，全球首支境外上市人民幣交易股本證券在港交所登場。

2012年12月28日，中國人民銀行正式批准《前海跨境人民幣貸款管理暫行辦法》。今後在深圳前海「特區」註冊經營的內地企業，可從香港的銀行借入利率更優惠的人民幣貸款。2013年1月28日，首批前海跨境人民幣貸款項目在深圳簽約，15家香港銀行向在前海註冊的15家企業發放貸款，貸款額度約20億元人民幣。首批簽約的15家銀行集中在以下三類：一是五大國有銀行在香港的分支機構及其控股銀行，包括中銀香港、南洋商業銀行、工銀亞洲，農行、建行和交通銀行在香港的分行；二是商業銀行在香港的分支機構及其控股銀行，包括國家開發銀行香港分行、信銀國際、招商銀行香港分行、永隆銀行；三是香港本土的銀行合計4家，包括滙豐香港、渣打香港、恒生銀行、大新銀行。

2012年香港金融管理局實施了多項措施來致力於將香港建設成為最開放、最便利的離岸人民幣業務平臺。一是將人民幣銀行同業支付系統（人民幣RTGS系統）運作時間延長至每日15小時，便利位處歐洲和北美較早營業時段的客戶進行即時人民幣收付。二是牽頭舉辦海外路演活動，積極推廣香港人民幣業務平臺，分別與英國財政部、澳洲財政部和澳洲儲備銀行攜手舉辦合作論壇，推動倫敦和雪梨借助香港發展其離岸人民幣業務。

2013年11月18日，香港金融發展局發表6份研究報告，就加快建設香港離岸人民幣中心、鞏固香港作為全球主要國際金融中心地位等提出建議。香港金融發展局的報告還從三大方面提出21項建議，希望從政策層面減少障礙、拓寬香港人民幣離岸市場的建設路徑，所涉及內容包括：建議香港特區政府向內地提出允許在深圳前海試行QDII3（前海合格境內機構投資者計畫），以500億元人民幣及50億美元額度為試點，准許當地所有金融機構，包括銀行、券商、基

金及保險公司等投資境外，以期提高香港的人民幣流動性；建議同一母行下的分支機構之間可提供跨境人民幣貸款；香港可向內地建議允許境外企業在內地發行人民幣債券及大額存款證，並在獲批的外幣額度中可選擇以人民幣方式匯走資金；建議對於合格境內個人投資者制度，可從政策上鼓勵資金進入香港人民幣計價的現貨及期貨交易，並落實將人民幣合格境外機構投資者（RQFII）額度擴大到所有在香港註冊的金融機構；針對特區政府或本地金融業界，報告建議積極向中央爭取放寬個人每日兌換及匯款限制，並組織金融發展局、金融管理局及金融業界到巴西、印度及俄羅斯等高通脹、高利率的新興市場推介在香港人民幣離岸市場進行協力廠商融資的優勢及具體操作。

全面建設階段是在香港人民幣離岸市場初步形成之後，建立成熟離岸市場的重要步驟和過程。目前，香港的離岸人民幣金融業務已經有了一定的基礎，但與成熟的離岸市場相比還有較大差距，人民幣離岸市場建設的步伐不能停止。

香港人民幣離岸市場的全面建設階段主要以健全離岸人民幣回流管道和發展離岸人民幣投資市場為中心。由於人民幣資本帳戶沒有完全開放，香港人民幣離岸市場的建設方式必然是漸進的。雖然全面建設會使香港人民幣離岸業務有較大的發展，但短期內難以在香港建立起成熟的人民幣離岸市場。成熟的人民幣離岸市場的建立需要克服更多的困難，香港人民幣離岸市場全面建設階段將具有長期性和艱巨性。

全面建設香港人民幣離岸市場不僅需要通過政策推動，還要意識到離岸金融市場發展帶來的各方面影響及其風險防範。在建立成熟的香港人民幣離岸市場過程中，需要從其特殊性出發，從更多的角度綜合全面地去把握，不斷使香港人民幣離岸市場得到完善。

5.1.2 總體評價

1.香港成為跨境貿易人民幣結算主要平臺。

在內地和香港主管部門的積極推動下，跨境貿易人民幣結算在香港的試點

地區持續擴大，服務所覆蓋的市場主體越來越多，業務範圍也越來越廣。

隨著央行與中銀香港簽訂的《關於人民幣業務的清算協議》的落實，兩地不斷推出新的支持政策及市場需求的不斷增加，跨境貿易人民幣結算金額出現跨越式增長，表5—1清晰地反映了2010—2013年人民幣跨境結算業務走勢。

表5—1 2010—2013年跨境貿易人民幣結算額情況

	經香港跨境貿易人民幣結算額（億元）	總跨境貿易人民幣結算額（億元）	香港占比（%）
2010	3 692	5 063.4	72.9
2011	19 149	20 800	92.1
2012	26 325	29 400	89.5
2013	38 410	46 300	83.0

資料來源：中國人民銀行。

隨著香港人民幣跨境結算業務逐漸成熟，越來越多的企業在香港選擇人民幣作為結算貨幣，人民幣結算額度持續增長。隨著出口旺季的到來，只要宏觀環境不出現劇烈變動，結算量還會進一步上升。經過四年的發展，香港人民幣跨境結算業務規模不斷擴張，在內地外貿結算總額中所占比率持續上升，香港已發展成為最主要的跨境貿易人民幣結算平臺。

2.香港人民幣離岸金融中心的基本框架初步成型。

2010年7月，為了給香港人民幣業務創造更好的發展環境，內地與香港簽署了新修訂的《關於人民幣業務的清算協議》，使得香港金融機構開展人民幣業務更加便利，而「十二五」規劃綱要明確提出「支持香港發展成為離岸人民幣業務中心」，更表明香港作為人民幣離岸金融中心必然會加速崛起。隨著境外人民幣回流管道的建立，跨境貿易人民幣結算等一系列工作的實施，香港人民幣離岸中心各方面的建設工作不斷完善，其基本框架已經初步形成。

首先，從人民幣存款業務來看，2009年7月跨境貿易人民幣結算展開試點，自此，香港離岸人民幣存款數額呈現高速穩定的增長態勢。2009年香港

銀行體系的人民幣存款尚不足560億元；到2013年底，香港人民幣存款達到了8 605億元（不包括存款證餘額）。人民幣存款在香港銀行體系存款總額中所占比例約為10%，人民幣已成為香港市場上港元和美元之後第三大貨幣，同時，由於人民幣存款規模的不斷擴張，香港已成為境外最大的離岸人民幣資金池。

其次，受到香港人民幣存款迅速增長的吸引，眾多內地企業及在內地有業務的跨國公司紛紛赴港融資，促進了香港離岸人民幣融資業務的快速發展，香港市場上人民幣債券的發行為企業通過人民幣離岸市場進行融資開闢了一條全新的管道。與此同時，作為內地企業籌集資金的重要平臺，香港於2011年推出全球首支離岸人民幣股票，這表明企業通過香港股市直接籌集人民幣資金的目標已經實現。

3.香港人民幣離岸市場與內地人民幣市場的相互影響程度加深。

從市場規模來看，香港人民幣離岸市場比內地市場小，因此，香港市場上的人民幣價格在很多情況下要參照內地人民幣市場的價格指標，在此基礎上進行定價。

而且，由於我國尚不具備開放資本市場的資質和條件，內地人民幣市場仍然處於被管制狀態，與香港高度開放的金融市場相比，在市場靈敏度和反應速度上存在差距。目前，受國際金融危機的影響，國際市場出現大幅度的波動，在這種環境下，香港人民幣離岸市場的不穩定性加劇，必然會對內地人民幣市場形成衝擊，二者的相互影響越來越明顯。

從市場運行機制看，當國際市場出現波動的時候，資金為規避風險，往往會更傾向於美元等堅挺貨幣，使整個市場形成新興貨幣貶值預期。為避免因匯率動盪導致財富損失，資金持有者會減少對離岸人民幣的需求，進而導致離岸人民幣貶值。而對於內地貨幣市場而言，由於實行了嚴格的管制，外部衝擊所造成的影響遠遠小於離岸市場，內地匯率變動幅度也沒有離岸市場大，這就形成了兩個市場之間的匯率價差。隨著離岸市場的人民幣存量縮小，市場利率上升，人民幣的使用成本被抬高，導致對離岸人民幣債券的投資也會減少。

這一系列的變動使得離岸市場上的人民幣呈現即期貶值趨勢，反向價差進

一步擴大，離岸人民幣存量規模進一步減少。反之，當離岸人民幣走高，貨幣市場形成升值預期時，整個變動趨勢則會相反。隨著兩地清算體系逐步銜接，金融合作日益密切，香港人民幣離岸市場與內地人民幣市場相互影響的業務領域越來越多，兩個市場的相互影響程度隨著人民幣離岸市場的發展不斷加深，這將直接促進內地的金融改革，同時也會對香港人民幣離岸市場的發展產生重要影響。

5.2 其他地區人民幣離岸市場

5.2.1 倫敦人民幣離岸市場

倫敦有兩個金融中心。傳統意義上的金融中心在City，通常被稱為金融城，又稱平方英里（Square Mile，意為這麼小一塊地方），其有英格蘭央行（BOE）、倫敦證券交易所（LSE）、倫敦金屬交易所（LME）、波羅的海航運交易所，還有大大小小500多家金融機構和更多的律師、會計師等專業事務所。這裡不僅是英國及倫敦市的經濟心臟，也是全球領先的金融、商業和經濟中心。此外還有一個新建的金融中心在東邊的Canary Wharf（金絲雀碼頭），主要集中了一些大的跨國投行，如摩根史坦利、JP摩根、花旗、瑞士信貸等。

倫敦人民幣離岸市場發展時間不長，目前重心在金融城裡面。2011年9月，時任王岐山副總理在參加第四次中英財經對話期間，明確表示支援倫敦成為人民幣離岸交易中心。2012年1月，英國財政部長訪問香港與北京，簽署支持倫敦成為人民幣離岸交易中心備忘錄。4月份，倫敦金融城正式發佈建設人民幣離岸中心計畫，同時滙豐銀行在倫敦發行第一支離岸人民幣債券，這也標誌著倫敦人民幣離岸市場正式起航。6月份，倫敦金融城開始發佈相關人民幣市場訊息。

1.市場現狀。

狹義上市場概念僅指金融交易市場，如外匯交易、債券交易、股票交易、

衍生產品交易等。由於境外人民幣市場尚未形成，需要將市場概念拓展到境外人民幣存款、貸款、貿易融資、支付結算等業務範疇，比較全面地考量境外人民幣市場發展初級階段的態勢。

2013年倫敦人民幣存款餘額約145億元（見圖5—2）。其中，銀行間人民幣存款為114億元，較2012年末增加67%，但私人銀行和公司帳戶人民幣存款餘額同比分別下降28%和45%。同比情況下，2013年末香港、臺灣和澳門人民幣存款總額已分別達到8 605億元、1 826億元和858億元。倫敦市場的人民幣「池子」還很小，而且公司和個人存款都是在下降的。「池子」小而且水量還很不穩定。

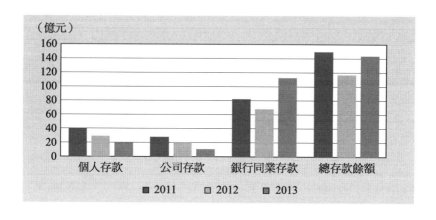

圖5—2　倫敦人民幣市場存款餘額

資料來源：倫敦金融城資訊報告。

從資金運用來看，倫敦市場人民幣主要用於貿易融資等短期信貸，人民幣較長期限貸款不多。2013年上半年倫敦市場人民幣信用證支付增長到33億元，環比增長240%；進口融資的人民幣結算規模增長到203億元，環比增長6%；出口融資的人民幣結算小幅下降3%，但規模仍相對穩定，保持在43億元（見圖5—3）。相比之下，2013年末香港、臺灣、盧森堡的人民幣貸款已分別達到1 156億元、127億元和670億元。

從外匯交易市場看，2013年上半年，倫敦人民幣外匯交易量比2012年全年

增長了32%。其中，可交割產品交易量增幅高達101%，而不可交割產品交易量下降26%，使得二者之間的差額（可交割－不可交割）從2012年的－14億美元反轉為100億美元（見圖5—4）。從交易品種看，外匯交易主要以外匯掉期和外匯即期為主，貨幣對集中在美元/人民幣、歐元/人民幣和英鎊/人民幣上。

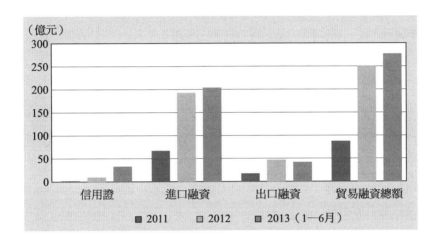

圖5—3　倫敦人民幣市場貿易融資總額

資料來源：倫敦金融城資訊報告。

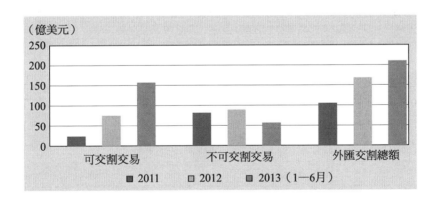

圖5—4　倫敦人民幣市場日均外匯交易量

資料來源：倫敦金融城資訊報告。

從倫敦人民幣債券發行上看，現在債券發行都為全球債券（global bond）形式，即全球都可以銷售（一般美國除外），也在幾個交易所同時上市交易。為明確在某個市場發行，通常用該債券使用哪個市場的清算系統作為標誌。比如，計入香港市場發行的人民幣債券，通常指定使用香港REGS系統進行債券交割清算。2013年境外人民幣債券和存款證的發行額分別為1 618億元和2 480億元，整個離岸人民幣債券餘額達到5 937億元，同比增長55.8%，絕大部分都是在香港發行，但會在全球銷售，包括在倫敦市場。真正計入倫敦市場發行的債券不多。比較大的有2011年滙豐發行的第一張離岸人民幣債券；2013年工商銀行在倫敦發行了20億元人民幣債券；2014年1月9日中國銀行在倫敦發行的價值25億元人民幣債券，刷新了倫敦市場人民幣債券單筆發行紀錄。截至目前，在倫敦證券交易所上市交易的人民幣債券共16只，未償餘額約為150億元人民幣。這與整個離岸人民幣債券餘額相比，占比非常小。

2.發展前景分析。

倫敦人民幣離岸市場從2011年開始啟動發力。從存量上看，在存款、貿易融資、外匯交易等領域都有很大增長。但從增長分析來看，負債方面，人民幣存款占當地存款市場份額很小，從2013年12月英格蘭銀行季報看，平均份額僅為0.6%。而且市場在存款方面增長乏力，公司和個人存款都出現負增長。倫敦市場人民幣資金量「池子」很小，目前主要依靠同業存款資金量支援。資產運用方面，儘管2012年貿易融資量出現很大增長，但受制於負債端，可以預計未來增長空間有限，主要依靠同業存款進行錯配支援。如果受到降槓桿的影響，增長空間會進一步壓縮。這也解釋了較長期限人民幣貸款不易增長的原因。

與傳統商業銀行業務對應，外匯和債券交易是倫敦市場最大的特色之一，因為倫敦市場是世界上最大的外匯交易市場。倫敦市場人民幣外匯交易增長較快，但市場份額依然非常低。從2013年12月英格蘭銀行季報看，2012年人民幣債券發行市場份額僅占0.83%，日均外匯交易量占0.59%（見表5—2）。

表5—2　2012年英國發生的外幣金融活動及人民幣占比

	所有外匯（10億英鎊）	人民幣（10億英鎊）	人民幣占比（％）
債券發行	149.5	1.2	0.83
日均外匯交易量	2 536.8	15.1	0.59
銀行間存款	1 057.9	0.7	0.06
非銀行存款	1 414.1	0.5	0.04

資料來源：英格蘭銀行。

　　為什麼倫敦市場的存款量增長乏力？主要原因在於政府推動行為與市場激勵的錯配，或者說，對於政府推動，倫敦市場並沒有特別積極「買帳」。同時，英國政府推動更重於經貿往來，提振本國經濟活力。比如，2013年中英央行簽署2 000億元人民幣/200億英鎊的雙邊貨幣互換協議，以提供流動性支援。英國央行應不會輕易動用該筆互換資金，使其進入本國貨幣系統，創造出人民幣存款。所以目前倫敦市場上存款資金「池子」主要依靠公司經貿、個人儲蓄等傳統方式進行積累，增長乏力也在情理之中。

| 專欄5—2 |

倫敦人民幣市場的「魚餌難題」及其制度解釋

　　參考國際經驗，美元、德國馬克、日圓等貨幣的國際化經驗都與本國政府推動密切相關。研究這些國際經驗，並分析過去幾年中國政府政策推動的效果，對於未來人民幣國際化具有重要的參考意義。為了便於理解，需要構建一個簡單清楚的分析邏輯，再具體運用到倫敦人民幣市場發展研究上。

　　1.概念界定。

池子：即資金池。借鑒央行的概念，人民幣國際化進程中，境內人民幣是最大的池子。現在中國央行想把這個池子中的人民幣擠到境外去，再建一個境外人民幣資金池。目前香港、新加坡、倫敦、法蘭克福等地都要建立人民幣離岸中心，也就是要建立各地離岸人民幣小池子。從理論上講，人民幣國際化完成後，這些小池子應自動統一為一個離岸人民幣大池子。不妨以香港和倫敦為例，分別定義兩個離岸人民幣資金池：香港池和倫敦池。

魚：即市場參與者。一般可按公司、個人和機構等進行分類。在機構類型下，集中分析銀行機構行為，可以繼續細分為本地銀行、外資銀行和中資銀行。突出中資銀行是因為在人民幣業務中中資銀行作用較為突出。

餌：即政府推動措施。主要包括清算方式、經貿便利、資本放開等鼓勵措施。目前這些措施主要由中國人民銀行牽頭擬定，與國外政府磋商後確定實施。可以認為在魚餌方面要研究中國央行在人民幣國際化過程中的政策推動措施效果，即是要研究央行在推動人民幣國際化中針對不同池子所投放魚餌的作用大小。

2.池與魚、魚與餌的關係。

香港人民幣市場是央行在2009年開始啟動建立的，將境內人民幣池中的一部分水引入了香港的貨幣池。由於港幣池很小，很快人民幣就在當地貨幣池中占了重要地位。由於香港市場參與者大多與境內市場相聯繫，對人民幣較為歡迎和熟悉，所以也不存在香港人民幣池中魚不適應水的情況。如魚得水，香港人民幣市場就這樣迅速壯大起來。當然央行投放餌料也很對路，將境外和境內兩個池子的對接點主要就設在香港，使得香港自然成為境外人民幣的儲蓄池了。

倫敦人民幣市場起步稍晚。目前只能將香港人民幣池中一部分分流到倫敦市場，還沒有直接建立與境內人民幣池的對接。這部分主要指公司和個人存款，倫敦市場同業存款其實還在香港人民幣池中，放在由倫

敦機構開立在香港的帳戶上。再說倫敦市場的參與者。它們熟悉的是美元、歐元、英鎊等資金池，不了解人民幣資金池，只有中資機構才能適應和推動人民幣資金池。這也解釋了倫敦市場上存款、貿易融資等業務大部分都是由中資機構經營的現象。目前央行在倫敦市場投放餌料不多，還大多是討論、建議和口頭支持。比較有實際意義的是2013年給予了倫敦市場RQFII額度800億元人民幣。但囿於參與者不熟悉人民幣業務，據了解，參與申請額度的機構寥寥無幾，遠遠沒有香港市場對於RQFII額度的熱衷之情。

簡單而言，池中有水，好養魚；池中無水，能借池養魚——這是池與魚的關係。有魚無餌，有餌無魚，魚餌不適——這是魚與餌的問題。

倫敦人民幣市場池中無水，短期內很難快速增長。最近10年，中英經貿占整個中國對外經貿的比例都是徘徊在很低水準（見圖5—5）。比如進出口、FDI等比例基本維持在2%以下。ODI最近增長很快，但也是在5%以下。所以，倫敦人民幣市場目前多依靠香港人民幣市場，借池養魚，逐步做大資金池。

從魚與餌的分析來看，由於在倫敦市場的中資機構影響力較小，不是市場中的主要力量，所以境內和倫敦市場的魚可以看作兩個不同的群體。央行目前推動人民幣國際化的餌料主要集中在實體經貿往來。對境內企業來說，人民幣國際化可降低匯率風險。但是對於倫敦市場的參與者而言，反而增加了人民幣匯率管理的負擔。基於目前的中英國際收支情況，中國人民銀行需要繼續推動和保持良好的進出口、直接投資等實體層面的兩國經貿往來。但是在倫敦市場上，市場參與者所關心的卻是離岸市場建設以及中國資本帳戶開放等問題。

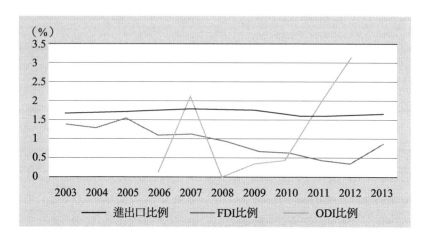

圖5—5 中英經貿占中國對外經貿的比例

資料來源：根據相關資料計算。

　　因此，央行投放在倫敦市場的餌料就會陷入「有餌無魚」的尷尬境地。沒有魚對這種餌料感興趣，自然就不會有金融機構積極參與到離岸人民幣市場中來。目前比較積極的銀行，如滙豐、渣打等，都是以香港作為主要資金池參與市場，仍然延續的是「借池養魚」的邏輯。如果央行想投放一些倫敦市場感興趣的餌料，那麼就會對境內參與者產生負面影響，基本不在央行容許的餌料範圍之內，於是也就造成了「有魚無餌」。「魚餌難題」是當前倫敦人民幣離岸市場發展的最大障礙。

　　李嘉圖的稟賦論解釋了國際分工的必要性。在實體經濟層面的國際貿易中，不同國家依靠各自的稟賦優勢，在國際分工中依靠集體完成商品再生產的整個過程。但是在貨幣國際化問題上，貨幣之間只有相互取代關係。人民幣國際化過程就是用人民幣部分地取代其他主流貨幣，如美元、歐元、英鎊等貨幣作為支付手段、交易媒介和儲值手段。就具體交易的貨幣選擇而言，新興國際貨幣與傳統國際貨幣並無共存之可能。所以，一國央行因本國貨幣國際化進程所推出的政策措施，即「餌料」，必然只能是對本國貨幣有利而對他國貨幣有負面影響。這就是

「魚餌難題」。

　　兩個市場之間的經貿關係越不密切，這種「魚餌難題」就表現得越嚴重。或者說，國際分工的稟賦論對應於一國貨幣國際化過程中的「魚餌難題」。對於香港市場，人民幣國際化促進了香港與內地的經貿關係，支持了香港經濟的進一步增長。與此對應的是港幣在當地市場的影響日趨式微，人民幣逐漸成為主流貨幣。而在倫敦市場上，中英經貿關係不甚緊密，使得人民幣國際化僅僅停留在貨幣層面。英國政府不可能通過降低英鎊的市場地位來換取中英經貿關係的加強。參考美元、日圓等貨幣的國際化經驗則不難發現，解決「魚餌難題」的通常做法是擴大資本輸出。隨著資本帳戶逐步開放，即有可能以利益槓桿來撬動倫敦市場參與者對人民幣交易的興趣和接納程度。

5.2.2 非洲人民幣離岸市場

　　1.跨境貿易人民幣結算規模持續增長。

　　自2009年以來，中國一直保持非洲最大貿易夥伴地位，持續增長的中非貿易額正帶動人民幣跨境貿易結算業務在非洲發展壯大。中非貿易額從2000年的100億美元左右發展到2012年的近2 000億美元（見圖5—6）。

　　中國在非洲的貿易總額占比從2000年的3.8%增加到2012年的18.1%。中國對非洲的各類投資累計超過400億美元，其中直接投資252億美元。2007—2012年中國對非洲直接投資淨額見圖5—7。在非落戶中國企業超過2 000家，涉及農業、電信、能源、加工製造等諸多領域。根據渣打銀行的報告，2012年中非人民幣跨境貿易結算額為57億美元。截至2013年1月，中非貿易中採用人民幣結算的非洲國家已達18個，而2010年僅為5個。

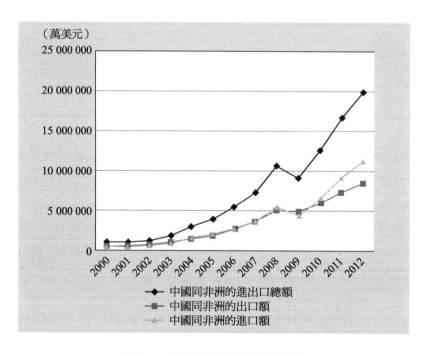

圖5—6　中國同非洲進出口貿易額

資料來源：國家統計局。

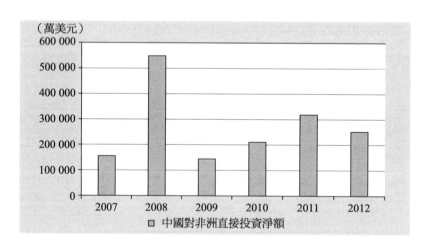

圖5—7　中國對非洲直接投資淨額

資料來源：國家統計局。

到2015年，中非貿易往來的金額將預計達到1 000億美元的水準，其中40%將實現人民幣直接結算，至少100億美元的對非投資也將用人民幣結算。屆時，人民幣有望取代美元成為中非貿易的主要結算貨幣。

中國銀行、南非標準銀行、渣打銀行均在非洲推人民幣貿易結算業務。

2010年1月中國銀行率先在南非成功辦理了非洲地區首筆跨境貿易人民幣業務，進行了非洲地區首筆對華人民幣貿易融資貸款業務，邁出了非洲地區人民幣區域化的第一步。該行人民幣清算業務已覆蓋南非、奈及利亞、模里西斯、烏干達、肯亞、坦尚尼亞、剛果（金）、迦納、波札那、納米比亞、赤道幾內亞、辛巴威、衣索比亞等非洲主要國家的20多家主流銀行，成為非洲人民幣清算的主管道。僅2011年上半年，經南非標準銀行進行的人民幣貿易結算額已經超過5億元。渣打銀行在非洲已有150多年的歷史，營業網點分佈在非洲的40多個國家，在40多個國家都可以開設人民幣帳戶以及收取、發放人民幣的信用證，其通過供應鏈融資，巧妙地解決了中國在非企業融資難的問題。

對於中國的非洲貿易夥伴來說，用人民幣結算不僅可以規避中非雙方交易期間匯率波動的風險，同時可以分享人民幣升值帶來的收益。而對中國出口商來說，使用人民幣結算有利於規避美元匯率波動帶來的風險，減少匯兌損失，而且使用人民幣結算不存在核銷環節，資金不進入待核查帳戶，有利於出口企業提高資金的使用效率，這同時為企業的跨境投融資提供了成本更低、更便利的管道選擇。

然而，人民幣跨境貿易結算在非洲的使用範圍有限。一方面，當前非洲的絕大部分國家還處於與中國貿易逆差的狀態，非洲銀行業使用人民幣的意願並不很強烈，非洲80%的銀行都在使用美元進行貿易結算。另一方面，人民幣絕大部分是在中國與非洲國家的單一貿易時使用，在非洲國家之間的經濟共同體內並不能完全流動起來，這進一步抑制了非洲國家使用人民幣進行貿易結算的意願。

2.人民幣現鈔業務需求與日俱增。

在人民幣結算和清算業務的帶動下，非洲部分中資銀行開始辦理人民幣現

鈔業務。中國銀行約堡分行於2013年4月將500萬元人民幣現金運抵模里西斯國家銀行，使該行成為模里西斯第一家擁有人民幣現鈔服務的金融機構。2011年8月中國銀行在尚比亞首都路沙卡正式推出人民幣現鈔業務，成為首家在非洲推出現鈔業務的商業銀行。中國銀行約堡分行在尚比亞累計買賣人民幣現鈔超過1 600萬元。目前，中國銀行約堡分行已開始為南非金融市場提供人民幣現鈔批發業務，可以看出非洲大陸官方和民間對人民幣的需求與日俱增。

3.人民幣成為非洲國家外匯儲備貨幣的新選擇。

依託穩定的幣值和中國良好的經濟發展前景，人民幣越來越成為非洲地區國家多元化儲備、分散風險的新選擇，其中南非、奈及利亞、安哥拉、坦尚尼亞和肯亞等國中央銀行已將人民幣納入外匯儲備。

自2012年8月起，奈及利亞和坦尚尼亞將人民幣納入儲備貨幣行列，並通過國家開發銀行購買了價值5億美元的3年期人民幣國債，標誌著人民幣在非洲國際儲備貨幣地位的崛起。目前，坦尚尼亞的外匯儲備約有38億美元，奈及利亞的外匯儲備約為364億美元，並已經成為非洲重量級的中國國債買家。2013年3月，南非央行與中國人民銀行簽署協議，確定投資中國銀行間債券市場，額度為90億元人民幣。奈及利亞央行2014年2月宣佈將人民幣儲備份額由2%提升至7%，增持約130億元人民幣。未來會有更多的非洲國家實行外匯儲備多元化戰略，將人民幣作為外匯儲備貨幣之一。

5.3　人民幣離岸市場進一步發展的機遇

從國際經驗看，人民幣離岸市場建設需要幾個基本條件。首先就是中國政治保持穩定，經濟實力繼續增強，從而人民幣幣值能保持較高的穩定性；其次就是人民幣要有暢通的流動機制，包括人民幣回流機制與價格形成機制。當前中國已經成為世界第二大經濟體，且政治保持穩定，已經為人民幣國際化奠定了經濟基礎。推動人民幣國際化的重點工作既要通過一系列制度安排，使人民

幣能夠通過多種途徑順利地流出與回流，同時還要有穩定的、國際主體能夠理解並接受的匯率形成機制。離岸市場的發展也面臨著重要機遇。

5.3.1 穩定的政治局面和持續的經濟發展

中國穩定的政局和高速發展的經濟對於資本有著天然的吸引力。我國國內的政治局勢一直非常穩定，國際地位也得到了很大的提高。尤其是在近年來經歷了西方金融危機考驗之後，中國宏觀經濟基本面依然比較健康，並成功地將通貨膨脹控制在基本可接受的範圍內。這些都極大地增強了世界投資者對人民幣的信心，為離岸金融中心的發展提供了堅實的基礎。

在全球經濟一體化的背景下，中國經濟加速與國際經濟融合，並正在步入「引進來」和「走出去」並舉的相互促進的對外開放新階段。作為經濟全球化和金融自由化重要產物的離岸業務顯然要在這一進程中發揮更為重要的作用。對外開放以來，中國利用外資金額與年俱增。2013年，我國從2月份起連續11個月單月吸收外資保持正增長，呈現穩定的發展態勢。全年實際使用外資金額1 175.86億美元，同比增長5.25%。從目前的情況來看，中國仍然是一個資本稀缺的國家，吸收外資仍是相當長一段時間內中國的一項重要政策。

隨著中國經濟影響力的與日俱增，總部經濟也得到了長足的發展。越來越多的跨國公司把大中華區甚至亞太區的管理總部（包括財務中心、研發中心、投資中心等）搬遷到中國，目前世界500強跨國公司基本在國內都設有地區總部。由於跨國公司地區總部通常統一管理區域內境內外公司的資金，因此在目前境內存在外匯管制的情況下就存在著通過離岸業務的形式來集中管理境內外外匯資金的需要。

隨著跨國公司地區總部資金管理職能的不斷深化，相應的跨境集團帳戶、現金管理、投融資、避險保值等離岸金融需求將進一步發展。以中國內地為實際投資目的地的離岸金融資源屬於能夠而且應該被我國利用的重要國際戰略資源。開放境內金融機構開辦跨境金融業務，在形式上是居民開辦非居民業務，實質上是一國如何利用非居民資源的問題。被吸引到中國的境外資金和為國內

所有但通過各種方式游離於國外的資金，沒有理由不納入我國金融機構服務範圍，否則是對稀缺資源的浪費。我們應該允許更多的境內金融機構特別是中資機構開辦離岸業務，鼓勵離岸金融創新，利用這些國際金融資源為我國經濟增長服務。

同時，中國海外投資的步伐逐漸加快，預計在未來數十年內中國將成為資本輸出大國。近年來中國政府加快了以海外投資為核心內容的「走出去」經濟戰略的實施步伐，大力推動中國企業進行海外投資，國內中資企業集團在全球經濟一體化的趨勢下，走出國門、走向海外發展的需求日益增長。從中國對外投資的流向看，海外投資對象國逐步增多，投資企業分佈全球150多個國家和地區。從投資行業看，涉足領域不斷擴大。從過去較少的行業發展到涵蓋製造業、交通運輸業、商業服務業、採礦業等。另外，中國企業對外直接投資也由投資開工廠方式向跨國併購方式擴展，無疑為中國建設和發展離岸金融中心提供了契機。

另一方面，中國經濟快速發展，進一步加強國際經濟商貿合作，自貿區建設發展迅速，為人民幣國際化及人民幣離岸市場建設提供了重要發展機遇。自貿區從無到有、從少到多、從周邊國家到全球多點分佈，目前正與五大洲的31個國家和地區建設18個自貿區，其中，已簽署自貿協議12個，涉及20個國家和地區，分別是中國與東盟、新加坡、巴基斯坦、紐西蘭、智利、祕魯、哥斯大黎加、冰島和瑞士的自貿協議，內地與香港、澳門的更緊密經貿關係安排（CEPA），以及大陸與臺灣的海峽兩岸經濟合作框架協議（ECFA）[1]；正在談判的自貿協議6個，涉及22個國家，分別是中國與韓國、海灣合作委員會（GCC）、澳洲和挪威的自貿談判，以及中日韓自貿區和區域全面經濟合作夥伴關係（RCEP）協議談判。自貿區建設從金融市場上提供了人民幣國際化的新動力，將人民幣國際化推向新的高度，也為人民幣離岸市場打造了新平臺和新管道。

1　除了與冰島和瑞士的自貿協議還未生效外，其餘均已實施。

5.3.2 深層次金融改革和金融創新

1.中國金融改革為離岸市場發展提供了基礎和保障。

隨著金融全球化的深入和中國融入經濟全球化進程的加快，中國在世界經濟中的地位越來越重要，中國金融改革亦面臨著全球貨幣過多、中國經濟長期看好、世界游資積極影響中國、中國貨幣調控難度進一步加大的局面。在這種情況下，中國任何一項重要金融改革措施的出臺都要考量內外部的影響，而加快離岸金融中心的發展可以為國內很多項重要的基礎性金融改革提供重要參考和探索。

人民幣離岸金融中心的建立會推動國內金融產品價格的市場化。利率市場化是我國金融改革的必然方向，雖然我國市場經濟體制已初步形成，但由於我國的利率管制已久，缺乏一個在市場化基礎上形成的利率指標。且由於我國金融體系還相對較脆弱，為了避免利率市場化後給國有商業銀行和其他金融機構帶來的風險，目前還不能完全放開對利率的管制。同時由於現行的官方利率不能準確地反映資金借貸成本，不能為國民經濟的發展提供一個準確合理的利率參考指標，迫切需要一個有一定準確依據的人民幣利率指標來為國內的利率提供參考。人民幣離岸金融中心的發展，會形成一個完全市場化的人民幣利率指標，如同倫敦的LIBOR利率，這對推進利率市場化改革有重要的參考價值。

另外，富有深度和彈性的離岸金融中心的發展對於中國疏導當前的外匯流入過多的問題亦具有較為重大的作用。中國鼓勵國內眾多優質大型企業到海外上市，而這些公司的海外籌資必然有一個資金回流的過程。目前，海外風險投資資金和產業投資資金大量流入國內，中國已經成為這些風險投資資金的熱土和焦點，這對我國的金融體系造成了非常嚴重的威脅，我們可以利用人民幣離岸金融中心的特殊政策優勢和地理位置優勢，以人民幣離岸金融業務的開展在一定程度上控制這種金融風險。

2.人民幣離岸市場產品和管道多元化。

在深化金融改革和金融創新大趨勢下，人民幣流出回流框架逐漸完善，各

離岸市場建設總體平穩，人民幣離岸市場產品和管道多元化，離岸市場間的相關度加強。這也為人民幣離岸市場進一步發展提供了重要基礎。

一是離岸市場向更多國家、更多地區拓展。香港人民幣離岸市場的建設，是人民幣離岸市場的試水，隨著在該市場逐步積累經驗，可以在更多區域開始離岸市場的建設，且通過離岸市場的相互競爭，促進人民幣影響力的擴大。

二是離岸人民幣產品更加多元化。目前，離岸人民幣產品的多樣性和風險回報率仍然受到較嚴格的管制，產品相對比較簡單，風險較小。隨著離岸市場的逐漸成熟，離岸人民幣產品將更加多元化。

三是離岸市場與在岸市場的關聯度將進一步加強，最終走向統一。深圳在前海試點跨境雙向貸款業務，上海自貿區也力圖在人民幣資本項下擴大兌換自由度，這些都將有效促進人民幣離岸市場與在岸市場的關聯。

3.主要中資金融機構競爭力提高。

近年來，隨著我國經濟走勢持續向上，我國金融機構的總體實力也得到了不斷的增強，這一點從世界大銀行的市值排名中有四家中國商業銀行進入前十名即可看出。這裡，以中國銀行、中國工商銀行、中國建設銀行和中國農業銀行四大國有股份制商業銀行以及交通銀行、招商銀行、浦發銀行和平安銀行四大擁有人民幣離岸業務全牌照的商業銀行為例，來分析目前中資金融機構的國際競爭力。

從基本情況來看，截至2012年底，八大商業銀行的總市值均達到800億元人民幣以上。交通銀行作為總市值最大的商業銀行，總市值更是達到1 450.92億元，並且自2009年起就基本穩定在這一數值，從未出現過大幅度的波動。從圖5—8中可以看出，此八家銀行的營業收入自2009年起都呈現出明顯的上升趨勢，其中，工商銀行、建設銀行、農業銀行和中國銀行四家國有股份制商業銀行的表現尤其明顯。此外，伴隨著營業收入的上升，各家商業銀行的淨利潤也不斷擴大，根據2012年年報，相比於2011年，這八家商業銀行的淨利潤增長率均高達20%左右，其中，平安銀行的淨利潤增長率最高，達到33.03%之多。

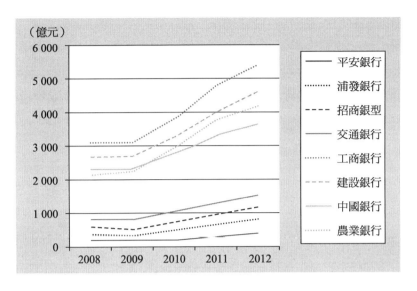

圖5—8　八大商業銀行營業收入

資料來源：Wind資訊。

　　盈利能力增強的同時，八大商業銀行也並未忽視對自身風險的控制。由圖5—9可以看出，自2009年開始，八家商業銀行的資本充足率便呈現出比較平穩的上升趨勢，並有趨同的傾向。

　　具體到核心資本充足率方面，從各家銀行的2012年年報可以看出，相比2011年，除招商銀行小幅下降了0.23個百分點外，其他各家銀行均實現了核心資本充足率的增長，交通銀行更是上升了21.25%之多，其資本充足率和核心資本充足率分別達到14.07%和11.24%，在銀行同業中保持領先水準，為保障其業務穩健發展及更好地推廣離岸業務奠定了重要的基礎。

　　從境外發展來看，八家銀行的境外機構規模不斷擴大。在香港、新加坡、法蘭克福、約翰尼斯堡、東京、首爾、紐約、雪梨等各大城市不斷設立新的分支機構、推出新的業務或實現牌照升級。境外機構總資產也在近年持續高速增長，各家商業銀行的經營能力不斷增強，境內外聯動水準不斷提高，市場競爭力也在穩步提升。以海外機構發展最為龐大的中國銀行來說，截至2012年末，其海外機構已覆蓋香港、澳門、臺灣以及36個國家。對於境外業務的發展情

況，以目前相對最成熟的跨境人民幣結算業務來看，2013年上半年，建設銀行、農業銀行、交通銀行、浦發銀行、招商銀行和平安銀行的跨境人民幣結算量分別為3 951.22億元、2 923.36億元、3 546.32億元、881億元、1 248.03億元和556億元，相比於上年同期的增長率分別為43%、74%、77%、90%、67%和330%，而中國銀行和工商銀行的人民幣結算量更是超過1萬億元。

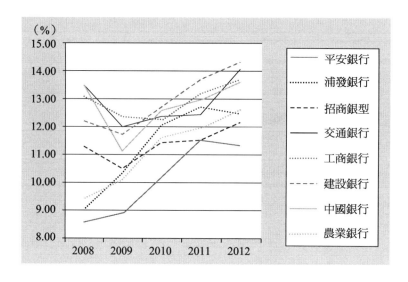

圖5—9　八大商業銀行資本充足率

資料來源：Wind資訊。

　　從我國銀行所處的大環境來看，在宏觀經濟方面，中國作為世界第一出口大國、世界第二大經濟體，已經是世界上124個國家和地區最大的貿易夥伴，並保持著經濟的持續增長。此時，國內的企業希望「走出去」，國外的企業和資本也希望「走進來」，為我國商業銀行的業務發展尤其是海外業務與離岸業務的發展打開了廣闊的市場；此外，在政策與制度方面，我國正在穩步推進人民幣的國際化進程，經濟金融的開放程度也在不斷加深，這也為我國金融機構的海外競爭提供了寶貴的機會。

　　總的來說，綜合中資商業銀行基本情況、其境外發展情況和我國經濟政策大環境來看，我國金融機構的國際競爭力呈現出不斷增強的趨勢，這也對我國

人民幣離岸業務的發展、人民幣國際化進程的推動起到了不可忽視的作用。

5.3.3　人民幣流出途徑與回流機制逐步形成

我國實行以市場供求為基礎、參考一籃子貨幣進行調節、有管理的浮動匯率制度。目前，中國人民銀行授權中國外匯交易中心於每個交易日公佈人民幣對美元、歐元、日圓、港元、英鎊、澳元、加拿大元、林吉特、俄羅斯盧布的銀行間外匯市場人民幣匯率中間價。其中，人民幣對美元匯率的浮動區間逐漸擴大，匯率市場化程度逐漸提升。

為了推進人民幣國際化，中國逐步推進了離岸市場的建立和發展。2011年8月，中央政府表示支持香港發展成為離岸人民幣業務中心，積極支持香港人民幣市場發展，拓展香港與內地人民幣資金循環流通管道，支持香港離岸人民幣金融產品創新發展。由此，香港成為第一個人民幣離岸市場所在地。

除了香港之外，多個地區均在爭取成為人民幣離岸市場。作為全球老牌的離岸市場，倫敦正在積極參與人民幣離岸市場的建立：2012年4月18日，滙豐銀行在倫敦發行了第一支人民幣債券，主要針對英國及歐洲大陸國家的投資者，總規模為20億元，並舉行了倫敦人民幣業務中心建設計畫啟動儀式；2012年1月和4月，英國政府分別和香港金融管理局、倫敦金融城成立了工作小組，旨在將倫敦打造成為重要的人民幣離岸金融中心。同時，歐洲法蘭克福也在積極推進成為人民幣離岸中心。在亞洲，新加坡也表現出十分積極的態度：新加坡政府表示，支援人民幣離岸業務發展；中國人民銀行宣佈新加坡將成為中國以外首個擁有人民幣清算行的區域金融中心，並指定中國工商銀行新加坡分行為人民幣清算行。從人民幣離岸市場的發展過程來看，目前已經形成較為全面的人民幣流出、回流機制。

在流出的途徑上，主要有以下幾大類：一是貿易出境，即邊境貿易的進口以人民幣支付。雖然隨著中國經濟實力的日益增強，人民幣的接受程度也逐漸提高，但是當前與發達國家在貿易往來中推行人民幣結算難度相對較大，而與東亞及資源類國家和地區在貿易中推行人民幣計價結算的可行性較大。二是投

資出境，主要是以政府項目為基礎的境外投資和私營企業在境外的直接投資，均帶動人民幣資本流出。三是貨幣互換途徑。2008年以來中國與韓國、馬來西亞、白俄羅斯、印尼、阿根廷、新加坡、紐西蘭、烏茲別克、蒙古、哈薩克、俄羅斯、泰國、巴西、阿聯酋、土耳其、澳洲、烏克蘭、巴西等多個國家簽訂了貨幣互換協議。四是購買特別提款權。2009年，中國簽署了從IMF購買價值約500億美元IMF債券的協議。儘管支付對價的計量單位為美元，但支付貨幣為人民幣。

在回流途徑上，主要有以下幾類：一是貿易入境，即邊境貿易支付流回境內。二是銀行信用管道入境，主要包括境外居民直接在我國口岸金融機構存入人民幣和外方銀行將吸收的人民幣存款轉存至我國境內銀行。三是投資入境，即境外居民到境內購買資產、直接投資等。2011年12月16日，證監會、人民銀行、外匯管理局聯合發佈《基金管理公司、證券公司人民幣合格境外機構投資者境內證券投資試點辦法》，允許符合條件的基金公司、證券公司香港子公司作為試點機構開展RQFII，隨後2012年和2013年，均批准了一定額度的RQFII。RQFII是境外人民幣通過投資入境的重要途徑之一。

5.3.4 世界主要金融中心普遍持歡迎態度

隨著中國經濟的快速增長，全球主要國家和地區爭奪人民幣離岸市場的競爭也越來越激烈。繼2011年9月香港宣佈建立第一個人民幣離岸中心之後，倫敦和新加坡的人民幣離岸中心也先後建立，此後包括法蘭克福、巴黎、東京、臺灣等也紛紛表示要建立人民幣離岸金融中心。

早在2009年7月跨境貿易人民幣結算試點正式啟動之時，新加坡就已積極參與到人民幣離岸市場的發展中，成為了首批完成跨境貿易人民幣結算的國家。2011年1月開始，滙豐銀行（新加坡）、大華銀行、華僑銀行、星展銀行等新加坡銀行陸續開始接受人民幣存款，提供人民幣理財產品，這標誌著新加坡人民幣離岸中心正式形成。新加坡的人民幣公司業務主要集中於跨境貿易結算、信用證貼現等跨境貿易相關領域，個人業務主要為人民幣存、匯款業務。

2013年5月，新加坡離岸市場的人民幣清算服務正式開展，工商銀行成為中國央行首次在中國以外的國家選定的人民幣清算行，而滙豐、渣打也率先在當地推出了首批人民幣計價債券。這些舉措不僅拓展了人民幣國際融資管道，還推動了離岸人民幣業務的發展。據新加坡金融管理局稱，新加坡是香港地區以外全球最大的人民幣信用證發行管道，占據全球人民幣貿易信用證總量的逾20%；以環球同業銀行金融電信協會統計的人民幣支付金額計算，新加坡屬三大人民幣離岸市場之一。

如此迅速的離岸人民幣業務發展勢頭，為市場帶來了無限的商機。伴隨著中國政府的政策推動和中國經濟的持續向好，2013年內，盧森堡、法蘭克福、東京、巴黎等也先後表示希望成為人民幣離岸金融中心。作為全球第八大金融投資中心，世界第二、歐洲最大的基金管理中心，歐洲最重要的金融中心之一的盧森堡，目前正在與中國商談允許兩國投資基金相互認可。盧森堡財長Pierre Gramegna表示，預計2014年內將帶領一個代表團訪問中國，討論離岸人民幣事務。此外，早在2013年7月，德國法蘭克福就召開過人民幣國際化問題研討會，表示了其希望成為人民幣離岸中心，並以此加強德中經濟交流與合作的意願。同年11月，在首次中法高級別經濟財金對話結束後的記者會上，人民幣存款總額位居全歐盟之首的法國巴黎，也表達了其發展離岸人民幣業務的已有成果和意願。

5.4　人民幣離岸金融中心選址研究

由歷史經驗可知，離岸金融市場的出現既有自發形成的市場選擇模式，也存在著自上而下的政府推動模式。與4.5節的分析邏輯不同，本節立足當前，從中國立場出發，運用層次分析法，嘗試探討在全球範圍內建立人民幣離岸金融中心的選址問題。

層次分析法

　　層次分析法是對針對某一具體問題的各種備選方案進行選擇的一種運籌學方法。它將決策問題分解成目標、準則和備選方案等不同的層次，並在此基礎上通過各種定性和定量分析做出決策。具體步驟如下：

　　（1）建立層次結構模型。運用層次分析法進行系統分析，首先要把複雜問題分解為不同的組成元素，把這些元素按屬性不同分成若干組，以形成不同層次。然後同一層次的元素作為準則對下一層次的某些元素起支配作用，同時它又受上一層次元素的支配。這種從上至下的支配關係形成了一個遞階層次。處於最上面的層次通常只有一個元素，一般是分析問題的預定目標，或理想結果，一般稱為目標層。往下依次是準則層、方案層，層數多少視問題的複雜程度而定。在層次較多的情況下，準則層和方案層之間可以有子準則層。子準則層反映準則層中各準則下的細則，因而受準則層元素的支配，同時做出決策細則，子準則層的元素又對方案層的元素（各種備選方法）產生支配作用。各種準則主要是用於對方案層中的各種方案的排序，以供決策參考。這些準則可以是定性的，也可以是定量的。層次結構模型的各個層次構成一顆決策樹。圖5—10給出了一個三層模型的例子。

　　（2）確定同一層次各準則的相對重要性或同一準則下不同備選方案的相對排序。這主要是通過構造判定（成對比較）矩陣來實現的。具體而言，判定矩陣中的每一個元素（數位）代表的是兩個不同準則的相對重要性。常用的方法是把兩個元素的相對重要性分為九級，如表5—3所示。

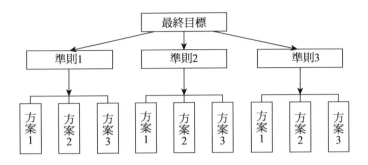

圖5—10 層次結構模型的決策樹示例

表5—3 層次分析法判定矩陣的標度

數字標度	定義
1	i 因素與 j 因素相同重要
3	i 因素與 j 因素相比略重要
5	i 因素與 j 因素相比比較重要
7	i 因素與 j 因素相比非常重要
9	i 因素與 j 因素相比絕對重要
2，4，6，8	以上兩判斷之間的中間狀態對應的標度值

　　因為 i 因素與 j 因素的相對重要性是對稱的，所以如果X表示 i 因素相對 j 因素的重要性，則$1/X$ 表示 j 因素相對 i 因素的重要性。在確定判定矩陣後，經過一系列的矩陣運算和一致性檢驗可以得到同一層次各準則的相對重要性或同一準則下不同備選方案的相對排序。這些排序反映在前面的矩陣運算得到的特徵向量中。特徵向量中較大數值對應的準則或者方案相對更加重要。

　　（3）沿著事先確定的決策樹將同一樹枝上的準則和方案對應的特徵向量中的數值乘起來，可以得到每個方案在某一基本準則（目標層下的準則層中的準則）下的權重得分，把每一個準則下的權重得分加起來，可以得到每一個方案的總得分。總得分的高低給出了方案的最終排序，得分越高的方案越好。

5.4.1 模型構建

1.選址標準及其度量指標。

綜合國際離岸金融中心的政治經濟特徵和可操作性因素，我們選取如下因素作為人民幣離岸金融中心的選址標準：總體商業環境、資訊披露、法制水準、稅收環境、失業率以及與中國的雙邊關係。需要注意的是，這些標準的度量指標之間是存在相關度的，但是這並不影響層次分析模型的可操作性。

（1）具體而言，我們採用經商容易度（EODB）衡量總體商業環境。經商容易度指數是世界銀行建立的評價經濟政策的一項指標。該指數以世界銀行在各國或地區資助進行的一些調查結果為基礎，對於較簡潔的政府規章、較完善的智慧財產權保護予以較高的評分。在2013年的最新統計中，新加坡、香港、紐西蘭、美國和丹麥分列前五位。該指標綜合考慮了生意開張容易度、申請執照容易度、雇用和解雇容易度、登記房地產容易度、申請貸款容易度、投資者保護力度、納稅強度、異地貿易容易度、執行合同強度、關閉生意容易度。經商容易度指標涵蓋面範圍廣，考察了所在國（地區）政府對經濟的干預程度、經濟自由靈活的程度，是離岸金融中心選址的一個十分重要的條件。

（2）資訊披露水準用公司資訊披露指數和徵信信息深度指數度量。這兩個指標也是世界銀行建立的，主要用於評價一國（地區）對金融資訊的披露程度。前者更多關注公司資訊，包括財務資料、交易資訊等；後者更多關注銀行信貸資訊，包括貸款數額、貸方資訊以及各種與信貸相關的資料。離岸金融中心的建立需要投資者，也需要資金的需求者，所以如何保證資訊的完美性和對稱性也是離岸金融市場能否安全、平穩、有效的關鍵。

（3）法制水準。法制是離岸金融市場所必須具備的一項因素，健全的法律制度不僅體現在立法完備、執法有效，也包括民眾普遍尊重的法治精神與法律意識。這些條件能為離岸金融市場的發展提供良好的法律環境，而這也是最為投資者所看重的。法制又是影響離岸金融中心建設和發展諸要素中最具活力的一項因素，滲透到其他要素的發展過程中發揮作用。法律制度變革為經濟的

發展和政治改革開道。法制的促進作用尤其應為後起的發展中國家所重視。當外部條件出現時，一國（地區）的金融市場的內部條件如能與之結合，則對於離岸金融市場的發展能起到強有力的推動作用。資金是否湧入離岸金融市場，金融機構是否進駐中心，決定權在投資者和金融機構而非離岸金融市場。投資者和金融機構在決策時，首先要對離岸金融市場的各項條件進行綜合考慮，而法制因素是其最為重視的一項因素。第一，離岸金融市場所在地往往是一國（地區）最發達和最為現代化的地區，同一層次的競爭者在政治穩定、經濟發展、人力資源、基礎設施等條件的綜合比較上往往差別不大，或各有優劣，這時投資者和金融機構往往著眼於進入的方便程度、利益是否有保障、稅收的優惠等法律因素的考慮；第二，良好的法制環境有利於樹立投資者和金融機構在離岸金融市場長遠發展的信心。世界銀行法律權力力度指數為各國的法律效力提供了一個度量指標。

（4）稅收環境。典型的避稅港型離岸金融中心之所以能夠吸引眾多國際商業公司前來註冊，主要原因之一就是稅負較低且可以避免雙重徵稅。加勒比海離岸金融中心對各類國際商業公司、離岸公司所徵的稅負極為輕微，而且幾乎所有的加勒比海離岸金融中心都與主要經濟大國簽署了避免雙重徵稅條約。比如安提瓜就規定國際商業公司自成立起50年內完全免稅，百慕達規定對收入、利潤和島內分配不徵稅，開曼群島不徵收所得稅、資本利得稅、公司稅和遺產稅。所以優越的稅收環境可以吸引投資者的到來。我們採用稅收占商業利潤的比重作為稅收環境的度量指標。

（5）失業率。關於離岸金融中心的建立，不得不考慮的一點是所在國家或地區社會的穩定程度。大量失業人口的存在，不僅意味著人力資源的浪費，而且會給個人、家庭和社會帶來痛苦，產生多方面的消極影響，成為影響社會穩定的重要因素。而一個穩定的政局和社會環境有利於離岸金融中心的建立，有利於吸引商業公司和金融人才，為生活和辦公創造一個良好的環境。不僅如此，失業率還是一個綜合性的經濟社會指標，它不僅能夠影響社會穩定程度，也反映了一國的經濟發展水準、勞動力市場彈性和社會保障制度。

（6）雙邊關係。建立人民幣離岸金融中心，不得不考慮的還有與所在國家或地區的雙邊關係如何。比如一些國家保持與臺灣當局所謂的「外交關係」，而中國政府在未與這些國家（地區）建交的情況下，與其開展貿易上的合作勢必會有困難。所以良好的外交關係會促進離岸金融市場的建立。在這裡，我們考慮了與所在國（地區）建交的時間前後順序以及與中國的進出口貿易額占GDP的比例。

2.備選人民幣離岸金融中心。

我們按大洲來選擇人民幣離岸金融中心的備選地址。具體選擇如下：

■歐洲：荷蘭、盧森堡、馬爾他、瑞士、賽普勒斯。

■美洲：巴拿馬、多明尼克、哥斯大黎加、烏拉圭。

■亞太：香港、新加坡、菲律賓、日本、韓國。

■中東和非洲：巴林、黎巴嫩、模里西斯、摩洛哥。

這裡我們的選址只落實到國家或地區而沒有具體到城市的層面。主要原因是考慮到國家或地區層面的宏觀因素對離岸金融中心建設和功能發揮的影響。我們剔除了英、美、德、法等經濟大國，主要是考慮到在離岸中心建設的談判過程中，中國與這些國家相比在談判力上缺乏優勢，主動權較小，從而與「選址」研究的基本前提不符。

5.4.2 模型分析與結論

在歐洲，我們選取荷蘭、盧森堡、馬爾他、瑞士、賽普勒斯這五個國家進行研究。這五個國家都與中國有外交關係，其中瑞士1950年即與中國建交，是第一個承認新中國合法地位的西方國家。在雙邊貿易額方面，荷蘭、瑞士分別排名前兩位。這兩個國家EODB也居世界前列。綜合考慮，瑞士得分0.29，成為歐洲區人民幣離岸中心的優先考慮國家。其餘四國排序結果依次為馬爾他、賽普勒斯、荷蘭、盧森堡。其中馬爾他的優勢主要在於低失業率，而賽普勒斯的優勢主要在資訊披露和法制方面。

在亞太地區，我們選取香港、新加坡、菲律賓、日本、韓國這五個國家

（地區）進行研究。新加坡與香港在綜合經商容易度方面表現突出，位居世界前兩名。而且這兩個經濟體在資訊披露方面都達到了世界領先水準。鑒於中國與日本和菲律賓在政治與軍事方面的對峙態度，中國與這兩個國家在經貿方面的合作也大受限制。根據層次分析結果，香港是這一地區最佳的人民幣離岸中心地址。其他備選方案排序依次為新加坡、韓國、日本和菲律賓。

在美洲，我們選取巴拿馬、多明尼克、哥斯大黎加、烏拉圭四個國家進行研究。巴拿馬是著名的離岸金融中心，不過因為兩岸問題，巴拿馬長期未與中國建交。多明尼克和哥斯大黎加分別在2004年和2007年與中國建交，近年來與中國的政治經濟關係越來越密切。這四國的EODB排名在世界範圍內都比較低，資產保護和法律效力方面也都亟待改進。綜合考慮之後，哥斯大黎加以微弱的優勢勝出，成為美洲人民幣離岸金融中心的候選。

在中東和非洲，我們選取巴林、黎巴嫩、模里西斯、摩洛哥四個國家進行研究。模里西斯依靠較高的EODB排名以及相對最高的法律效力成為了中東和非洲人民幣離岸金融市場的候選。

以上國家和地區的排序及佈局見圖5—11。

荷蘭(4)
瑞士(1)
盧森堡(5)
塞浦路斯(3)
耳他(2)
摩洛哥(4)
巴林(3)
黎巴嫩(2)
韓國(3)
日本(4)
香港(1)
菲律賓(5)
新加坡(2)
毛里求斯(1)
哥斯大黎加(1)
巴拿馬(4)
多米尼克(2)
烏拉圭(3)

■ 美洲國家
■ 亞太國家（地區）
■ 非洲與中東國家
■ 歐洲國家

圖5—11　基於層次分析法的人民幣離岸金融中心全球佈局

　　最後，我們將亞洲的香港、歐洲的瑞士、美洲的哥斯大黎加、非洲的模里西斯進行綜合比較，最終香港以巨大的優勢成為了人民幣離岸金融中心最佳選址。其後的排名依次是瑞士、模里西斯、哥斯大黎加。香港作為人民幣離岸金融中心的優勢體現在很多方面：

　　第一，政治和經濟的優勢。在「一國兩制」的背景下，從政治上說香港具有非常特殊的地位：既屬一國也屬境外，既背靠內地又面向世界。在「一國」的背景下，香港與內地密切相連，不可分割，具有共同的國家利益，從而使其在構建人民幣離岸市場方面具有其他城市無法比擬的天然優勢。從經濟上講，香港是分離於內地的相對獨立的經濟體，有不同於內地的經濟制度、運行機制、金融體系和金融市場，在此建立人民幣離岸金融市場屬於境外市場。這不僅有利於人民幣國際化，而且也相對於國內形成了一道天然的防火牆，使部分

投機人民幣的國際資金留在香港，能有效地防止人民幣資金大量流入對內地的經濟和金融市場造成過度衝擊。

第二，金融體制的優勢。香港具有完善的市場經濟體制，法律制度健全，法制體系公開透明，擁有低稅率和簡明的稅制結構，沒有資本管制、利率管制，貨幣自由兌換，享有國際自由港美譽，對國際投資者具有很強的吸引力。

具體來說，與全球其他國家和地區相比，香港的稅率相對較低，而且對離岸金融服務提供減免稅負的優惠。香港資金流動高度自由，外資占金融業的比重較高（如2008年底香港200家認可機構中有181家或90.5%是在境外包括中國內地注資）。而且在由倫敦金融城政府委託對全球62個金融中心的調查中香港名列第四位。此外，香港還具有雄厚的基礎設施優勢。香港交通便捷，擁有世界上最先進的空港和海港；通信現代，擁有世界上最發達的電信系統，可以與50多個國家進行直接通信聯繫和網上金融交易；金融體系完善，擁有實力雄厚的銀行體系，其外資銀行數量位居世界第三，幾乎所有的跨國銀行都在此設有分支機構；支付結算體系發達，1990年建立的債務工具中央結算系統能夠為各國在香港發行和交易的債券提供登記結算服務，分別於1996年12月、2000年8月、2003年3月和2007年2月建立的港元、美元、歐元及人民幣即時支付系統能夠為主要貨幣之間的兌換及以其計價的金融交易提供即時同步交收服務；同時擁有大量熟悉國際金融運作機制的金融人才。

第三，人民幣業務的先發優勢。自21世紀初以來，香港人民幣離岸業務已進入自發、快速、全方位發展階段，具有進一步發展的堅實基礎。2004年2月25日人民幣結算清算安排正式啟動後，得到香港金融管理局授權的持牌銀行開始正式辦理個人人民幣存款、兌換和匯款業務，之後，存款代替現金，成為在港人民幣的主要存在形式，其規模快速擴大。另外，人民幣債券市場也已經啟動。2007年6月8日，人民銀行與國家發改委聯合發佈《境內金融機構赴香港特別行政區發行人民幣債券管理暫行辦法》，開始著力推進香港人民幣債券市場的發展。同年7—9月，國家開發銀行、中國進出口銀行及中國銀行分別赴港發行人民幣債券，之後又有交通銀行、中國建設銀行及滙豐銀行、東亞銀行加入

發行行列，累計總規模超過300億元。同時，人民幣衍生品交易也日益活躍，主要有以下三個品種：一是1996年創設於新加坡的無本金交割的人民幣遠期合約，基於地緣上的便利和配合實體交易的需要，大量NDF業務轉移到香港；二是無本金交割的人民幣期權；三是2007年8月推出的無本金交割的人民幣掉期。每天都有大量的衍生品交易，不僅使與人民幣有關的交易者規避了人民幣匯率和利率風險，還對人民幣現匯匯率和國內利率的形成和調整發揮著一定的信號指導作用。另外還有人民幣的結構性票據（或聯動式債券）及與人民幣匯率波動相掛鉤的外匯存款。

第六章

第六章

建設人民幣離岸市場的挑戰

挑戰主要來自兩個方面。首先是如何建設好人民幣離岸市場的問題。從香港等地人民幣離岸業務發展的實際情況來看，必須從產品、機構、技術保障和法制架構等各個層面付出巨大努力，才能夠真正實現人民幣離岸市場的較快發展，進而積極推動人民幣國際化進程。另外則要客觀面對人民幣離岸市場建成以後可能產生的各種消極影響。根據國際經驗，離岸市場發展不僅使私人部門面對更高的金融風險，還有可能擾亂一國財稅制度和貨幣流通，甚至破壞實體經濟的正常運行。因此，人民幣離岸市場建設既要「大步快走」，又要「小心穩妥」。

6.1 離岸人民幣產品和機構競爭力有待提升

6.1.1 離岸人民幣金融產品不健全

自2008年金融危機以來，在海外降息和國內貨幣政策總體中性至趨緊的環境下，人民幣匯率維持穩中有升的局面令人民幣債券受到普遍歡迎。目前20%的離岸人民幣債券由協力廠商（非內地或香港企業）發行。買家亦來自五湖四海，澳洲、奈及利亞和日本銀行準備將人民幣債券納入外匯儲備，德國機構大額購買離岸人民幣債券，投資人民幣債券已無國界。臺灣發行首筆「寶島

債」，中國建設銀行在倫敦發行的10億元離岸人民幣債券被一搶而空；種種跡象證明人民幣債券正逐步國際化。表6─1總結了離岸債券的種類及特徵。2012年9月發佈的《金融業發展和改革「十二五」規劃》明確表示「支援香港發展成為離岸人民幣業務中心和國際資產管理中心，鞏固和提升香港國際金融中心地位」。可以預見，未來香港將擁有更為廣闊的人民幣離岸市場和更多的金融交易便利，可進一步推進人民幣國際化進程。依託香港的核心清算體系，全球將開拓橫跨東西的人民幣離岸次中心，臺灣──新加坡──倫敦──美國，離岸人民幣債券將迎來另一次爆發性增長，數年內有望超越亞洲美元債券，成為區內企業重要的融資管道。

表6─1　點心債券（DSB）與合成型債券比較

	點心債券（DSB）	合成型債券
投資者主體	需在香港設立人民幣帳戶，對投資者有更嚴格的要求。	無須持有人民幣基金，對投資者無特殊限制。
發行主體	國內政策性銀行和商業銀行。*	目前多為國內房地產企業或境外上市的國內企業。
交易量	10億～15億元人民幣。	35億元人民幣。
平均期限	2～3年。	3～5年。
評級	有評級。	無評級。
流動性**	小於2億元人民幣。	5億～10億元人民幣。
發行主體是否可使用人民幣資金回流	是，但須一事一議審批。	是。因獲得幣種為美元，利用現行結售匯制度匯入境內即可。
匯率影響	因支付結算都以人民幣定價交割，無匯率影響。	以定價日（或者招債說明書）匯率為准而非交割日匯率，若人民幣持續升值，投資者將獲得所有匯率升值收益。

　　*不包含臺灣、香港和澳門的商業銀行和政策性銀行，且滿足核心資本充足率至少為4%，持續以上三年盈利。

　　**用日均市場換手率來衡量。

此外，香港證監會還認可了四支人民幣計價債券基金及人民幣計價、交易的黃金交易所買賣基金（ETF）。2011年12月，我國實施了投資香港股市的合格境內機構投資者計畫（RQFII），並開啟香港上市公司在內地股市的籌措資金安排，對於股票市場的外匯管制在逐步地、有序地放寬。RQFII規定合格的內地基金管理公司、證券公司的香港附屬公司在香港籌集的人民幣資金可以用於內地證券市場的投資，因此，通過該計畫，香港投資者可以以人民幣涉足內地的證券市場。截至目前，香港證監會自計畫推出以來認可了19支RQFII基金，涉及金額達190億元。

在香港離岸人民幣（CNH）市場貨幣市場方面，最初CNH貨幣市場交易量相對較少，與CNH即期和遠期市場流動性的穩步改善形成了鮮明對比。實際上，貨幣市場交易活動在境外機構獲准投資銀行間外匯市場的消息宣佈之初，經歷了短暫的興奮之後，隨即陷入沉寂。CNH市場分為兩個明顯的層次，能夠深入參與跨境貿易結算或擁有健康的CNH帳戶的銀行數量非常有限。此外，CNH流動性普遍缺乏。預計未來隨著CNH計價資產更加豐富，貨幣市場流動性將會獲得明顯改善。在交易層面，做多CNH的機構能夠將資金存放在清算行（需要滿足機構內部限制條件），目前銀行間貨幣市場買入價是以清算行報價為基礎建立的。需要注意的是，這並不是期限非常短的CNH利率的絕對下限，原因是人民幣貿易結算參加行儲存CNH的能力有限。CNH賣出方短期報價仍然較低，並隨著期限變長逐步升高。總的看來，離岸CNH利率曲線至少比在岸Shibor低50個基點。

當前市場關注重心集中在「新」貨幣——非貿易相關人民幣上。但需要注意的是，目前存在著兩個CNH市場。渣打銀行（香港）有限公司（簡稱渣打香港）既提供貿易結算美元／CNH報價，也提供非貿易相關美元／CNH報價。鑒於香港貿易結算行能夠自動進入清算行，貿易相關CNH可與在岸人民幣（CNO）相替換。但非貿易相關CNH則不是這樣。因此，銀行境外分支機構，例如紐約渣打銀行能夠從渣打香港代客購入CNH，但其是否與貿易相關，將取決於渣打香港軋平頭寸的方式。相應地，這將決定客戶在賣出美元、買入CNH

時對價格的滿意程度（目前對非貿易結算相關價格的滿意程度要低一些）。流動性不多的時候，外匯交易櫃檯可能僅僅按照訂單為客戶進行非貿易相關交易。離岸人民幣計價產品概覽見表6—2。

表6—2　離岸人民幣（CNH）計價產品概覽

CNH產品	是否上市	備註
即期	是	
遠期	是	目前有人民幣遠期、無本金交割遠期和CNH遠期曲線。
遠期利率協議、貨幣利率交叉互換	是	
貨幣市場	是	目前擁有CNH的機構數量仍然較少，銀行間交易量因而相對稀薄。
存款證、結構性票據	是	
外匯期權	是	當前CNH即期匯率缺乏透明度和定價機制，制約著這一類產品的發展。
結構性產品	部分	
債券	是	香港CNH債券市場處於持續的建設中。
公募基金	是	首支境外人民幣基金於2010年8月在港推出。

資料來源：渣打銀行全球研究部和作者整理。

目前CNH遠期市場上有最長至兩年的CNH／港元和美元／CNH報價，但流動性仍然低於境內遠期市場和離岸人民幣NDF市場。現已形成三條迥異的遠期曲線。300萬～500萬美元左右的1年期美元／CNH價格普遍被市場認可，流動性較好，但貿易結算行對CNH遠期市場的總體敞口一般會受到（內部的）限制，在某些情況下可能制約市場進入規模。

離岸人民幣債券市場目前有以下幾點問題：

第一，市場流動性較差，但市場波動幅度卻較大。一方面，目前的香港點心債券（DSB）市場只能容納香港離岸人民幣存量的極小部分（截至2012

年，約為17.7%），與此同時市場上缺乏其他有效的人民幣投資管道，故DSB的市場供給遠不能滿足投資者的投資需求，已持有DSB的投資者並不願意在二級市場上交易（當前香港離岸人民幣最主要的投資管道是人民幣存款和投資DSB，二者相比，投資者更傾向於收益率高的DSB）。事實上，目前DSB流動性遠低於歐元債券和美元債券，甚至遠低於其他亞洲債券。另一方面，DSB的熱銷源於投資者對人民幣持續升值的預期。一旦人民幣升值趨勢難以為繼，或人民幣匯率開始雙向波動，投資者將選擇大量拋售債券，從而引起市場較大幅度的波動。

第二，市場缺乏有效的信用評級機制和相應的信用評級機構，不利於保護投資者利益和市場的規範運行。

第三，人民幣回流機制尚不完善，造成市場上以合成型債券為代表的「新型」DSB形式可能成為「熱錢」流向內地的工具，影響內地宏觀經濟穩定和經濟調控政策的有效實施。

第四，長期融資工具的匱乏意味著標的物為長期投資專案的融資不得不過度依賴銀行貸款，而並不能在債市進行，長久以來，這一障礙造成了項目週期長期性與銀行貸款短期性之間的錯配。要解決這一錯配以適應未來城鎮化需求，離岸債券市場的發展亟待加快。給定未來十年總計約20萬億～30萬億元人民幣的城鎮化基建投資需求以及金融「十二五」規劃將直接融資比重提升至15%的目標，預期市政債及企業債規模可能在未來五年擴大一倍。當然，在發展離岸債券市場的過程中也存在巨大的挑戰，如何將相互割裂的幾個在岸和離岸債券市場一體化並對發行統一監管以及建立健全的市場制度框架對提高市場效率至關重要。此外，允許國際金融機構更多地參與將有助於提高市場的深度和廣度。債券市場的發展反過來也將刺激銀行業更多關注中小企業及消費者的融資需求。

6.1.2 中資離岸金融機構創新能力較弱

離岸銀行又稱離岸單位，是設在離岸金融中心的銀行或其他金融組織。其

業務只限於與其他境外銀行單位或外國機構往來，而不允許在國內市場經營業務。離岸銀行的出現導致離岸金融市場的形成。在傳統的國際金融市場上，資金的交易主要是在居民與非居民之間進行。金融市場的作用主要是通過銀行等金融機構對外國機構貸款，或為外國借款人承銷有價證券及在二級市場上由國內投資者購買非居民的有價證券。而離岸金融市場是為非居民投資者和借款人提供仲介服務，一般是接受非居民的外幣存款，並為非居民提供外幣貸款。由於此類交易不涉及居民和本國的經濟活動，所以被稱為中轉型或離岸交易。

我國離岸銀行業務的發展過程曲折。1989年6月中國人民銀行和國家外匯管理局批准招商銀行率先在深圳試辦離岸銀行業務。後來，又陸續批准了深圳發展銀行、廣東發展銀行及其深圳的分行以及工商銀行、農業銀行的深圳分行試辦離岸銀行業務。受1997年亞洲金融危機的影響，中國人民銀行在1999年初叫停了五家試點銀行的離岸銀行業務，中資商業銀行離岸銀行業務進入清理整頓階段。2002年6月，中國人民銀行批准招商銀行和深圳發展銀行全面恢復離岸銀行業務，同時批准了交通銀行和浦東發展銀行開辦離岸銀行業務。目前，上述各家銀行離岸銀行業務發展平穩。據不完全統計，截至2006年6月末，上述各家銀行離岸銀行業務資產總額超過了20億美元。離岸存款總額為20億美元，國際結算總量接近200億美元，實現利潤2 000多萬美元。

一般而言，中資離岸銀行的業務可以分為以下幾種：外匯存款、外匯貸款、同業外匯拆借、國際結算、發行大額可轉讓存款證、外匯擔保、諮詢業務、國家外匯管理局批准的其他業務。目前可以開設的離岸帳戶可分為以下幾種：港幣儲蓄帳號、外幣儲蓄帳號、港幣往來帳號（支票帳號）、美元支票帳號、港幣理財帳號、外幣理財帳號、互聯網帳號和進出口信用證。2003年11月，中國人民銀行為在香港辦理個人人民幣業務的有關銀行提供清算安排。2004年2月，香港各銀行開始辦理個人人民幣業務，當年年底，香港人民幣活期、定期存款總額為121.27億元。2005年，由香港匯入內地銀行的人民幣金額上限調整至80 000元，香港居民可在每天每帳戶80 000元限額內簽發用於廣東省內消費的支票等一系列規定的調整，以及人民幣貿易結算活動的增多，使

得香港人民幣存款數額有了大幅提升。到2012年11月底，香港經金融管理局認可的經營人民幣業務的機構達到138家，在這些機構開設的人民幣活期及儲蓄存款戶口有近300萬個，人民幣定期存款戶口為75萬個。相較於人民幣存款業務，人民幣貸款業務在香港開辦的時間較晚，於2011年正式展開，人民幣貸款餘額呈現出強勁的增長勢頭，由2010年底的20億元升至2011年底的308億元。此外，截至2012年11月底，共有2.6萬億元人民幣經過香港認可經營人民幣業務的機構被兌換成港元或其他貨幣，同時，共有等值於2.6萬億元人民幣的港幣及其他貨幣被兌換為人民幣。匯款方面，香港匯至內地的人民幣交易有28 434宗，金額為1 603.5億元。

我國離岸銀行業務的發展特點包含以下幾個方面：

第一，各項業務增長較快，但業務總體規模仍然較小。2002年離岸銀行業務全面恢復以來，我國中資商業銀行各項離岸業務平穩增長。據不完全統計，各中資銀行的離岸銀行業務資產總量、存款餘額和國際結算業務量2004年分別為16億美元、12億美元和60億美元，到2005年分別增長為17億美元、15.5億美元和150美元，增長速度較快，尤其是國際結算業務量增長迅猛。與此形成鮮明對比的是，我國離岸銀行業務總體規模很小。截至2006年6月末，我國四家中資銀行離岸銀行業務資產總額為20多億美元，即使加上外資銀行在華離岸銀行業務資產總額，全部離岸銀行業務資產和負債總額不會超過200億美元，離岸銀行業務規模比倫敦、香港和新加坡等國際離岸金融中心的業務規模要小得多，尚未發育成為一個完善、成熟的離岸金融市場。

第二，業務品種較少，經營範圍狹窄。總體上講，我國中資離岸銀行業務還是停留在傳統的存款、貸款和國際結算上，仍然是以發展國際結算和低風險的貿易融資為主。其主要服務對象也僅限於境外中資機構和港澳臺地區的境外企業等狹窄範圍內，歐美、日本等經濟發達地區的客戶很少。

第三，資金來源單一，資產負債結構不夠合理。受服務對象和產品的限制，我國中資商業銀行離岸業務中負債業務規模明顯偏小，資金來源單一，吸收資金嚴重不足，這也嚴重制約了資產業務的發展；同時資產負債結構不合

理，負債結構中短期負債占比大，但資產結構中長期資產占比偏大，導致短存長貸等問題突出，容易引發流動性風險。

第四，利潤增長速度較快，但盈利水準不高，外部競爭力較弱。據不完全統計，我國中資商業銀行離岸業務截至2004年6月末、2005年6月末和2006年6月末實現利潤額分別為500萬元、1 100萬元和2 200萬元，同比增長超過100%，利潤總額增長速度較快。但由於目前我國中資銀行離岸業務的負債業務總量偏小，資產業務規模和範圍受到相應限制，同時由於負債總量和期限結構等原因，各行不得不持有大量頭寸以保證流動性，從而降低了資金回報率，導致利潤率較低，2006年6月末我國各中資離岸銀行資產利潤率只有1%。

更為重要的是，如果考慮未來在主權國家建成人民幣的離岸中心，那麼目前人民幣所面臨的考驗是多方面的：

首先，以倫敦為例，其實在實體經濟層面，並沒有多少機構人士支持建立人民幣離岸中心，或者說是該問題僅局限於少數政策層面人士的認知。其原因在於對於作為全世界最大的外匯交易中心的倫敦而言，人民幣的存量仍然太小，能夠給倫敦帶來的切實利益極其有限。目前倫敦建立離岸人民幣歐洲中心的計畫主要是由英國內閣與財政部推動的，是否能夠儘快落實到具體操作，困難重重。目前英國主流媒體和政界人士不斷放風意圖尋求建立人民幣離岸中心，主要原因在於如果未來人民幣國際化進程（或者說資本項下的可自由兌換最終實現）有實質性的突破，則英國會第一個收益。

其次，就目前而言，在倫敦的離岸國有商業銀行的困境主要體現在「對等監管」層面。金融危機之後，因為英國金融監管當局進一步的審慎性行政管制，並不認可中國銀監會對於中資商業銀行的監管，要求海外的離岸中資商業銀行（不局限於中資，部分美資銀行也有類似的問題）必須是在岸（中國大陸）該商業銀行總行所全資擁有的獨立法人實體，也就是逼迫離岸中資商業銀行子公司與母公司拆賬，不能以分行的形式提供商業銀行服務。具體來說，最理想的狀況是英國金融監管機構與中國銀監會共同認可對方的監管體系和標準，則中資銀行可以自由地在倫敦設立分行，而非全資子公司形式的子行。設

立分行的好處在於，分行與中國境內總行不拆賬，只要滿足總行資本充足率要求即可，因此，分行能經營的業務不論在數量上還是在規模上都是一個全資子公司形式的子行所不能比擬的。然而，目前的情況是，在金融危機發生之後，尤其是當雷曼兄弟破產倒閉之後，英國監管當局發現一旦危機發生，當局並不能控制銀行資本金從倫敦大量撤回紐約總部，其後果是嚴重損害英國普通存款人的利益。因此，在危機之後，英國金融監管當局更加審慎，並重新制定準則，要求外資商業銀行（不局限中國）在英國運營的前提條件是必須建立全資子公司，從而完全接受英國當局監管。如此一來，英國普通存款人的利益得到最大程度的保障，然而其壞處是嚴重限制了跨國大銀行在英國經營的資本金規模，使得目前中資銀行在業務數量和規模上嚴重受制。2013年下半年，英國財政大臣已經放風要將中資銀行在該專案上的限制放開，有條件地准許中資銀行設立分行，目的就是為倫敦切實成為離岸人民幣的海外中心鋪平道路。但是目前這只停留在口頭，並無具體政策出臺。

最後，國有商業銀行自身的問題也是建立成熟、高效的離岸人民幣市場的巨大障礙。主要體現在以下兩個方面：第一，國有中資企業（包括國有商業銀行）目前採用的人事制度是准公務員制度，薪酬體系嚴格遵循行政級別和技術職稱，這樣的特性在中國的制度背景下是可以維持經營的，但卻是極其不適應發達國家金融城的遊戲規則。以某國有商業銀行倫敦子行為例，目前能夠招到的人員為金融城內受教育程度較低、金融專業素質欠缺的中國籍員工，當地頂尖高校的金融學畢業生不會遞交申請，這其中一大重要原因就是國有銀行的人事政策，薪酬體系的滯後造成激勵不足，完全不能與當地其他外資離岸商業銀行競爭。第二，中資商業銀行創造利潤的來源有限。國有商業銀行在中國國內習慣了較高的存貸款利差和壟斷利潤，其本質已經脫離了金融服務業的實質屬性，在中國的金融體系中已然成為高高在上的壟斷者。然而，發達經濟體的金融環境卻是高競爭、高創新的，對於沒有任何中間業務創新和金融市場業務創新的國有駐外子銀行，除了延續在中國本土的傳統貸款業務，並無其他利潤來源，因此，其未來的成長空間極其有限。

6.1.3 在岸與離岸金融市場相互影響

傳統的國際金融市場又稱在岸金融市場，是從事市場所在國貨幣的國際借貸，並受市場所在國政府政策與法令管轄的金融市場。主要特點是：該市場要受到市場所在國法律和金融條例的管理和制約，各種限制較多，借貸成本較高；交易活動是在市場所在國居民和非居民之間進行的；通常只經營所在國貨幣的信貸業務，本質上是一種資本輸出的形式。新型的國際金融市場又稱離岸金融市場或境外市場，是指非居民的境外貨幣存貸市場。離岸金融市場有如下特徵：市場參與者是市場所在國的非居民，即交易關係是外國貸款人和外國借款人之間的關係；交易的貨幣是市場所在國之外的貨幣，包括世界主要可自由兌換貨幣；資金融通業務基本不受市場所在國及其他國家的政策法規約束。在金融全球化的背景下，私人資本成為國際資本流動的主角；國際金融市場一體化進程加快；發展中國家在國際資本市場中的投資比例有所上升；大規模金融併購浪潮風起雲湧；跨國銀行業務綜合化、網路化，這些特徵使國際金融市場日益發揮其重要作用。

國際金融市場的積極作用有：促進國際貿易和國際投資的發展；調節各國國際收支，促進經濟平衡發展；推動生產和資本國際化的發展等。其消極作用有：國際金融交易日益與實際經濟相脫節，加大了金融風險；國際金融市場一體化使金融風險隨全球化而擴展；巨額的國際資本流動增大了國際金融市場的風險等。

鑒於以上特點和作用，以及各種離岸金融中心模式的特點和中國現階段金融發展滯後的基本狀況，中國離岸金融市場的建設應該採取分階段逐步推進的模式。現階段人民幣不能自由兌換的現狀與離岸金融中心資本自由流動的特性相悖，如在現狀下建立離岸金融市場，則離岸金融中心的建設必須採取嚴格的內外分離型的模式，必須將境內金融業務與離岸金融業務嚴格分離。等到中國金融市場進一步發展，資本帳戶完全開放，外匯市場自由化發展到一定程度時，離岸金融中心的模式方可適度調整，即允許內地居民在離岸帳戶上進行部

分融資交易。

在短期內，中國離岸金融市場的發展應該採用內外分離型模式，原因有以下幾點：（1）目前中國還存在較嚴格的外匯管制，且人民幣尚不能自由兌換，金融業主要由國有企業壟斷經營，利率市場化改革尚待推進。鑒於此，為了維持金融秩序的穩定和金融市場的健康運行，保持政府對金融活動調控的有效性，維護中國貨幣政策的獨立性，選擇內外分離型模式更符合中國實際。（2）採用內外分離型模式，離岸市場和在岸市場之間的屏障可減緩離岸市場金融環境的波動對在岸市場可能產生的衝擊，保證國內金融體系穩定和銀行資金安全，又可以借助離岸金融市場的示範效應促進中國金融市場的轉型，並能更好地利用世界流動性過剩這個歷史機遇。（3）在市場發展初期，離岸金融業務與在岸金融業務的有效分離，可以在相當程度上避免加大地區經濟差異的回波效應。

從長期來看，為吸引外資，並借助全球流動性過剩的機遇發展經濟，中國宜逐步轉變為部分滲透型模式。內外分離型模式雖然能夠給金融風險設置隔離牆，防範外部經濟波動對國內經濟的影響，但政策上的杜絕不利於國內外經濟往來和互動，不利於發揮外資對中國經濟發展的影響力，致使發展離岸金融市場的意義沒有得到充分體現。隨著中國經濟發展水準的提高、金融監管體制的健全，離岸金融市場在穩健運行並積累了一定的運行經驗之後，可將內外分離型轉變為有限制的滲透型，使離岸、在岸帳戶之間形成一條資金正常流動的通道。對於具體逐步開放步驟，在滲透的方向上，初期只允許離岸資金向國內金融市場滲透，不允許國內資金向離岸金融市場滲透；在滲透的管道上，初期可允許貸款這一間接融資方式，待成熟之後，可逐步放開債券、股票等直接融資方式，即有條件的雙向滲透；在滲透的管理上，要從政策設計到實際操作的各個環節上均做到管理有效、管理及時、管理可控；在滲透的規模上，限定較低的滲透比例，且在額度增加時也不同步提高上述比例，以免資金大規模地進入在岸市場。

6.1.4 缺乏高效安全的離岸人民幣支付清算系統

目前，人民幣離岸業務支付清算是通過代理行模式進行的。境內商業銀行為境外金融機構開立人民幣同業往來帳戶，設定鋪底資金，為境外金融機構提供鋪底資金兌換服務，按境外金融機構的要求在限額內購售人民幣。商業銀行承擔了人民幣支付清算、在離岸市場上提供人民幣流動性和回流機制等幾大功能。離岸人民幣支付清算具體可以分為三類：

第一，代理行為境外參加行進入人民幣大額支付系統的「介面」。境內代理行（代表境外參加行和其參與貿易結算的客戶）與境內結算銀行（代表境內參加貿易結算的客戶）辦理跨境資金人民幣結算業務時，通過中國人民銀行的大額支付系統辦理。

第二，代理行在額度內為人民幣貿易結算提供一定程度的流動性保證。由於中國的資本項目尚未可兌換，因此無法保證參加貿易結算的企業所需要的人民幣流動性必然會在外匯市場獲得。因此，在目前的體制下，為了推動人民幣貿易結算，人民銀行給予了代理行一定的人民幣購售額度，在一定程度上（但尚不是完全地）提供了人民幣流動性的保證。

第三，境內代理行由於本來就是境內銀行市場的成員，也可以在境內銀行間拆借市場拆入和拆出人民幣資金，為境外離岸市場提供額外的流動性保證。

未來隨著人民幣國際化的逐漸深入和離岸人民幣市場的進一步蓬勃發展，由於代理行模式具有先天的缺陷，必須採取其他配套措施以規避結算風險。具體來說，由非中央銀行的商業銀行分支機構充當跨境支付清算的代理銀行在金融系統穩定性方面存在以下幾方面的困境：

（1）支付資訊安全完全屈服於境外代理銀行機構。

（2）商業銀行分支機構並非中央銀行（在某些國家，甚至存在交易日頭寸限制），並無對於突發大宗交易實施擔保的能力，如果一旦該代理銀行由於其他方面的原因經營不良，則其風險會立即傳遞到支付清算，構成結算風險（見圖6—1）。

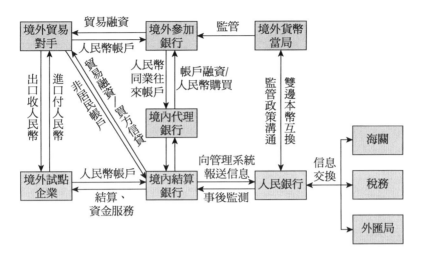

圖6—1　代理行清算模式

（3）離岸支付清算平臺為「系統重要性」的金融機構，然而境外商業銀行代理行模式並非如此，因此在監管層面存在重大漏洞。

因此，人民幣離岸市場客觀要求必須儘快建立高效的離岸人民幣清算系統。以美元清算系統CHIPS為例，由於多數跨境結算對時效的要求不特別高，即不需要在幾秒鐘內完成，如果CHIPS的成本（尤其是對流動性要求）較低，即使費時稍稍多一些，多數客戶也傾向於使用CHIPS。因此未來人民幣的離岸市場可參考美國的CHIPS系統建立離岸人民幣清算系統（見表6—3）。

表6—3　CHIPS與離岸人民幣清算系統

	CHIPS	離岸人民幣清算系統（擬）
股東構成和組織形式	CHIPS是由商業機構CHPC運行的一個系統。該商業機構的股東（會員）包括 The Clearing House Association LLC（組織會員）、18家A類會員（國際銀行）和4家AA類會員（國際銀行）。	以商業模式操作，以中國國內的大銀行和若干國際大銀行為股東。股東個數限制在10家左右。允許50～100家國內大銀行和國際銀行作為成員。

續前頁

	CHIPS	離岸人民幣清算系統（擬）
結算方式	淨額結算	淨額結算
運營模式	CHIPS要求所有參與者銀行都在美國設有存款類分支機構，並有足夠融資管道保證其滿足在CHIPS帳戶內達到每日初始餘額和日終餘額的要求。這些成員銀行在本銀行全球各分行之間的美元支付一般在本銀行內部系統中完成，跨成員銀行之間的美元支付絕大部分通過CHIPS進行。國際上任何非CHIPS成員的銀行可以委託一家CHIPS成員銀行作為代理行，代其處理美元的跨境支付。	直接使用跨境人民幣支付系統進行人民幣支付和清算。全球其他金融機構的人民幣跨境支付可委託人民幣跨境結算支付系統（IPSR）成員銀行作為代理行進行。在目前體制下國內參與人民幣跨境支付的代理行原則上都應成為IPSR的成員。
主要特點和機制安排	淨額結算模式的流動性成本低於全額即時模式。CHIPS每天的起始資金頭寸（所有參與者的CHIPS帳戶內的初始餘額的總量）要求僅僅為35億美元左右，但每天清算的交易總量達到2萬億美元。換句話說，一美元的起始頭寸可以支援500多倍的清算量。這個資金使用的效率（槓桿率）是全球清算系統中最高的。即使用對參與者的總淨流動性要求（初始頭寸和一日內追加的頭寸之和）為基數，其流動性使用的槓桿率也達到20多倍，而聯邦儲備通信系統（FedWire）的流動性槓桿率僅為5～6倍。FedWire為了保證流動性，為其成員銀行提供透支服務，而銀行因此要支付利息。CHIPS由於採用淨額結算，本身對流動性要求就低，而且演算法效率高，因此在不提供透支服務的情況下也能保證絕大多數支付指令得到及時執行。由於CHIPS不提供透支，銀行就不需要支付相應的利息。	應該能夠實現跨境支付的中文指令與英文指令的自動轉換，消除支付系統的語言障礙。需要在中國時區的工作時間之外持續運行，爭取保證在24小時中的大部分時間（至少18小時）運行，為在全球主要金融中心（如倫敦、紐約等）的人民幣支付與結算提供及時的服務。與國際上其他主要外匯清算系統（包括CLS〔Continuous Link Settlement〕系統）可以用跨貨幣同步交收方式進行連接。借鑒CHIPS，引入提高流動性使用效率的演算法系統，大幅降低大額人民幣跨境支付的成本。CHIPS有興趣為中國提供相關的技術諮詢服務。

6.2　人民幣離岸金融中心法律制度架構有待建立

　　法律制度的構築對於人民幣離岸金融中心的發展具有非常重要的挑戰性意義，特別是有關金融監管、稅收優惠、司法制度、爭議解決方式等制度的安排和設計，極大影響著人民幣離岸金融中心對海外投資的吸引力以及與世界主要金融中心規制的協調配合。構建離岸金融中心法律規制架構的挑戰需要在離岸金融交易和離岸金融監管方面雙管齊下應對和解決。挑戰之一在於目前人民幣離岸金融實踐處在初始階段且金融基礎設施較為薄弱的客觀現實，因此尚未達到制定統一的《離岸金融法》的條件。人民幣離岸金融在法律規制細節的挑戰融合了兩方面的因素，一是需要參照目前世界主要離岸金融中心的法律規制以保證有序運轉，二是與其他主要離岸金融中心法律規制協調配合，對人民幣離岸金融中心的頂層設計提供基礎性保障。因此，人民幣離岸金融中心法律規制需要在《金融服務法》以及銀行、保險、信託、基金等業務法規、相關程序法以及司法制度等方面多方位努力，積極應對多方位的挑戰，建立具有針對性的人民幣離岸金融法律規制法群。

　　鑑於人民幣離岸金融中心主要處理離岸人民幣的存貸款業務及資本運作，包括借貸、投資、結算、外匯買賣、保險、證券業務等一系列交易與服務。建立人民幣離岸金融中心的法律規制必須首先考慮下面幾個標準：

　　首先，必須確保離岸金融中心所在區域社會穩定、金融業務發達、對外開放程度高且法律制度能夠為多數跨國投資者認可，離岸金融中心可以設置於目前已經確立且成熟的國際金融中心區域或與我國已簽署相關雙邊或多邊的金融合作協議或自由貿易協議的國家和區域，逐步形成金融監管合作和協同治理。

　　其次，離岸金融中心的政治環境、經濟政策和健全的法律制度必須保證維持離岸人民幣資本的運作和吸引力，保障離岸人民幣參與海外直接投融資、適用較為成熟的資本市場條件和參與國際貨幣結算服務。同時，離岸金融中心所在管轄區與中國需要在政治、經濟、外交及其他國際事務等領域保持良好的磋商與協調關係，保證協同監管、資訊交換和爭端磋商等機制的運行。

　　通過研究、匯總和借鑒目前在世界主要離岸金融市場已實施的法律制度，

基於人民幣離岸業務的特殊性，離岸人民幣中心的法律制度和框架的基本特徵和內容要從兩方面應對挑戰：一方面需要從宏觀層面完成人民幣離岸市場的法律規制頂層設計，尤其在離岸金融監管層面進行改革；另一方面需要從微觀層面確立從事具體離岸交易面臨的諸如准入、具體業務內容等方面的共同挑戰及相關部門法律和細則。

6.2.1 金融監管的挑戰：設置監管機構與優化監管措施

人民幣離岸金融中心的監管模式是確立相關法律規制的目的和基礎所在。相對於與在岸金融業務的關係而言，無論人民幣離岸金融業務是內外一體、內外分離還是避稅型模式，均需要從宏觀層面確立人民幣離岸中心法律規制，在監管方面進行架構性優化，這是建立人民幣離岸金融中心必須首先應對的挑戰。具體而言，人民幣離岸金融中心所在地所實施的金融監管政策，對於特定離岸人民幣業務的監管標準和對離岸業務的豁免或例外性規定，在存款準備金、存款保險、利率、稅收和外匯管制等方面的優惠待遇，均是人民幣離岸中心獲取並利用國際金融資源的前提和保障[1]，據此進而得以建立和維持離岸人民幣資本流動和匯存的基礎。鑒於離岸金融市場的借貸業務存短放長的特點，對金融風險的預防和對跨國資本流動的監控是離岸金融中心監管的基本要求，也是必須首先克服的難題，進而人民幣離岸金融中心方能根本性地緩解由於跨國資金迅速流動和國際游資投機套利所導致的央行宏觀監控難度。因此，金融監管靈活操作是離岸金融中心發展的必然選擇，同時是保持市場信心、保護金融消費者、宣傳離岸金融市場和打擊金融犯罪的規制性要素。金融監管的挑戰可以從以下幾個方面應對和緩解：

1.金融監管措施與獨立的金融監管機構。

若人民幣離岸金融中心實施內外一體的金融監管機制，金融監管機構與被監管的離岸金融機構則必須保持經常性聯繫，通過創新性的激勵機制刺激金融

1　參見曾之明：《人民幣離岸金融中心發展研究》，63頁，北京，經濟科學出版社，2012。

投資機構自己完善風險管理和合規要求。具體而言，第一，準備經營金融業務的企業必須向金融監管機構提出申請且得到批准後方可經營。金融監管機構在審批時需將金融投資機構是否有完善的管理金融風險的制度作為主要審閱和核准條件。第二，對離岸金融機構實行專管制度，監管人員有權監控、判定和限制金融投資機構風險。第三，金融監管機構對金融投資機構需要進行風險等級評估，按照風險層級創造激勵機制，激勵金融投資企業改善管理風險的能力。金融投資企業要按風險級別向金融監管機構交管理費。第四，離岸金融監管機制可以強制要求金融投資機構在公司治理方面改進風險管理能力和自我監管風險管控機制。由於離岸金融業務的複雜化和革新化需求，金融監管機構不強求被監管的離岸金融機構有統一的投資風險管理制度，但要求企業有自我管理機制、監督投資風險機制以及風險管理機制的運行原則。第五，金融監管機構要求被監管的機構設立針對自身的反洗錢機制並設立專門的反洗錢報告員制度。

人民幣離岸金融中心同時可以參考主要避稅型離岸金融中心的制度性安排來應對監管方面的挑戰。金融監管機構可以直接負責所有經營性業務許可和執法活動，強調金融自由化和紀律化相結合，保證強勢管理和維持金融秩序。同時，金融監管機構可以設置貪汙調查部門，作為防止、發現和遏制貪汙受賄行徑的主要機構，為金融秩序的穩定和經濟的發展提供保障。

2.市場准入監管。

市場准入監管是離岸中心設立監管的第一道防線，各離岸中心監管機構均對金融業准入設定了較為嚴格的標準，主要針對進入離岸金融市場的金融機構類型、規模和層次進行限定。從機構性質方面可分為兩類，即僅允許銀行進入市場以及允許多種金融機構進入市場。開展金融業務的金融機構必須履行依法嚴格設定的審批手續；或通過頒發全面牌照、離岸牌照、有限牌照等對不同公司和金融或資本業務進行管理。以新加坡為例，新加坡設立的亞洲貨幣單位使得新加坡發展成為亞洲離岸金融市場的結算中心，其將准入銀行分為四類——全面性執照銀行、限制性執照銀行、離岸銀行和商人銀行，不同執照所從事的業務範圍不同。

3.業務經營監管。

離岸金融中心一般對資本金、業務範圍、交易對象、交易貨幣等經營相關問題制定相關法律進行監管，例如：多個離岸中心政府在經營業務範圍方面的監管主要包括三種，即業務範圍限制為傳統的銀行業，把離岸業務擴展到債券和票據業務，以及允許最為寬泛的包括信託、保險基金等其他金融業務。

4.退出機制監管。

退出機制是金融監管不可或缺但常被忽視的制度構建。目前主要離岸中心退出機制主要包括三種制度，包括危機預警機制、最後貸款人制度和存款保險制度，如香港地區，政府外匯基金可充當最後貸款人角色以保護整個金融市場的安全。[1]

與目前國內金融體系監管更多採用直接嚴格監管方式不同，離岸金融中心更多的是採取間接和引導性監管方式，更多是非現場檢查和疏導，如通過離岸金融機構定期向有關監督機構報告的形式，進行問題定位，撬動可能存在的體制內部潛在問題，維護金融體系的穩定。當然，此類監管措施在簿記式（虛擬式）離岸金融中心（如英屬維京群島、開曼群島、百慕達群島）運用較少，而在具有實體經濟與交易的金融中心運用更多。

6.2.2　保密制度帶來的衝擊

保密制度（條款）作為各個離岸金融中心共同採納的法律規定，基於其最大限度地保護了投資者的隱私，消除了投資者的顧慮。我國金融機構開展人民幣離岸金融業務時，可以援引諸如倫敦、香港和法蘭克福等國際金融中心的現行保密制度。同時，我國目前實施的金融保密制度也需要改革，以協同配合主要國際金融中心的保密制度的條件和舉措。幾乎所有的離岸金融中心均明文規定：公司對其股東資料、股權比例、收益狀況等核心資訊，均享有保密權利，未經股東授權或同意不得向協力廠商披露。一般來說，只有公司一般資訊可供

1　參見巴曙松、郭雲釗：《離岸金融市場發展研究》，北京，北京大學出版社，2008。

公眾查閱或查冊。[1]同時，在保護投資者利益的前提下，加強資訊披露、交換和共用，提高資訊透明度將是未來保密條款的立法改革方向。[2]

6.2.3　細化反洗錢法律規範及提升實施效率

反洗錢實踐和制度是對建立人民幣離岸金融中心監管制度相當大的挑戰。一方面人民幣離岸金融中心要確保資本的流動和對跨國資本的吸引力；另一方面亦要保持遠離全球性的金融犯罪和恐怖性活動的資本運作。離岸金融中心容易滋生洗錢犯罪，與其嚴格的金融保密措施、優惠的稅收條件和寬鬆的監管環境不可分割[3]，同時，離岸金融市場資金的電子劃撥方式，使得洗錢行為在操作層面變得非常容易。

美國、英國等發達國家均制定了相應的金融機構反洗錢法律制度，巴塞爾銀行監管委員會1988年《關於防止犯罪分子利用銀行系統洗錢的聲明》確定的職業道德準則包括了解客戶真實身份、遵守法律、加強與執法機構的合作、相關一般要求和程序性要求，向國內金融機構進入國際離岸金融中心完成離岸人

1　譬如以下相關資訊：註冊辦事處、代理人地址和名稱；公司成立證書（百慕達、英屬維京群島、香港）；公司章程大綱、章程細則（香港、百慕達、英屬維京群島）；公司章程細則（英屬維京群島、香港）；任何已存檔的招股說明書（百慕達、香港）；股東名冊、董事高級管理人員名冊（香港）；抵押登記冊（香港、百慕達、開曼群島）；合法證明書、有效存續證明書（百慕達、英屬維京群島）；自願性結業通知（百慕達、英屬維京群島、香港）；在當地進行的針對公司的任何訴訟或法律程序（香港、英屬維京群島、百慕達、開曼群島）。此外，百慕達群島不需要披露公司實際利益擁有人，但需向百慕達金融管理局（BMA）披露，英屬維京群島和開曼群島雖不要求披露，但需向註冊代理人或註冊辦事處披露，若有要求，需向當局披露；馬來西亞納閩金融中心《離岸銀行法》中也規定了保密條款，以保證離岸銀行客戶的身份、帳戶和業務得到保障。

2　各主要離岸金融中心近年針對有關保密性措施的變革包括：2013年1月，開曼群島金融管理局向其管轄區域包括投資、保險、金融、銀行、律師、會計等在內的15個行業協會發出公開信，信中闡述了就保密制度擬行改革的宗旨和主要內容，涉及了公開資料庫、強化監管和協調資訊披露的內容，包括公開數千家此前隱秘的企業及其董事的名字。英屬維京群島自2003年開始對其從1984年開始實施的《國際商務公司法》全面修訂，包括限制不記名股份的流動性、實行董事強制登記、涉嫌洗錢情況下的離岸公司資料強制公開等。2006年英屬維京群島對該法再一次修訂，規定可以有限度披露股東和董事資訊，承諾交換資訊，建立與其他國家和地區就有關資訊的交換機制，加強資訊交流（百慕達亦同），取消辦理註冊業務，加強離岸公司的財務監管，要求公司的運營資訊能夠隨時備查。

3　如《1995年塞席爾經濟發展法》豁免暴力行為和販毒有關的罪行之外的刑事訴訟。

民幣業務設定了挑戰。

　　為了打擊洗錢犯罪，人民幣離岸金融中心需要加強監管以建立良好的審查制度，全力維護自身在國際金融交易和資本生態環境中的聲譽。針對洗錢活動，人民幣離岸金融中心一方面需要依託現行《中華人民共和國反洗錢法》及相關具體實施細則，建立獨立的金融監管機構和強化反洗錢措施；另一方面，可以借鑒其他離岸金融中心設定的「了解你的客戶」（KYC）要求，通過立法，鑒別金融投資機構實際擁有權人以及投資者身份，並對資本來源和用途進行較為嚴密的檢查，尤其是對從事相關金融業務的機構、人士及相關業務嚴格執行反洗錢和反恐怖主義融資（Anti-Money Laundering and Countering the Financing of Terrorism, AML/CFT）準則，包括投資基金和對沖基金。此外，人民幣離岸金融中心可以借鑒目前其他離岸金融中心現行反洗錢制度和立法，包括可以考慮適用相關引渡公約條款[1]，建立稅收資訊切換式通訊協議和備忘錄，並同意向主要國際金融中心所在國反洗錢監管機關提供充分合理的資訊。

6.2.4　明晰離岸金融業務載體制度

　　作為人民幣離岸金融中心運作的基石，包含離岸金融業務機構在內的離岸載體（公司或經營實體）的註冊、運行、治理、結算管理、海外上市等方面需要具備極其簡易和方便的實用性，進而便於人民幣離岸業務的操作和發展，維持人民幣離岸金融中心對資本的旺盛吸引力。

1　譬如，開曼群島有關反洗錢的主要法律包括：《濫用藥物法》（2010年修訂）、《反腐敗法》（2008年）、《犯罪所得法》（2008年）、《恐怖主義法》（2011年修訂）、《擴散融資（禁止）法》（2010年）、《反洗錢條例》（2010年修訂）和《開曼群島防止和偵查洗錢及恐怖主義融資指導意見》（2010年）；同時，開曼群島與美國合作簽訂法律互助協定，包含有252項請求事宜，並通過《刑事審判（國家合作）法》針對一系列犯罪提供綜合性的共同法律協助。

一般而言，離岸金融業務載體備選的公司架構相仿[1]，相關法律特徵應包括便捷的設立程序、低廉的運營費用、簡便的章程大綱及細則修改程序等，同時在對募集資本如公開上市業務的靈活性方面[2]也需保持與其他離岸金融中心的競爭與配合。

6.2.5 建立離岸金融中心的司法制度

司法制度是確立和實現經濟民事權利的保障，正如澤西島財經事務發展局首席執行官傑夫‧庫克所言，「契約精神要體現在合同中，投資和資產能受到保護。強有力的司法制度對企業和個人、對股東和投資者都是平等的。」[3]人民幣離岸金融中心需要奉行司法獨立原則，與律師和司法管理制度結合，將離岸金融業務匡制在司法制度內，形成有效的激勵機制和約束機制，進而實現離岸中心運作堅實的基礎和保障。

爭議解決制度是司法制度運作和建立公信力的基礎，也是建立人民幣離岸金融中心制度的挑戰和難點。儘管仲裁可能作為糾紛解決尤其是投資糾紛解決的有效方式，但是仲裁在相當多的離岸金融中心沒有得到廣泛的運用，譬如仲裁在英屬維京群島管轄區內並不經常使用。因此，人民幣離岸金融中心的訴訟制度必須完善，可以有效制約金融管理機構的公權力，以及促進資本管理依法操作。同時，在完善離岸金融交易糾紛解決機制中，完備高效的司法制度對離

1　譬如，百慕達備選的公司為豁免公司，主要包括股份有限公司、擔保公司、無限責任公司、有限年期公司、獨立帳戶公司等形式，並可從工商當局處獲得截止於2016年3月28日的免稅承諾函；開曼群島註冊的豁免公司，有股份有限公司、擔保公司、無限責任公司、有限年期公司、獨立投資組合公司等形式，並可獲得20年免稅承諾函；英屬維京群島的載體公司為商業公司，包括股份有限公司，也可通過擔保有限公司、無限公司或獨立投資帳戶公司形式成立。

2　譬如，開曼群島和英屬維京群島對上市的離岸載體無法定內容要求，百慕達群島對招股書內容的法定要求更為靈活，只要求指定證交所或合格監管機構已接受其招股書；英屬維京群島和開曼群島還允許註冊辦事處以及允許子公司持有控股公司股份，公司股份結構具有彈性，允許發行低面值或無面值股份、發行只繳清部分股份應繳額的股份、發行非整數股份、以任何國家貨幣發行股份等資本運作業務，為離岸載體募集資金和參與國際資本運作奠定堅實基礎。

3　《離岸金融中心有三大條件》，載上海金融新聞網，2011年6月24日，http://www.shfinancialnews.com/xww/2009jrb/node5019/node5036/node5046/userobject1ai78216.html。

岸金融所涉及法律問題的獨特性和國際性必須進行有效調整，所涉及的如法律淵源等問題也應一般是大型離岸金融市場實踐的國際慣例，或針對糾紛適用國際民事訴訟解決方式等。[1]

與此相匹配，人民幣離岸金融中心需要建立律師制度，保障離岸金融業務的發展和推動。在離岸公司註冊前期諮詢、公司註冊、公司運營再到爭議解決的一系列問題上，利用律師對當地法律環境的了解和高度專業的職業技能，使得律師在離岸金融中心法律規制中扮演重要角色。[2]

6.2.6 人民幣離岸金融中心面臨的法律挑戰及建議

法律制度的協調是貨幣國際化進程中的必然要求，也是建立人民幣離岸金融中心的根本性挑戰之一。每個國家或地區的立法者基於不同的法律傳統，在立法、行政及司法理念和立場方面會創設不同的法律制度。人民幣離岸金融中心法律規制不僅需要眾多法律部門的協調配合，更需要立法層面的頂層設計，進而彙集分散在各法律部門的問題並加以規範。

人民幣離岸金融中心的建立必須直面現有法律制度的相關協調和潛在衝突的挑戰，進而從至少三個層次來推動和確立人民幣離岸金融中心的建立、運作和完善。

首先，人民幣離岸金融中心必須依託人民幣境內業務或在岸業務的相關法律規制，確立人民幣資本貨幣供應量、流動性保障、清算交割便利、完善跨境結算機制和跨境融資市場等方面的制度性設計，必須有利於穩定境內金融秩序和保障人民幣資本的宏觀調控。與此相關，必須就人民幣在岸業務所涉及的外匯管理制度進行改革和調整，推進人民幣離岸金融中心建設，完善和豐富離岸金融中心人民幣回流的管道。儘管《離岸銀行業務管理辦法實施細則》自1998年開始施行，但匯率和外匯管制仍是推進人民幣離岸業務的桎梏之一。

1　參見羅國強：《離岸金融交易終端中的法律規避和公共秩序保留》，載《財經科學》，2011（8）。
2　參見陳憶：《律師在離岸公司業務中的法律服務》，載《法治研究》，2007（10）。

如何規範利率在嚴格金融管控和市場需求之間扭曲的地位，是建立人民幣離岸金融中心的關鍵點和面臨的挑戰之一。同時，利率制度改革是涉及人民幣離岸金融中心運作法律規制層面的要求。由於我國參考一籃子貨幣的浮動匯率制度缺乏彈性，如果僅僅取決於市場的供求關係，可能導致大規模人民幣資金通過投資、貿易等公開以及各種非公開的形式跨境套匯。儘管我國《離岸銀行業務管理辦法》第二十二條規定了離岸銀行業務的外匯存款、外匯貸款利率可以參照國際金融市場利率制定，但我國《商業銀行法》要求商業銀行應按照中國人民銀行規定的存款利率的上下限確定存款利率。離岸金融業務相關的國內銀行運營制度也是限制人民幣離岸金融中心的因素。通觀《離岸銀行業務管理辦法》和《離岸銀行業務管理辦法實施細則》，目前對離岸銀行業務和範圍的規定較為嚴苛，並且沒有對外資金融機構經營離岸金融業務做出細緻規定。

其次，人民幣離岸金融中心管轄區內法律規制構建必須從立法、監管、風險控制、糾紛解決協調和司法制度等層面配合人民幣資本流動的特質，創設人民幣資本跨境結算和流動便利的法律環境和富有國際公信力的協調機制，確保在目前資本帳戶開放時機尚未完全成熟的環境下，支持人民幣離岸中心在離岸載體規制、國際貿易和國際結算等方面推進人民幣國際化的具體實踐。

最後，由於人民幣離岸金融中心法律規制的特殊性，如何積極汲取其他離岸金融中心業已建立的體制和合理優秀的經驗，也是建立人民幣離岸金融中心面對的考驗。經由比較和移植，通過立法頂層設計，人民幣離岸金融中心法律規制需要從金融投資機構管理、跨境資本流動規制、金融監管、資訊披露、糾紛解決機制協調等方面將各個法律部門有效聯動和銜接起來。

針對以上三個層次的挑戰和考驗，人民幣離岸金融中心的建立、運作和完善，可以通過具體法律規制的管轄內容來實現。

1.金融監管管轄。

就金融基本制度而言，人民幣離岸中心必須設立金融監管機構，負責向被監管實體和金融投資企業頒發許可證；對許可機構施行非現場和現場審慎監管；在被監管機構發生資金財政困難時，從投資者的利益出發採取行動。金融

監管的範圍涉及金融市場、金融中間業務和金融產品，包括投資、保險、養老基金和存取款活動（非借貸），進而防止市場操縱、欺詐和不公平，並有效與其他離岸中心金融監管機構協調配合。

人民幣離岸金融中心區域的金融監管機構須有經符合法律正當程序的監督和授權，充分發揮政策導向性和革新性作用。一方面需要充實金融監管細節，另一方面是積極建立人民幣離岸金融中心與其他國際金融中心如倫敦、香港和法蘭克福等在具體監管和規制方面的協調。具體而言，金融監管機構應具備以下權力：

・制定和實施向被監管實體頒發許可證相關政策、法律和監管的權力，譬如最基本的准入和退出制度。能夠在符合離岸中心管轄權的基本金融制度下，充分享有包括金融性營業政策和許可政策的制定權、執行權、充分的金融行政管理權和一定限度的行政處罰權等在內的權力。

・與其他國家金融監管機關簽署相關雙邊或多邊的金融監管協議的權力。

・制定和執行對金融從業機構現場審慎性監管的權力。

・制定、實施和監管有關貿易和經營型等活動的支付、結算、相關國際協調等金融基礎性平臺和業務政策的權力。

・制定和實施儲戶操作、儲戶利益保護和儲戶投資等相關政策、法律和監管的權力。

・制定和實施金融市場及金融中間業務相關法律和監管的權力。

・制定和實施與金融產品相關的法律和監管的權力，包括但不限於投資、保險、養老基金、一定類別的社會保障、基本存取款活動（非借貸）、複雜金融產品、外匯管理和匯兌業務等。

・執行對金融市場操縱、欺詐和不公平交易的行政性管理和處罰權力等。

2.基本法律管轄。

人民幣離岸金融中心在管轄方面首先應依託所涉及的憲法性原則以及基本經濟、公司、貿易和投資法律制度的框架，建立完整、具備針對性和執行力的基本法律制度，應涵蓋下列具體管轄內容：

（1）稅收優惠政策。

在人民幣離岸金融中心設立統一架構、集中監管、至少三個層次的稅收優惠政策和法律。包括最高稅收優惠程度的全面優惠層次，主要面向投資者和虛擬業務型離岸金融業務，同時配合人民幣貨幣政策；面向廣大儲戶的輻射面廣、向具體地理區域和業務領域投資提供的中高等稅收優惠；以及面向低層次投資者的中等稅收優惠。建立範圍大，但又有區別對待體系的稅收優惠制度。

（2）完善的保密制度（條款）。

保密制度是離岸金融中心通行採納的基本法律。人民幣離岸金融中心必須建立最大限度保護投資者的隱私和商業祕密的制度，消除投資者的顧慮並積極鼓勵其向人民幣離岸金融中心多形式的投資。譬如應採納類似規定：公司的股東資料、股權比例、收益狀況等，享有保密權利，如股東不願意，可以不對外披露。同時，可以要求在金融監管類法律文本中加入保密條款等。

（3）反洗錢法律制度。

人民幣離岸金融中心區域必須將反洗錢法律與嚴格的金融保密措施、優惠的稅收條件和寬鬆的監管環境在制度層面完整結合在一起，建立良好的審查制度並盡力維護自身在國際交易中的聲譽。面對離岸金融市場資金的電子劃撥方式可能代理的頻繁洗錢活動，必須制定和執行相應的金融機構反洗錢法律制度。同時，可以依照巴塞爾銀行監管委員會1988年《關於防止犯罪分子利用銀行系統洗錢的聲明》的職業道德準則，建立一系列制度，譬如了解客戶真實身份、法律遵從、與執法機構加強合作、一般政策性要求和程序性要求等制度。

（4）便利、友好和高效的離岸載體法律制度。

人民幣離岸金融中心必須建立充分、便利、有效的離岸載體法律體系，包括在離岸載體或公司的註冊、運行、上市等方面設計極其簡易的要求，便於離岸公司的運作和發展。相關法律可以借鑑目前其他離岸金融中心的相關法律，既避免制度發展中的桎梏，又能充分汲取其他地區的經驗和良好實踐。

（5）相對獨立的司法管轄體系。

相對獨立的司法管轄體系是人民幣離岸金融中心運作的基礎。因此，人民

幣離岸金融中心須在管轄權整體司法體系框架下建立相對獨立、適合離岸金融中心特性的訴訟制度、終審制度、法官行為制度和律師管理制度。

（6）爭端解決制度。

爭端解決機制是離岸中心法律制度進行頂層設計必須考慮的核心問題之一。在人民幣離岸中心內註冊的離岸載體或公司可能採取的糾紛解決機制應參考離岸中心管轄區與外國企業所屬國家簽訂的投資保護協議或者相關國際仲裁協議或公約解決爭議，並與相關條約、協議或備忘等相關法律和管理協調與銜接，以達到可持續發展和雙贏。一般來說，政府間組織解決國際經濟法律衝突的基本方式有三種，即「遵從」（deferential）、「協作」（collaborative）、「自理」（autonomous）。[1]在設計人民幣離岸金融中心爭端解決制度時，應了解人民幣離岸金融中心所在法律管轄區的法律文化和法律制度，提高對離岸中心金融基礎設施運行的共識，在爭議出現時能夠通過磋商等有效解決方式，選擇糾紛各方共同認可的法律解釋。

6.3　國內貨幣政策和金融監管將承受較大壓力

6.3.1　離岸市場發展可能干擾國內貨幣政策

20世紀90年代以來，離岸金融市場的發展逐漸為世界經濟的穩定增添了一些不和諧的因素，這其中就包括對國內貨幣政策實行效果的干擾。目前，離岸市場建設過程中貨幣政策面臨的挑戰包括以下三方面：

第一，當離岸市場因無存款準備金要求而成本低於在岸市場本幣成本時，會形成國內貨幣緊縮的壓力。在新加坡離岸金融市場的發展過程中，20世紀80年代初期由於國內存款受制於26%的存款儲備要求，其中包括6%的現金餘額和20%的雙重流動現金比率，其國內存款機構利用離岸機構來逃避這一存款儲備

1　參見徐崇利：《國際經濟法律衝突與政府間組織的網路化——以世界貿易組織為例的研究》，載《信安政府大學學報》，2005（5）。

要求，從而降低存款成本以便向客戶提供更具有吸引力的利率。這樣做當然會導致國內存款基數的擴大、貨幣供應量的減小，由此迫使國內利率趨於上升。後來，新加坡監管當局加強監管，這種情況才得以遏止。同時，當所在國政府為刺激經濟增長而放鬆銀根時，大量資金為追求較高收益而流向離岸金融市場，此時，該國政府將不得不採取包括提高利率在內的一系列措施來抑制資金外流。這樣一來，擴張的政策就難以貫徹實施了。

第二，離岸金融市場可能帶來輸入性通貨膨脹。因為離岸市場的融通活動使一國的閒置貨幣變成另一國的貨幣供應量，增加了新的信用擴張手段，使該國通貨膨脹的壓力加大。當商業銀行從離岸市場籌資向國內企業大量貸放外幣款項，而後者則將這些外幣資金轉換成本幣時，國內的貨幣供應將受到擴張的壓力。同時，當離岸市場所在國政府為了抑制通貨膨脹而採取緊縮銀根的措施時，國內銀行和工商企業可以從利率較低的離岸金融市場調入資金，從而削弱甚至完全抵消本國政府貨幣政策的效力。同樣為亞洲國家，泰國目前的情況是，通過曼谷國際銀行設施這一離岸市場所借的大量外債以及在市場預期向好時通過該市場流入的外國資本，大都要換成泰銖使用。這樣一來，國內資金狀況變得寬鬆，國內信貸迅速擴張，加大了國內貨幣供應膨脹的壓力，衝擊了本國貨幣政策的運行。

第三，離岸金融市場的發展使得貨幣發行國的利率和匯率決定機制複雜化。離岸利率和國內利率並存、離岸匯率和國內匯率並存的局面將對政府有效制定和實施國內經濟和金融政策的能力形成嚴峻考驗。

具體到人民幣離岸市場發展對國內貨幣政策的挑戰，主要表現為兩個關鍵問題。

（1）離岸市場建設中匯率與利率的定價權爭奪問題。

我國在利率、匯率尚未完全市場化的背景下發展離岸金融市場，就不可避免地會受到離岸金融市場的衝擊。尤其是離岸市場發展到一定規模的時候，其對國內市場會有一定的傳導作用，並且有可能會給國內帶來一定的風險。

首先，從對匯率定價權的影響來看。一般來說，離岸市場因其金融自由

化程度高等因素，對海外市場匯率變動的反應相當敏銳，國際市場稍有變化，市場自由化程度較高且官僚干預較少的離岸市場會迅速做出反應，先於在岸市場出現升貶值趨勢。因此，離岸市場人民幣匯率對在岸市場即期匯率在價格發現上具有先導作用。然而，在離岸市場發展初期，境內市場規模遠大於離岸市場，離岸市場對人民幣匯率價格的影響力相當有限，因此匯率定價權仍由境內市場掌握。但從長期來看，隨著離岸市場規模的擴大，其影響力不斷增長，最終將從境內市場奪走匯率定價權。

其次，從對利率定價權的影響來看。目前我國內地市場的利率仍未實現完全市場化，管制依然存在，而離岸市場因沒有準備金、存款保險費用及稅收較低等原因，其人民幣利率與內地的利率水準存在較大差距。但由於資本項目管制的存在，離岸市場的低利率無法引發大規模的資金流動，所以對境內利率不會造成直接而重大的衝擊。但從長期來看，資本項目管制將逐漸放鬆，大規模的套利行為將驅使大量人民幣資本湧入內地市場，增加國內貨幣供應量。中國人民銀行一般會採取緊縮性貨幣政策以抑制貨幣供給量過快增長，如上調存款準備金和存貸款利率等。通過這樣的傳導機制，離岸市場會對境內市場利率產生較大的影響。

（2）促使貨幣政策從總量模式向價格型模式轉變。

由於離岸市場的存款準備金要求較低，貨幣乘數效應較大，因而資金規模較大，大量的資金回流將導致貨幣當局難以監控境內的貨幣總量，所以再繼續使用數量型工具將降低貨幣政策的有效性。隨著離岸市場建設的不斷完善，利率市場化程度也將不斷加深，使用價格型工具的有效性也將不斷提升。在這種背景下，貨幣政策從總量模式向價格型模式轉變，將有利於境內外價格有效傳導，促進跨境資本自由流動，避免資金大進大出，保證境內貨幣當局貨幣政策目標順利實現，維護貨幣政策獨立性。

離岸金融市場發展也可能削弱國內貨幣政策的有效性。例如，若國內出現通貨膨脹，央行緊縮貨幣導致利率提高。如果境內利率高於人民幣離岸市場，可能會導致資金淨流入，從而有可能抵消央行貨幣政策的效果。當國內宏觀經

濟持續順差的時候，人民幣面臨升值壓力；要維持匯率穩定，央行會拋出一定數量的本幣。但如果離岸金融市場的匯率高於境內的話，套利行為可能會導致一部分境內人民幣資金流向離岸金融市場，從而有可能使央行的匯率穩定目標打了折扣。

總之，在中國利率、匯率尚未完全市場化的時候，離岸金融市場和境內市場難免會出現套利機會。投機資本的流入和流出可能會給國內金融市場造成一定的衝擊。與此同時，離岸金融市場對在岸市場的傳導機制以及對國內經濟主體預期的影響都存在著一定程度的不確定性。以上因素無疑都增加了國內貨幣政策調控的難度及效果的不確定性。

專欄6—1

日本離岸金融市場（JOM）經驗借鑒

1986年12月，日本離岸金融市場（JOM）正式成立。離岸金融交易免除利息預扣稅、存款準備金和存款保險，沒有利率上限的規定。與倫敦和紐約市場不同的是，JOM中的交易需要繳納國家和地方政府的稅收，這在一定程度上限制了JOM市場的吸引力。

一、對市場主體和業務活動的限制

1.操作過程限制。為了確保離岸帳戶的外部性，離岸帳戶資金與在岸帳戶資金之間的劃轉有嚴格的限制：對於離岸帳戶與日本國內普通帳戶之間的資金流入、流出和每天從離岸帳戶的淨流入控制在上個月非居民資產平均餘額的10%以內，同時每月總流入額不能超過每月總流出額；從事離岸業務的銀行和機構對離岸交易資金負有審查的義務，必須保證「交易對方在境外使用這些資金」。

2.交易對象的限制。JOM的交易對象只限於外國法人、外國政府、國際機構和外匯銀行（經政府批准經營離岸帳戶的銀行）的海外分行。日本企業的海外分社及個人，即使是非居民也不能成為交易對象。外匯銀行在開展離岸業務時有義務對交易對象的性質進行審查。

3.資金籌集和使用的限制。JOM中交易業務只限於從非居民、其他離岸帳戶和母行吸收非結算性質的存款與貸款，不允許發行大額定期存單。從非居民和其他離岸帳戶吸收存款，要滿足以下三個條件：一是對約定期限的存款，對非金融機構的外國法人的期限為至少兩天，對外國政府及國際機構，至少是隔夜；二是對沒有約定期限的存款，只限於從金融機構、外國政府及國際機構吸收存款，在解約通知的第二天後支付；三是從非金融機構的外國法人借款，不得低於1億日圓或等值的外匯。離岸帳戶內的資金不可以進行外匯買賣、票據交易、證券買賣和掉期交易，即經營離岸業務的銀行與國外居民的資金往來限定為一般的存款和借貸業務，其他交易只能在銀行的普通帳戶中進行。

JOM離岸業務通過金融廳批准設立的「特別國際金融帳戶」進行。「特別國際金融帳戶」之間的資金交易不需要徵收存款準備金，但是由於JOM內外分離的性質，「特別國際金融帳戶」的資金向國內市場劃轉則必須經過日本銀行設立的「資金劃撥相關帳戶」並繳納存款準備金。「資金劃撥相關帳戶」是連接日本離岸市場與在岸市場的紐帶：一方面，監管當局可以通過監控「資金劃撥相關帳戶」以掌握離岸市場資金與在岸市場的交易情況；另一方面，日本中央銀行可以調整「資金劃撥相關帳戶」的存款準備金率對離岸資金向在岸的滲透量進行調控。在JOM設立之初的1986年12月，存款準備金率為25%，到1991年10月，存款準備金率下調到15%。「資金劃撥相關帳戶」存款準備金率的設置為日本央行調控離岸與在岸的相互滲透提供了一個特別的工具。在特殊情況下，如果日本國內流動性過剩，當局不希望離岸資金滲透到在岸市場，可以通過對「資金劃撥相關帳戶」徵收100%的準備金來達到目的。

二、JOM運行中出現的問題

JOM建立時監管當局的初衷是內外分離，但是在實際運作過程中卻出現了離岸資金向在岸市場的滲透。一國離岸市場的發展必然伴隨著國內金融市場的改革與開放。1984年6月日本政府廢除外匯兌換限制，原則上外匯資金可以自由地兌換為日圓，且可作為國內資金使用。外匯兌換限制的廢除，使得銀行可以不受數量的限制將外匯兌換成日圓，或吸收歐洲日圓並將其運用於國內市場。

由於經過「特別國際金融帳戶」向國內帳戶轉移離岸資金需要繳納準備金，在日本經營離岸業務的商業銀行在逐利動機下，將離岸籌集的大量外匯資金貸給其在香港和新加坡的境外分行，境外分行再將這些資金貸給國內金融機構和企業。這些離岸外匯資金以對外負債的形式被自由兌換為日圓進入日本國內市場，繞開了政府對離岸資金進入在岸市場的監管通道。

日本商業銀行的上述做法在外匯管理法的框架下，規避了離岸與在岸隔離的限制，大量外匯通過上述路徑流入日本在岸市場。JOM在運行過程中，沒有真正做到內外分離，離岸市場和在岸市場之間上演了一場由銀行業主導的「再貸款遊戲」。也就是說，這些資金其實只在日本人手中流通。日本的銀行業充當了這場遊戲的主角，倫敦和香港等離岸中心成為資金進出的主要通道。在1984—1990年間，日本銀行業的對外資產由1 050億美元飆升到7 250億美元，同期，日本銀行業的對外負債則從1 300億美元飆升到9 040億美元，淨流入的資金從250億美元飆升到1 800億美元。這場再貸款遊戲成為日本長期經濟蕭條的重要原因，在經歷1990年泡沫危機和1997年亞洲金融危機之後，東京離岸市場的發展及日圓的國際化進程同時陷入倒退。

6.3.2 離岸市場發展對金融監管提出更高要求

離岸金融市場之所以出現，本來就有為了規避國內監管的原因。所以離岸

金融市場的發展必然對金融監管提出更高要求。

首先，在離岸金融市場中，資本可以自由流動，因此將導致「熱錢」管制成本升高和跨境資金監測難度增加。如果不能設置合理的防火牆，國際金融危機向國內市場蔓延的速度和深度都將超出市場的預期和掌控。因此，必須以審慎的策略確定金融開放的「度」，避免金融開放過度造成的各種潛在風險。

其次，人民幣可自由兌換、匯率市場化和利率市場化等改革都將在離岸金融中心先試先行。這些舉措一旦真正落地，將給中國目前的資本帳戶監管政策、匯率政策、利率政策以及銀行業監管舉措帶來很大的挑戰。這要求中國必須建立起一套全新的宏觀審慎金融監管模式。而目前我國整體正處於宏觀審慎監管體系構建的初步階段，此時要再制定出一套適應於境內離岸市場的全新審慎監管體系無疑是對我國監管部門的重大挑戰，我們必須要儘快對現有各部門各司其職，對不能夠在內部進行有效協調的機制進行改善，否則將無法適應國際性離岸市場全面開放的巨大衝擊，並進而引發系統性金融危機。

最後，在現有的人民幣跨境貿易支付的三個管道中，沒有一種管道是完全通過我們自有的人民幣跨境支付系統進行的，這對人民幣資金的跨境流動帶來了很大的安全隱患。每一筆資金變動都極易受到一些別有用心的國家的即時監測，從而嚴重制約了我國和中東、非洲等政治敏感地區國家的經濟金融合作。人民幣的日交易量已經達到1 200億美元，成為全球第九大外匯市場交易幣種，構建一個獨立的人民幣跨境支付體系已經迫在眉睫。

市場風險防範和監管是金融業中最受關注的問題，人民幣離岸市場也不可避免地會受到影響，離岸業務是否能很好地發展很大程度上取決於監管水準和監管能力的高低。為了保證離岸業務的順利進行，在實行監管的時候，既要考慮到監管的行之有效，又要同時兼顧到過多的監管會對離岸銀行業務的順利發展形成阻礙，所以也要很好地把握「度」的問題。我們必須以前人為鑒，吸取其中的教訓，認真地分析構建人民幣離岸市場的風險防範和監管機制，確保人民幣離岸市場平穩、健康發展。

（1）貨幣發行國的監管。

一般來說，外國央行在境外選擇的儲備資產中，不管是國債還是存款的形式，均是由貨幣發行國的政府和自身的銀行系統來提供這龐大的資金規模的。這些規模龐大的資金通過銀行體系的周轉和政府的支出機制逐漸變為可貸資金，進而創造收益。不斷規範和強化市場准入管理，簡化人民幣業務的審批過程。任何開展人民幣離岸業務的銀行都應經過中國和離岸金融機構所在國相關機構的審批。在審批過程中，不同種類的牌照也應該根據申請人的自身情況來頒發，同時，申請人的業務範圍也應被清晰地進行歸類從而管理起來能夠更加有效。

　　（2）離岸金融機構母國的監管。

　　離岸金融機構在整個市場中充當著「溝通橋樑」的作用。比如一些商業銀行、投資銀行等，它們既能為資金的供給者引導方向，又能為資金的需求者提供有價值的資訊。這種調和的重要性不容小覷。因此，為了保證這種調和的實效性，母國必須擔當相應的責任，即保證對離岸銀行機構進行絕對充分的監管。根據國際社會接受的巴塞爾委員會曾經頒佈的相關條例，有三個方面我們需要注意。首先，在監管方面我們應實行母國監管部門直接對銀行負責的監管方式，銀行在整個世界範圍內的業務均要受到母國的這種監管；其次，銀行跨境設立機構要經母國監管當局同意，監管機構有能力禁止阻礙並表監管的法人機構的建立或監管機構有能力在有嫌疑的國家制止銀行建立機構；最後，母國當局掌握跨境的銀行機構的境內外資訊，監控各種經營指標。

　　（3）構建人民幣離岸金融中心的監管體系。

　　首先，我們要完善人民幣離岸市場金融立法。在此過程中，既不能限制過於嚴格，又要注意適當降低交易成本。其次，要設立行業監管標準。不僅要對流動資金比例進行適當的調整，還要出臺與離岸金融方面相關的稅收減免政策。再次，加強市場准入監管必不可少。應從審批手續上開始規範，同時離岸銀行應對不同牌照的持有情況進行清楚的歸類管理，且必須由總行作為最後償債人承擔業務風險。最後，出臺其他必要的監管舉措。除了要求涉及離岸業務的金融機構具備嚴格、全面的內部管理控制制度外，還要求其時刻保持與國家

外匯管理局的溝通。此外,將離岸金融市場內外分離化,保持離岸金融市場上帳戶的獨立性,以便監控。

6.4 避稅港型離岸金融中心可能構成較大威脅

全球有很多離岸金融中心以低稅負聞名,其特徵十分顯著,是投資者理想的「避難所」。倫敦、紐約、香港、新加坡等離岸金融中心的法制健全,監管嚴格,很難為犯罪分子利用。但是如英屬維京群島、開曼群島、薩摩亞、百慕達等加勒比海和太平洋所屬的眾多全球著名的離岸中心,則素來就有「避稅天堂」或「洗錢天堂」的名聲。

離岸金融中心曾經對美元國際化產生過積極作用。當年美國的金融機構出於利益驅動,曾借助離岸金融中心在離岸美元相關的金融業務方面相當活躍,推出一系列金融創新產品與工具,將美元推向全球的各個角落。經過多年的演變,離岸金融中心已經成為全球金融體系不可或缺的一個組成部分,只要各國各地區經濟發展存在著差異、存在著不平衡,各國稅務政策方面存在著漏洞,離岸金融中心就會不斷以新的形式行使稅收套利的功能。

專欄6—2

避稅港型離岸金融中心的稅制特徵

(1)沒有稅收或者低稅收。這是離岸金融中心的最基本特徵。稅率低、稅負輕或根本無稅,才能對投資者產生吸引力,才屬於提供避稅的地方。

(2)側重對跨國投資者的稅收優惠。成為離岸金融中心的國家或

地區，其所採取的稅收優惠都是有針對性的。儘管有的離岸金融中心國家或地區對國內和國外投資者給予同樣的稅收優惠，但畢竟不多，絕大多數離岸金融中心的稅收優惠是側重於跨國投資者的。

（3）避稅區域明確。提供避稅的場所都有明確的範圍，有的是整個國家或地區；有的是其中一個或幾個島嶼；有的是一個港口城市、自由貿易區或出口加工區，在區域內才能實行低稅政策。正是由於區域明確才會產生鮮明的對比，如屬於離岸金融中心的島國與鄰近的高稅國對比，這樣更突出了避稅地的形象，使較多的資金、業務流向避稅地。

（4）政治體制的不完整性。在國際離岸金融中心中，許多國家和地區過去是殖民地，有的至今仍是殖民地或帶有強烈的殖民地色彩，有的甚至僅是一個小島、託管地。它們其中有些迫切希望政治獨立和經濟繁榮。這些地區一旦脫離殖民關係後，出於迅速發展本地經濟的願望，很容易在原依託關係的基礎上過渡為避稅地。

6.4.1 避稅港型離岸金融中心的負面影響

除了隱匿了大量非法資金，為洗錢和恐怖主義活動等創造便利條件，避稅行為氾濫造成有關國家的巨額財政流失外，避稅港型離岸金融中心的存在提高了國際金融市場的整體風險水準。2008年全球經濟和金融危機揭示了許多金融機構從事表外負債活動，而這些金融機構正是在這樣的離岸金融中心註冊從而使其部分債務受到匿名保護。避稅港型離岸金融中心提高了不同參與者之間的風險和資訊不對稱程度，從而破壞了國際金融市場作用的正常發揮並導致了所有國家的高借貸成本。

避稅港型離岸金融中心破壞了各國稅制和財政收支的正常運行。為了吸引資本流入，避稅港型離岸金融中心提供各種保密規則和人為的虛擬住所以及免稅制度。這樣的制度會對其他的經濟體產生財政降格的效應，因為避稅港型離岸金融中心提供了對別的國家或地區的主權有負面影響的有害法律結構，也使得其他國家很難保留資本所得稅，從而導致對資本徵收的稅收越來越低，引發

了「競爭到底」的惡性國際競爭。再者，與發達國家相比，發展中國家的稅基比較小，還需要從資本收益中獲得最大部分的稅收收入。因此，比較低的資本稅收意味著稅收收入的下降，而無法徵稅則沒有收入來源，對政府的運轉構成威脅。因此，這樣的離岸金融中心加大了發展中國家徵稅的社會經濟成本，嚴重阻礙了經濟增長。

避稅港型離岸金融中心加大了稅收收入的分配不公。這樣的離岸金融中心的存在影響了各國對源於資本的所得的徵稅以及稅收收入的跨國分配。在雙邊稅收協議中，對跨國收入的分配一般適用的是屬地原則，換句話說就是徵稅的優先權屬於公司所有者的居住地國家或註冊地國家而不是收入來源國。這種劃分徵稅權的方法依據就是，住所所在國和該納稅人之間一般存在著密切的聯繫。如果出現這樣的情況，在離岸金融中心這種徵稅原理的依據消失了：法律實體僅僅在一個轄區註冊，但不是為了從事真正的經濟活動。避稅港型離岸金融中心的一個特徵，就是稅收主體和轄區之間的聯繫僅僅存在於正式法律層面上。

避稅港型離岸金融中心降低了發展中國家資源配置的效率。這樣的離岸金融中心使得逃稅和稅收籌畫變得更加有利可圖了。但這些活動無助於價值創造，對整個社會是沒有任何好處的。避稅港型離岸金融中心的存在使得投資者更加關注稅後收益率高的投資專案，稅收成為影響投資的最重要因素，會加大私人和社會投資標準之間的缺口。這會導致私人部門不再關注最高稅前收益率，而轉向產生最高稅後收益率的投資專案。

避稅港型離岸金融中心使得經濟犯罪更加有利可圖。許多發展中國家的一個共同特點就是這些國家缺乏資源、人才和能力來建立和發展成一個有效的治理體系。發展中國家稅收徵收體系的品質要比發達國家差。因而，當局發現經濟犯罪的可能性在發展中國家比較低。離岸金融中心的保密立法為那些試圖隱匿其經濟犯罪收益的人提供了一個躲藏的地方。從而，離岸金融中心的存在降低了這樣的犯罪行為的門檻。

避稅港型離岸金融中心能鼓勵發展中國家的尋租行為並降低了私人收入。

在過去的四十年間，那些自然資源豐富的國家的平均增長率要比其他國家低。這種現象常被稱為「富足的悖論」或者「資源的詛咒」。發展中國家得到的最重要的教訓就是，那些從天而降的收入可能在那些有比較疲弱的制度的國家有不利的經濟後果。離岸金融中心的存在和氾濫提高了尋租者的獲利水準，這會促使更多的人選擇尋租行為、更少的人選擇生產性的活動。尋租活動會使私人實際收入下降。

避稅港型離岸金融中心破壞了發展中國家制度的品質和經濟增長。離岸金融中心的一個最嚴重的後果是它們會導致發展中國家制度品質和政治體系的弱化。這是因為離岸金融中心鼓勵自我利益，而發展中國家的政客和官僚都處於比較弱化的制度中，缺乏有效執法組織意味著政客可以在很大程度上利用離岸金融中心提供的機遇隱匿源於經濟犯罪和尋租的收益。

6.4.2 避稅港型離岸金融中心對中國的挑戰

截至2013年4月底，我國累計實際利用外國直接投資的總額達到1.3萬億美元，位居全球第二位，而且在2013年第2季度成為了資本淨輸出的國家。不可否認這些離岸金融中心在其中發揮了重要作用。

儘管有很多正面影響，但離岸金融中心對中國的經濟和社會發展等方面構成了挑戰甚至是威脅。

第一，「返程投資」現象嚴重，造成宏觀經濟決策的失誤。從統計資料看，我國吸收利用的外資絕大部分來自避稅港型離岸金融中心，英屬維京群島、巴貝多、開曼群島等都位居前列。而這些地區也一直是我國對外直接投資較為集中的地區。其中，我國從這些離岸金融中心吸收投資所占比例很高，而對拉丁美洲的直接投資高度集中在開曼群島和英屬維京群島兩個離岸金融中心。聯合國的《2013年世界投資報告》（UNCTAD，2013）研究發現，國內外的跨國公司都是將在離岸金融中心設立各種特殊目的實體（SPV）作為其國際投資的一個「跳板」。因此，在某種意義上，來自這些離岸金融中心的外資都是「虛假的」外資。如果不剔除這些來自離岸金融中心的「返程投資」，勢必

有可能給我國的決策者傳遞錯誤資訊，造成決策的失誤。

第二，海外轉移資產與非法資本流動。利用離岸金融中心向境外轉移資產成為我國腐敗分子向境外轉移資產的途徑之一。全球金融誠信組織（GFI）發佈的《發展中國家非法資本流動：2001—2010年》顯示，在截至2010年的10年中，有總計約5.9萬億美元非法資金流出約150個發展中國家，其中以我國為最，非法資金流出規模最大，主要是流向境外避稅地型離岸金融中心或發達國家金融機構。報告顯示，2010年我國非法資金流出總量4 200億美元，在截至2010年的10年中總計2.7萬億美元，接近發展中國家總額的一半，是全球資本外流情況最嚴重的國家。巨額的非法資金外流會影響我國的政治形象和威脅到國家的經濟安全。而目前的情況是，除了香港，像英屬維京群島和百慕達群島那樣的離岸金融中心早就成為了很多富豪和企業家、腐敗分子轉移業務和資產的最佳選擇。

第三，稅收收入流失。離岸金融中心為避稅者和逃稅者提供了可乘之機。長期以來，我國政府用稅收優惠來吸引外資，也推動了內地投資者使用離岸金融中心。例如，我國一些廠商用「返程投資」的方式避稅：在境外成立子公司，由國內的母公司將在內地生產的產品低價賣給離岸的子公司。母公司由於賬上利潤少，甚至沒有盈利，自然免稅。然後再由子公司把產品以高價賣給別的公司，把利潤匯回母公司。這部分利潤是當作母公司從英屬維京群島或香港獲得的「外商投資」，也無須向我國政府繳稅。我國的對外直接投資和海外直接投資集中於避稅港型離岸金融中心的趨勢越來越明顯，稅收因素無疑是重要因素之一。跨國公司通過利用轉移定價和濫用稅收協議等方式將本該在我國實現的利潤或應繳納的稅款轉移到離岸金融中心，給我國造成了巨額的稅收收入流失。

第四，為非法活動創造條件。有證據顯示，我國一些公司和個人利用離岸公司進行非法活動。2013年9月，前鐵道部高官張曙光承認轉移28億美元到海外帳戶。目前身陷囹圄的我國前首富黃光裕也曾運用離岸公司進行商業操作。黃光裕與妻子杜鵑在2001—2008年間至少成立了31家英屬維京群島公司。

當時他們持有的國美集團是全國最大的電器商連鎖。2010年，黃光裕因內幕交易、賄賂和操縱股價，被判有期徒刑14年。杜鵑也以相關罪名獲刑，但二審獲改判，當場釋放。黃光裕大部分資產被凍結，但其利用離岸金融網路維繫他的商業王國。2011年，黃光裕名下的英屬維京群島公司Eagle Vantage Assets Management競購英國退役航母，欲打造成高端購物商場。黃光裕目前通過Shining Crown Holdings和Shine Group這兩家英屬維京群島公司控制國美集團30%多的股份。

實際上，世界各國對離岸金融中心大多持自由放任的態度。直至2008年國際金融危機爆發後，離岸金融中心的客戶氾濫，涉嫌逃稅、洗錢甚至資助恐怖組織等重大問題才受到主要國家的重視。在美國的巨大壓力之下，瑞士的銀行保密法有所鬆動，離岸金融中心的避稅港功能開始下降。隨著各國反洗錢行動的深入，離岸市場非法資金流動的管道也會越來越窄。

第七章

結論與建議

　　《人民幣國際化報告》由中國人民大學每年定期發佈，忠實記錄人民幣國際化歷程，深度研究各個階段的重大理論問題和政策熱點。本報告特別編制人民幣國際化指數（RII），用於客觀反映人民幣在國際範圍內的實際使用程度，以方便國內外各界人士及時掌握人民幣國際地位的發展動態和變化原因。根據對RII的縱向或橫向的比較分析，企業和金融機構可以判斷市場發展方向並捕捉潛在盈利機會，研究者可以從中發掘富有學術價值、應當深入研討的選題方向，管理部門可以驗證政策安排和制度設計的效果從而確定下一步工作重點。在可以預見的未來，RII對外國企業、金融機構、政府或國際組織也將具有參考及應用價值。

7.1　主要研究結論

7.1.1　RII開啟個位數時代

　　（1）2013年人民幣國際化水準呈現穩步攀升局面，RII由2012年初的0.56躍升至2013年第4季度的1.69，再創歷史新高。RII持續走強主要源於以下四個方面：第一，中國經濟穩中有升，保持全球GDP最高增長。2013年中國國內生產總值達56.89萬億元，同比增長7.7%，儘管GDP增速有所放緩，但是仍然取得

了全球經濟增長排名第一的好成績，光明的經濟前景無疑為人民幣國際化提供了堅實的經濟基礎。第二，實體經濟不斷擴大的人民幣需求是RII一路攀升的主要驅動力。2013年中國進出口貿易總額首次突破4萬億美元，成為全球最大貿易國。巨大的國內市場增長潛力和廣泛的國際市場參與程度，共同促成了人民幣貿易計價結算份額的提高。第三，全面深化改革大大增強了跨境人民幣使用的市場信心。加快利率市場化改革，加快實現人民幣資本項目可兌換，完善人民幣匯率市場化形成機制，以中國（上海）自貿區為試點提升對外開放標準等，這一系列改革措施及其釋放的制度紅利，都有利於逐步掃清人民幣國際使用的障礙和疑慮。隨著國內外市場人士對人民幣信心的增強，跨境人民幣使用的真實需求明顯上升。第四，離岸金融市場迅速發展進一步強化了人民幣的國際吸引力。香港、臺灣、新加坡、倫敦、盧森堡、法蘭克福等地的離岸人民幣存款規模大幅度增長，以人民幣計價的金融產品不斷創新。離岸交易不僅可以提供流動性保障，也創造了人民幣資產保值增值的新管道，使得人民幣跨境使用便利程度和持有吸引力顯著提高，從而加速了人民幣國際化進程。

（2）跨境貿易結算和直接投資仍是人民幣國際化最主要的兩大驅動力。2013年銀行累計辦理跨境貿易人民幣結算業務4.63萬億元，同比增長57.5%。人民幣直接投資累計規模達5 337.4億元，為2012年同期的1.9倍。人民幣貿易融資和跨境併購需求旺盛，深圳前海、中國（上海）自由貿易區、江蘇昆山三大試點地區相繼在跨境人民幣借貸業務、便利對外直接投資方面先行先試，為人民幣跨境金融交易大幅增長創造了有利條件。截至2013年底，中國人民銀行已經與23個國家和地區簽署貨幣互換協議，總規模達2.57萬億元。人民幣作為儲備貨幣的國際接納範圍繼續擴大。

（3）從主要貨幣國際化指數看，美元國際化水準基本穩定，歐元、英鎊國際地位溫和上升，日圓國際化程度有所下降。2013年美國經濟增長總體好於預期，QE退出機制的啟動促使全球資金加速回流美國，推動美元升值，資本市場對美元的投資需求急劇上升。然而，全球外匯儲備中美元比重呈下降趨勢。截至第4季度美元國際化指數達52.96，與上年同期基本持平。2013年下半

年，歐元區經濟復甦加速，區域經濟體間差距縮小，貿易與直接投資規模大幅增長，改善了歐元國際使用的實體經濟基礎，全球外匯儲備中歐元份額小幅上升。特別是在國際債券市場，歐元份額上升顯著。2013年第4季度歐元國際化指數為30.53，同比上升3.85個百分點。隨著英國經濟復甦，英鎊作為避險貨幣的功能有所增強，國際信貸市場中英鎊份額小幅上升。然而，英國經濟聯動性背後的隱憂難以忽視，出口疲軟，企業投資不足，製造業產出與訂單數量仍未回到危機前水準，2013年第4季度外匯儲備中英鎊份額小幅下降。2013年第4季度英鎊國際化指數為4.30，同比增長2.87%。受「安倍經濟學」刺激政策的影響，2013年日圓貶值對日本股市上揚、出口擴大、消費支出增加具有積極作用，然而其國內經濟沖高回落跡象顯現，與周邊國家的政治與外交摩擦不斷增加，打擊了國際市場對日圓的信心，日圓的避險功能被弱化，外匯儲備中日圓份額顯著下降。2013年第4季度日圓國際化指數為4.27，同比降低了7.25%。

7.1.2 國際輿論對人民幣給予更多關注

（1）2013年度國際輿論廣泛關注人民幣國際化，對於人民幣國際化前景感到樂觀者居多，德、法等歐洲大陸國家的官員和學者普遍表示樂見其成。眾多學者認為人民幣國際化的下一個階段性目標是實現區域化，應該把力量集中在東南亞地區。關於人民幣國際化面臨的潛在風險和問題，較為一致的觀點是可能不僅覆蓋經貿和金融層面，還體現在政治和國際關係等更多領域。有不少分析指出，中國政府在經濟運行中扮演著非常重要的角色，人民幣國際化進程的順利實現需要依靠政府與市場的合力，不斷改革、不斷推進。

（2）對人民幣國際化的國際輿情分析發現，2010年以後國際社會對人民幣的關注度明顯提高，相關報導數量成倍增加。歐洲長期保持著對人民幣的較高關注，其中英國關注度最高。在歐洲相關報導中，英國一直占80%以上。這與倫敦的國際金融中心地位有關，而且一直有種觀點認為，開展人民幣離岸業務或可成為倫敦提升未來競爭力的重要路徑。亞洲對人民幣的關注程度僅次於歐洲，有關人民幣報導最多的是印度，凸顯了印度對金磚國家金融合作機制的

重視。

（3）儘管國際輿論重點關注的是經貿金融領域，但是從人民幣相關報導的內容來看，焦點差異非常明顯。歐洲關注的問題較為宏觀，在人民幣相關報導中出現的高頻詞主要是經濟增長、貨幣危機、中國政府、國際化等。而美國更關注高科技產品如蘋果iPhone對中國的出口，2012年後美國開始高度關注人民幣國際化及其對美元的影響。南美洲媒體關注的問題集中於貿易與農業領域。亞洲不同地區對人民幣的關注重點差異很大，東亞、東南亞媒體關注經濟增長、直接投資、金融、人民幣對美元的替代，西亞則關注石油出口和貿易。

7.1.3 離岸市場建設促進貨幣國際化

（1）離岸市場是國際貿易和國際金融市場發展的必然結果。離岸金融市場具有監管寬鬆，資金交易成本低，市場廣度、深度和開放度較高，以非居民交易為主等特點。跨國銀行是離岸金融發展的重要動力。離岸市場不僅是清算交收便利、高效、低廉、安全的貨幣支付平臺，也是重要的國家風險管理平臺，以及協力廠商交易平臺。歷史經驗表明，離岸市場對於鞏固貨幣的國際地位意義重大。但由於離岸市場是一個與本國貨幣體系並行而且不受本國政府監管的市場，所以離岸市場的發展勢必對國際貨幣發行國的宏觀經濟管理提出新的挑戰。

（2）人民幣國際化離不開離岸市場的建設與發展。從現階段人民幣國際化的實際情況看，單純依賴貿易計價結算驅動人民幣跨境使用難以持久，但目前也絕非徹底放開資本帳戶的最佳時機，至少還不適宜採用激進方式實現資本帳戶改革。所以，主動培育人民幣離岸市場，既將資本流動風險牢牢控制在離岸市場範圍內，又以變相的資本帳戶放鬆來助推人民幣國際化，這種過渡性金融安排其實是當前有限條件下的最佳選擇。建設和發展人民幣離岸市場，完善人民幣金融產品和金融服務，可以提高人民幣在該地區的接受程度和使用頻率，形成全球性的貨幣網路，提高人民幣交易的安全性，促進本國居民和外國居民持有人民幣資產。

（3）主要國際貨幣都通過國際金融中心的離岸市場交易而鞏固其地位。國際貨幣是一種資產，而且具有較強的網路外部性，離岸市場的較低交易成本和資訊成本對於形成國際貨幣的外部網路、擴大其地區分佈具有決定性的影響。對離岸市場發展的研究表明，國際貨幣在全球範圍內的分佈受到貿易金融交易規模、所在國的經濟規模、金融發展程度、法律體系以及語言文化等因素的影響。地理距離對國際貨幣離岸市場的地區分佈的影響並不顯著。主要國際金融中心是否交易人民幣資產以及在多大範圍和程度上交易人民幣資產，將完全取決於市場選擇的結果，主動權在當地市場以及市場上的各種交易主體。所以從長遠來看，主要國際金融中心的人民幣離岸金融業務規模與交易比重，將是檢驗人民幣是否已經成為主要國際貨幣之一的重要標誌。

7.1.4 人民幣離岸市場國際佈局選擇

（1）全球人民幣離岸金融市場發展迅速。香港人民幣離岸金融中心的基本框架大體形成，是人民幣跨境貿易結算主要平臺。離岸人民幣投資管道日趨多元化，香港與內地人民幣市場的相互影響程度加深。倫敦人民幣離岸市場建設目前主要依靠香港市場，借池養魚，逐步做大資金池。在歐洲中央銀行與中國人民銀行簽訂貨幣互換協議後，法蘭克福、巴黎、盧森堡等地的人民幣存款、人民幣債券規模顯著增加。在非洲，與中國經貿關係緊密的南非、奈及利亞、肯亞等國也在積極探討發展人民幣離岸市場的可行性。

（2）人民幣離岸市場發展面臨難得的機遇。主要有以下三個方面的原因。一是中國實體經濟國際化進程正在加速，政局穩定，經濟以較高速度持續增長。二是中國全面展開深層次金融改革和制度創新，人民幣流出途徑與回流機制逐步形成，主要中資金融機構競爭力提高。三是人民幣離岸市場產品和管道多元化，世界主要金融中心對人民幣普遍持歡迎態度。

（3）國際離岸金融中心正處於重大調整階段，競爭加劇，亟須尋求新的利潤增長點，為建設和發展人民幣離岸市場提供了戰略視窗期。由於在紐約、倫敦等全球離岸金融中心開展人民幣業務的主動權在市場，這是一個水到渠成

的過程，需要等待較長時間。如果中國想主動出擊推動離岸市場發展，就需要仔細選擇目標市場：既要努力爭取儘早被歐美主要國際金融中心接納，又必須積極開發人民幣業務在新興國際金融中心的交易潛力。在全面考察了貿易和實體經濟、資本與投資、地緣因素、政治和文化、制度建設等重要影響因素後，通過層次分析法進行的人民幣離岸金融中心全球選址研究發現，亞洲的香港、歐洲的瑞士、美洲的哥斯大黎加、非洲的模里西斯等是我國主動建設人民幣離岸市場的首選之地，其中香港的優勢最為突出。

7.1.5　人民幣離岸市場建設的主要挑戰

（1）香港人民幣離岸市場雖然發展迅速，但也面臨著巨大的挑戰。主要表現為：人民幣金融產品單一，金融機構的創新能力和技術保障能力比較落後；CNH與CNY存在較大價差，市場上投機套利動機強烈；人民幣債券市場流動性較差，市場波動幅度較大，缺乏有效的信用評級機制和相應的信用評級機構，不利於機構投資者進行資產配置；回流機制不健全等等。中資金融機構是目前人民幣離岸市場的主力軍。但是對等監管、與國外不同的薪酬制度等也制約了中資機構的離岸業務發展。

（2）人民幣離岸業務的支付清算主要通過代理行模式完成。這種模式存在較大的弊端：支付資訊安全完全屈服於境外代理銀行機構，一旦該代理銀行由於其他方面的原因經營不善，風險會立即傳遞到支付清算領域，構成結算風險。離岸人民幣市場的健康發展客觀上要求儘快建立類似美元跨境支付系統CHIPS的高效離岸清算系統。

（3）人民幣離岸金融實踐處在初始階段，尚未達到制定統一的《離岸金融法》的條件，在法律規制細節方面需要參照目前世界主要離岸金融中心的做法。離岸金融中心更多的是間接和引導性監管方式，這與國內通行的直接、命令式監管完全不同，需要從宏觀層面完成人民幣離岸市場法律規制的頂層設計，尤其是在離岸金融監管層面進行改革。此外，保密條款是離岸金融中心共同採納的法律規定，與我國金融機構的保密制度差距較大。我國的保密制度只

有通過廣泛的國際合作與協調機制才能有效推進並不斷完善。

（4）離岸金融中心容易滋生洗錢犯罪。由於離岸國際金融中心存在嚴格的金融保密措施、優惠的稅收條件和寬鬆的監管環境，加上資金的電子劃撥方式，洗錢行為在操作層面變得易如反掌。美國、英國等發達國家均制定了金融機構反洗錢法律制度，對涉嫌資訊報告有嚴格的要求，這對中資機構開展人民幣離岸業務、維護自身良好的市場聲響等又提出新的挑戰。建設人民幣離岸市場必將面臨國際法律衝突，及早建立必要的爭端解決機制是進行法律制度頂層設計時必須考慮的核心問題之一。

（5）離岸金融市場發展在一定程度上會干擾國內貨幣政策的實施效果，形成國內貨幣緊縮壓力或輸入型通貨膨脹。離岸市場交易也使得國際貨幣發行國的利率和匯率決定機制更加複雜化。例如，CNH比CNY在價格發現上具有先導作用；隨著離岸市場規模的擴大，有可能將匯率定價權從境內市場手中奪走。在資本帳戶管制逐漸放鬆的情況下，大規模套利行為將驅使大量人民幣資本湧入內地市場，迫使中國人民銀行採取緊縮性貨幣政策，由此離岸市場對境內利率水準也會產生較大影響。可以推論，人民幣離岸市場的進一步發展，必將促使我國貨幣政策調控目標從數量模式逐漸向價格模式轉變。

（6）作為離岸金融市場的主體，避稅港型離岸市場在高效調度、配置全球資金的同時，也有不少負面的影響。主要表現為：提高了不同參與者之間的風險和資訊不對稱程度；破壞了各國稅制和財政收支的正常運行；加大了稅收收入的分配不公；降低了發展中國家資源配置的效率；增加了國際金融市場的整體風險。中國吸收利用的外資很多來自避稅港型離岸金融中心，英屬維京群島、巴貝多、開曼等都位居前列。而且，這些地區也一直是我國對外直接投資較為集中的地區。避稅港型人民幣離岸市場帶來的挑戰包括：大大減少政府的稅收；為貪官汙吏向境外轉移資產提供安全的途徑；一些公司和個人可以利用離岸公司進行非法活動，損害國家利益。

7.2 政策建議

7.2.1 培育本土跨國公司並推動實體經濟國際化

　　將人民幣穩步推向國際貨幣舞臺中心的是中國的貿易規模和人民幣的全球貿易結算份額。因此，推動、扶持企業「走出去」，提高企業、實體經濟的國際化程度，使更多的企業成為有影響力的跨國公司和國際分工的決策者，是推動人民幣國際化指數不斷提高的根本保證。短期看，通過引導人民幣升值預期，基於套利目的而進行的金融投機很可能帶來超過貿易結算規模數十倍的金融交易規模，推動人民幣國際化迅速邁上一個新臺階。然而，這樣靠金融市場投機交易吹大的人民幣國際化根基很不穩固，一旦人民幣匯率預期逆轉，金融交易規模就會直線下滑，因而是不可取的。長遠看，著力培育中國本土的跨國公司，加快實體經濟的國際化步伐，把部分企業目前的跨境人民幣投機行為變成真正的投資行為，是夯實人民幣國際化基礎的關鍵。

7.2.2 針對各國關切引導人民幣國際輿情

　　近兩年國際輿論對人民幣的關注度大幅上升，反映了世界各國與中國的經濟交往以及利益聯繫日益緊密。不同國家和地區關注的與人民幣相關的經濟內容差異較大，這些輿論不僅代表了當地民眾的情感，而且還有一定的前瞻性和導向性，對人民幣國際化有實質性影響。中國應該以對外貿易和投資活動為基礎，抓住對方國家的實際需求和重大關切，有針對性地引導輿論，製造一個良好的輿情環境。通過國際社會大量正面的報導，為人民幣國際化清掃思想深處的障礙。

7.2.3 「內外互動」破解人民幣國際化難題

　　經過近幾年的快速推進，人民幣國際化的路徑日益清晰。但伴隨這一進程，一些深層次的問題也逐漸暴露。在當前資本帳戶有限開放的背景下，如何

保障和持續拓展人民幣離岸市場的流動性、有效增強人民幣對境外主體的吸引力，是提升人民幣國際地位所面臨的主要挑戰之一。境外人民幣市場和境內人民幣業務的良性互動，有助於解決上述問題。這一「內外互動」的戰略思路，需要「兩條腿走路」：一是建立境內外分離的離岸金融中心模式，二是中資銀行通過國際化發展將本幣業務的境內優勢延伸至境外。

從長期來看，人民幣要成為重要的國際金融交易貨幣和國際儲備貨幣，無論如何都繞不開完全可自由兌換目標的實現。必須通過資本帳戶改革為人民幣更廣泛、更深入的國際使用創造條件。但是在資本帳戶開放時機成熟以前，通過調控人民幣離岸市場的規模與結構，適時、有序擴大「離岸」與「在岸」兩個市場的「通道」，可以不斷接近並實現資本帳戶開放和人民幣國際化互相促進的功能定位。從這層意義上講，人民幣離岸市場的發展創造了寶貴的時間視窗，使得資本帳戶深化改革可以從容不迫、有條不紊地開展，積極穩妥地推動人民幣國際化戰略目標的最終實現。

7.2.4 抓住有利時間視窗加速建設人民幣離岸市場

抓住當前有利的時間視窗，充分利用國內市場經濟結構轉型期、國際離岸金融中心調整期以及國際市場尋求避險幣種等歷史機遇，以人民幣離岸市場建設促進人民幣國際化。具體建設路徑方面，必須在國際主要金融中心建立人民幣離岸市場。重視離岸市場配置全球資源的重要作用，尊重離岸金融中心發展的客觀規律，本著互利互惠原則，進行頂層設計，沿著我國貿易、投資發展的足跡，在各大洲合理規劃人民幣離岸市場的分佈，從而增強人民幣國際化服務實體經濟的能力。由於香港是目前人民幣離岸市場發展的最佳選擇，應該由易而難地破除制約香港離岸市場發展的制度障礙，大力打造香港人民幣離岸金融中心的國際定位。

人民幣離岸金融市場發展的模式、路徑及進度必須與中國的具體情況和實際需求相符合，正確地處理好金融改革發展和穩定的關係。首先，擴大人民幣離岸金融市場的廣度與深度，提高離岸人民幣的規模，逐步擴大人民幣的國際

影響力。其次，改變人民幣投資管道過於單一、回流機制不暢的現狀，加快金融工具創新，豐富和發展海外人民幣金融產品，著力打造多品種、高品質的人民幣債券產品。提高離岸人民幣產品進入主流投資社會的核心競爭力。再次，穩步推進國內金融改革，進一步推動人民幣利率和匯率改革，有序放開資本帳戶，完善本國的金融監管體系，加強與離岸市場母國之間在投資者保密、反洗錢、逃稅、監管等方面的協調。控制人民幣離岸市場風險，減小離岸金融市場對國內經濟的衝擊，維護本國經濟金融安全。最後，將離岸市場人民幣資金池納入貨幣監管範疇，進行通盤考慮。創新貨幣政策工具和傳導機制，堅持主動性和審慎性相結合，確保人民幣利率、匯率的定價權牢牢掌握在我國央行手裡，確保貨幣政策的效力不被削弱。

7.2.5 創建高效安全的離岸人民幣清算系統

人民幣離岸市場的規模越大，全球分佈範圍越廣，建立獨立、高效的離岸人民幣清算系統的要求就越迫切。缺少高效的離岸人民幣清算系統，勢必制約主要國際金融中心離岸人民幣交易比重的提高。為了實現人民幣離岸市場和在岸市場之間的有效連接，以及人民幣在貿易、非貿易中完全實現與主要外匯幣種之間的高效轉換，客觀上要求必須參考美國的CHIPS系統儘早建立起離岸人民幣清算系統，使之成為執行時間重合的即時全額清算系統。通過市場准入環節和盈餘帳戶法則控制信用風險，通過同步支付和多邊軋差淨額結算控制流動性風險，加強運行和服務管理，減少操作風險。

7.2.6 完善人民幣離岸市場的法律制度框架

法律規制的構築是建立和發展人民幣離岸金融中心必須面對的一個特定挑戰。特別是有關金融監管、稅收優惠、司法制度、爭議解決方式等制度的安排和設計，極大地影響著人民幣離岸金融中心對海外投資的吸引力、與世界主要金融中心規制的協調配合，以及我國金融秩序的宏觀調控。具體而言，人民幣離岸金融中心必須設立單獨的金融監管機構和健全的監管制度；建立完整、具

備針對性和執行力的基本法律制度，便利、友好和高效的離岸載體法律制度；建立健全獨立、高效的司法管轄體系、訴訟制度、終審制度、法官行為制度和律師管理制度以及務實的爭端解決制度。

除此之外，尤其要完善保密制度（條款）和嚴格的反洗錢法律制度，遏制海外資金非法轉移和流動。為了促進人民幣離岸市場的發展，應借鑒澳洲的經驗，對特定離岸機構或離岸主體實行稅收優惠。強化國內的國際稅收徵管，加強雙邊和多邊國際稅收合作機制，打擊逃稅，防範避稅，維護我國依法納稅的稅收秩序。

7.2.7 強化並提升中華文化的國際認同感與影響力

貨幣國際化表面上看似是國際社會在經濟金融層面對某種主權貨幣的認同與接納，深層次而言則在於非居民對貨幣發行國的文化、藝術、科技創新能力、社會政治制度、軍事力量等諸多因素的價值肯定甚至追隨。共同的語言在國際交往中所產生的「熟悉效應」，使得交易主體之間可能會有更高的認同感，從而方便交易的達成，顯著增加兩國經濟和金融交流，對貨幣國際化極為有利。人民幣海外交易主要發生在香港和新加坡，人民幣在當地的接受程度明顯高於倫敦等地，這與較為相似的語言文化傳統密切相關。因此，我國可以通過進一步推廣孔子學院，增加中華文化在國外的影響力，提高外國居民對於中國的認同感，從而提升人民幣國際化的程度。

展望未來，絲綢之路經濟帶被認為是世界上最長、最具有發展潛力的經濟大走廊。由於古代中國在絲綢之路沿途留下了貿易繁榮、民族融合、和平發展等珍貴遺產，中華文化在當地具有較高的認同度和吸引力。絲綢之路經濟帶建設為中國擴大區域貿易和對外直接投資搭建了新平臺，人民幣國際化有望在石油等大宗商品計價、基礎設施投資及貸款方面實現新的突破，為人民幣在東亞以外的亞洲區域更廣泛地使用開創新局面。

附錄1

國際輿情及人民幣離岸中心討論

1.1　國際媒體對人民幣國際化進展的評估和政策建議

1.1.1　對人民幣國際化前景的信心

2013年度，本課題組收集了來自15個國家，共計45篇應該能夠代表2013年度在人民幣國際化問題上的國際輿論態勢的文獻。這些外文文獻中，對於人民幣國際化前景感到樂觀者居多。45篇中約有35篇曾明確地表達樂觀和積極態度，而只有10篇明確或含蓄地表達悲觀懷疑態度。

有許多評論者的態度是樂觀其成，最有代表性的是德、法等歐洲大陸國家的官員和學者。

法國學者Arnaud de Bresson對人民幣國際化前景高度樂觀，認為法國應積極尋找各種策略，努力把巴黎打造成歐元區的人民幣離岸中心。他強調有必要創造良好氛圍以確保人民幣基金落戶巴黎。把巴黎建設成人民幣離岸中心，有助於增強法國同世界上最有經濟活力的東亞地區和其中最重要的經濟體中國的經濟聯繫。（Arnaud de Bresson，2013）

Caroline Newhouse對人民幣的國際化前景也非常樂觀，認為這個過程已經開始，而且未來人民幣必然躋身於全球頂級貨幣行列（Caroline Newhouse，2013）。而Martine Graff和Arnaud Bruneton指出人民幣國際化對法國的企業和

金融機構都是好消息，能降低交易成本，擴大市場，並帶來更多商業機會。

　　德國央行高管Joachim Nagel 博士探討了把法蘭克福建成歐洲人民幣離岸中心的可能性。「人民幣在此刻是世界上最有意思的貨幣，因為全世界都希望投資在中國的人民幣資產中，主要是因為它巨大的經濟規模和非常多元化的全球貿易地位。」他提供了一個最近的調查資料，發現14%的歐洲資產管理者已經投資在人民幣中，而37%的資產管理者正在考慮在未來的五到十年內投資人民幣資產。這說明對人民幣的國際投資和儲備貨幣需求是非常現實的，作為一種非傳統貨幣，它的重要性正在迅速增長。他以20世紀50年代德國馬克國際化的經驗作為對比和參照。當時德國經濟增長積累了巨額的外匯儲備，與之相伴隨的是德國馬克迅速成為一種重要的國際貨幣。隨著中國資本項目的逐步放開，人民幣很可能將會像當年的德國馬克那樣成為國際投資和儲備貨幣。（Joachim Nagel，2013）

　　德國的Christian Siedenbiedel提到，中國將釋放其貨幣，這將是世界經濟史中的一個重要時刻。倫敦、巴黎、蘇黎世和法蘭克福都在努力爭取成為中國在人民幣國際化專案上的夥伴。中國打算挑戰美元、歐元和日圓。「中國不但用第一艘航母遼寧艦挑戰美國的軍事霸權，而且還在用人民幣挑戰美元霸權。這個進程很可能比大家想像的要快。」德國政府反覆跟中國提建設法蘭克福人民幣離岸中心的事情。德國證券交易所也在努力成為人民幣離岸中心，吸引更多的股票上市和債券發行。德國企業也將受益，與中國的貿易顯然將迎來更大的增長。（Christian Siedenbiedel，2013）

　　韓國學者Hong Bum Jang等人通過模型化地研究人民幣國際化成功概率，認為在當前條件下，「部分的人民幣國際化的概率比較高，而全部實現的概率是很低的」。人民幣實現國際化的前提是提高中國資本市場的開放水準，如果中國下決心擴大本國金融市場和資本市場的開放程度，那麼人民幣國際化可能會加速超過預期水準。（Hong Bum Jang，2013）

　　另一個對人民幣國際化表現出明顯的積極樂觀態度的群體是東南亞的媒體，包括越南、印尼和新加坡等國，這種表現與上年我們所做的調研結果保持

了一致。

西班牙的Cláudia Canals整體上對於人民幣國際化的前景還算比較樂觀，她相信大約2027年人民幣能實現完全國際化。但也認為由於中國政府在此過程中高度參與，「這更多地是一個政治行為而不是市場行為，所以很難預測其可能進展」。（Cláudia Canals，2013）

在態度悲觀者中，最有代表性的評論者當屬Barry Eichengreen。在其《茶壺裡的風暴》一文中，他承認人民幣國際化目前雖然獲得了較大的進展，但是「並不能保證一定能（在短短十年裡）取得成功」。他的理由主要包括：人民幣對各國央行的吸引力很有限，因為流動性高的離岸人民幣資產規模仍然很小，其中信用等級達到AAA且對想要規避風險的各國央行具有吸引力的資產規模更小。在同中國人民銀行簽訂貨幣互換協議的央行中，只有香港金融管理局真正使用了互換額度。馬來西亞、泰國、巴西、委內瑞拉、奈及利亞和智利的央行雖然將人民幣列入儲備資產，但規模都比較小。此外，對於中國經濟的前景，他也持比較懷疑的態度，中國經濟增長將明顯放緩並造成社會壓力，國際貿易也將不會繼續以目前的速度增長。

在資本帳戶開放和金融市場發展之際，必須保持經濟金融和政治的穩定，必須改善監管品質和透明度以提高市場流動性，而在十年時間裡完成這一轉變是一項艱巨的任務。（Barry Eichengreen，2013）

印度學者Anantha Nageswaran 對人民幣前途的判斷已經體現在文章的標題中——《中國的改革——太弱而且太晚了》。他認為開放資本項目意味著中國政府必須應對巨大的信貸泡沫的問題，有可能會面臨資本逃離中國的單邊流動，而不是雙向流動。（Anantha Nageswaran，2013）

德國FAZ駐華記者Christian Geinitz也認為人民幣的全球地位被高估了。「在中國自己的國際貿易計價結算中，人民幣都不是重要的貨幣。」（Christian Geinitz，2013）

一個有趣的現象是，利益似乎在影響著評論者們對人民幣國際化前景的判斷。那些認為自己能從人民幣國際化過程中獲得好處的國家，它們的評論以

樂觀為主；而可能受損的國家，尤其是美國，則普遍不看好人民幣國際化的前景。另一點也同樣值得一提，越是對中國經濟關注得多的國際學者就越是不樂觀，而越是著眼於全球大格局的觀察者則越樂觀。孰對孰錯，還是需要時間來檢驗，但是當下更有意義的問題是，這種規律的根源何在，值得深思。

1.1.2　人民幣的地區化戰略

一些國內學者提出，人民幣國際化的下一個階段性目標應該是實現區域化，應該把力量集中在東南亞地區而不是四面出擊（曹彤，2013；宗良，2013）。這樣一種戰略思想，在不少國際媒體中找到了共鳴。

Hafid Fuad在其報導中提到，作為印尼最大的商業銀行，Mandiri 銀行正在為印尼的其他銀行設定一個先例，向其客戶提供人民幣存貸款等金融服務。在擴大幣種的同時，該銀行也開始在上海設立了分行，以提升在人民幣業務中的競爭力。

印尼的另一位學者Candy Ho認為，亞洲需要一個替代美元的貨幣作為融資貨幣並在區域內貿易鏈中深化其整合程度。考慮到中國在亞洲經貿中的核心地位，人民幣可以扮演這個替代性角色。2012年中國和東盟之間的貿易額已經達到4 000億美元，2020年亞洲內部貿易將是該區域對外貿易的兩倍。由於使用人民幣的交易成本得以節省，中國和東盟的貿易夥伴們都可以獲益。中國和印尼之間的貿易也在快速發展，人民幣結算對雙方都有利。所以東亞內部的貿易鏈對人民幣國際化非常有利。（Candy Ho，2013）

韓國學者Na Hee Lang則通過定量分析對中國在東南亞的貨幣影響力展開實證分析。通過定量分析，檢測人民幣和美元同東盟地區諸貨幣的匯率關聯。隨著中國跨境貿易的增加，其經濟影響力也在不斷擴大，通過大湄公河次區域的匯率分析，可以發現這些國家對人民幣的國際化體現出高度的靈敏性。東南亞國家經濟復甦的前景也加速著這種同步性，人民幣國際化也將進一步加強。（Na Hee Lang，2013）

越南學者Le Hong Hiep認為雖然在可預見的將來人民幣難以成為國際貨

幣，但是很可能成為東亞地區的主導貨幣。（Le Hong Hiep，2013）

即便是那些不怎麼看好人民幣國際化前景的評論者，也都承認人民幣在亞洲區域的天然優勢。Yukon Huang和Clare Lynch認為，人民幣國際化對地區內的生產共用網路將產生重大影響，對此中國政府應該注意（Yukon Huang and Clare Lynch，2013）。Marcos Antonio Macedo Cintra 等人也持類似觀點。

1.1.3 人民幣國際化可能面臨的問題

德國的Christian Siedenbiedel認為中國在貨幣國際化過程中將面臨兩難，「一方面，他們希望人民幣成為獨立於美元的貨幣，因為中國主要的外匯儲備在美元資產中，如果美元貶值，那麼中國將嚴重受損。另一方面，如果突然放鬆資本管制，人民幣將升值，中國出口將非常昂貴，而中國經濟將面臨危機。這就是為什麼中國漸進地改革，漸進地推進人民幣國際化」。（Christian Siedenbiedel，2013）

而俄羅斯學者Luzyanin Sergey Gennadievich認為人民幣的國際化則把中國經濟更多地暴露在全球經濟金融風險之下。人民幣國際化會導致美元的貶值，這對於中國這個儲備大量美元資產的國家是不利的（Luzyanin Sergey Gennadievich，2013）。

Yukon Huang和Clare Lynch認為中國將損失某些貨幣控制，因為把本國貨幣作為國際儲備貨幣要求擴大在海外的貨幣供給，通常會伴隨著巨額貿易逆差，而這顯然跟中國過去二十年的貿易模式不匹配（Yukon Huang and Clare Lynch，2013）。

越南學者從人民幣國際化前景中看到了越南的機會所在。Le Hong Hiep認為人民幣國際化要想成功，就應該準備接受某種程度上的逆差，要麼是貿易項逆差，要麼是資本項逆差（Le Hong Hiep，2013）。TS. Pham Thi和Hoang Anh等人分析說，中國商品會因此而變得更貴，限制其在全球市場上的競爭力。某些產業的投資將會轉移，尤其是對匯率敏感的紡織品行業。中國進口相對增加而出口減少，這給亞洲其他國家帶來很多機會。亞洲資本市場將有發展，而地

區內的相互直接投資將會增加。中國國內的製造商將不得不依賴技術進步來降低成本以保持競爭力。（TS. Pham Thi et al.，2013）

人民幣國際化面臨的潛在風險和問題不僅僅體現在經貿和金融領域，而且還可能體現在政治和國際關係領域。

Ulrich Volz從政治角度分析了人民幣國際化可能帶來的問題。他認為人民幣國際化將不僅損害中國出口的競爭力，還會影響中國的貨幣政策的獨立性，降低中國對本土金融體系的控制力。資本帳戶開放和金融改革可能會以金融和經濟危機告終，最終導致社會和政治不穩定。大國有銀行、國有工業企業、發改委和財政部，都會在本土的金融自由化過程中受損。而受益的則是中國家庭部門和私人部門，中小企業融資將變得相對容易。人民銀行對中國銀行和宏觀經濟的影響力都將大大增強，所以也將成為人民幣國際化和配套改革的贏家。（Ulrich Volz，2013）

Barry Eichengreen認為中國的非民主體制也是一種障礙。自熱那亞共和國開始，國際主流貨幣就是非專制的，其政府權力都是相對透明和有制衡的，由此而帶來其貨幣政策的可信度。而中國的體制，包括政治體制和央行的非獨立性，都不利於其貨幣的國際信用。基於以上理由，中國在貨幣國際化進程中可能會遇到嚴峻的政治信用挑戰。（Barry Eichengreen，2013）

從政治角度分析人民幣的另一個重要文獻是由路透社資深編輯Alan Wheatley主編，邀請了數位經濟學家和前政要合作寫成的《貨幣的權力與霸權的貨幣》一書，本課題組成員翟東升也忝列其中。世界銀行前行長、「負責任的利益相關者」概念的提出者Robert Zoellick在其章節中也探討了人民幣國際化帶來的國際貨幣體系多元化的國際關係含義。他認為未來貨幣體系的形成可能不是中、美、歐等大國間的談判所能一次性打造的，而是通過一系列博弈和磨合演化而成的。這種格局將對美元、歐元等主流貨幣在當下所享受的過度特權形成制約，沒有哪國再能隨意採取類似量化寬鬆（QE）政策這種非常態的、試驗性的貨幣政策，轉而只能認真面對自己的財政和貨幣責任。日本前國防部長Yuriko Koike在其負責的章節中提出，中國政府的對內對外政治行為及

姿態，都不利於人民幣在亞洲獲得信任和追捧。　翟東升則分析了人民幣國際化對中國內政外交的潛在影響，認為人民幣國際化及其配套改革將會帶來國內財富的再分配效應，有利於改善和維護執政黨的地位。但另一方面，人民幣國際化將放大中美之間的競爭關係，帶來潛在的反彈。（Alan Wheatley，2013）

1.1.4　對於未來進一步改革的政策建議

俄羅斯學者Ulrich Volz建議，中國應建立一個強大而獨立的央行，以消除通脹作為核心政策目標。此外，中國需要改革本土金融部門，尤其是利率形成機制；應該為投資者提供各種短期和長期投資產品以及良好的二級市場，增加資本市場的廣度和深度。人民幣資本項目下放開，允許資本相對自由地進出。此外，中國應該積極承擔國際財務責任，主動地參與地區和國際倡議。（Ulrich Volz，2013）

印度學者Anantha Nageswaran也強調了央行政策獨立性對於建立貨幣國際公信度的重要性。他還看到了中國國內資產泡沫和地方政府融資饑渴問題對貨幣信用的損害，認為中國應該控制地方政府的過度借貸，並遏制地產領域的持久泡沫。（Anantha Nageswaran，2013）

Tan Shao Yi主張中國應繼續推廣人民幣，推動各國的官方外匯儲備把人民幣納入其中。還應重構外匯管理體系，大大提升匯率和利率的彈性。應該先改革銀行業。在上述改革完成之前，不能輕率實施資本項目放開，否則將會出現銀行體系的存款大幅逃離到海外。（Tan Shao Yi，2013）

Alicia García Herrero也主張應該使人民幣國際化過程盡可能少動盪，盡可能具有可預見性，以漸進方式來放開金融市場和資本項目。（Alicia García Herrero，2013）

Alexander Ballantyne，　Megan Garner和Michelle Wright等人對人民幣的理解要比多數評論者深入具體。他們認為市場上目前缺乏對沖人民幣匯率風險的工具，這種狀況可能會限制非居民加入人民幣貿易結算進程的意願。中國需要進一步提升人民幣離岸中心債券市場的規模和廣度，並降低人民幣跨境結算

支付過程中由於行政管理而造成的支付延期和失敗所帶來的困難和不確定性。
（Alexander Ballantyne et al.，2013）

澳洲Center for International Finance and Regulation 的報告除了主張放開對匯率和利率的管制外，也著重強調了簡化人民幣貿易結算所需的行政手續的必要性。尤其是那些需要提交給中國外匯管理局的證明真實貿易背景的結售匯檔需要大大簡化，因為確保人民幣結算可靠及時，降低其不確定性，對於推廣人民幣跨境結算非常關鍵（CIFR，2013）。 這一觀點與本課題組在調研中的發現相印證。

1.2 關於人民幣離岸中心的討論

2012—2013年，人民幣離岸中心從香港拓展到其他多個國家和地區，倫敦、臺灣、新加坡、法蘭克福，乃至非洲拉美的某些國家和城市都開始積極建設人民幣離岸市場。與此同時，關於人民幣離岸中心的話題也成為學術界和政策界的討論熱點。

圍繞人民幣離岸中心，第一個焦點問題是離岸中心對於人民幣國際化的功能或者說必要性何在。

大部分相關文獻都認為，離岸中心對於人民幣國際化有其必要性。

中國當前推進人民幣國際化的主要策略，國內外多位學者概括為三點，一是推廣人民幣在對外貿易中的計價結算，二是建設以香港為代表的人民幣離岸市場，三是把上海建設成國際金融中心（Marcos Antonio Macedo Cintra and Eduardo Costa Pinto，2013；Cláudia Canals，2013）。之所以要把離岸中心的建設作為人民幣國際化的重要策略，是因為中國面臨的一種現實難題。一方面，需要通過貿易支付等方式把貨幣輸出，另一方面，又希望把貨幣回流造成的對國內流動性的潛在衝擊風險適當隔離起來，資本管制在短期內難以完全

徹底取消。在這樣的兩難之中，離岸中心是一種必要的手段。（荻原陽子，2013）

日本學者村瀨哲司認為，要想實現貨幣國際化需要一定程度上資本自由化的必要條件，但是中國國內未成熟的金融體制不允許它擁有這個貨幣國際化的必要條件。由此，中國選擇離岸市場為中心的「被管理化」的人民幣國際化政策。（村瀨哲司，2013）

魏丹對離岸中心的金融業務特點進行了分析。他認為，離岸金融中心的業務活動，既不會受到其所在國金融規章與法令的限制，也不會受到貨幣發行國的金融管制與法規的約束，從本質上來講屬於一種沒有國籍的自由金融中心。經營的高度自由化使得離岸銀行的經營效率得以提高，不僅降低了經營成本，還能夠形成一種存款利率比貨幣發行國要高，而貸款利率卻比貨幣發行國低的獨特利率體系，可以讓投資者與籌資者同時獲得較高的收益。（魏丹，2013）

陳雨露、涂永紅、王芳等人認為，離岸金融市場是當代國際金融的核心，沒有一定規模的人民幣離岸市場做支撐，人民幣國際化只能在低水準上徘徊。發展離岸人民幣市場的關鍵在於短期內迅速擴大人民幣境外存款規模。依靠貿易逆差對外提供人民幣所需時間長，而且規模小，比較分散。依靠國有企業進行大規模人民幣對外投資，容易激發東道國的政治民情，產生事與願違的結果。所以，最有效的管道是依靠我國強大的國有或股份制銀行，直接擴大人民幣對外貸款規模，在國外建立分支機構，為離岸人民幣市場繁榮奠定最重要的資金和機構基礎。（陳雨露、涂永紅、王芳，2013）

曹彤等人提出，貨幣發展史表明，離岸中心對於一國貨幣的國際化意義重大。要使外國投資者願意持有人民幣，就必須為其開闢人民幣投資、融資管道，人民幣貿易項下的發展如長期脫離資本項下的支撐則註定無法持續。因此，如何在離岸市場儘快形成並豐富人民幣的投融資功能就顯得意義重大。（曹彤等，2013）

宗良提出，人民幣離岸中心建設是擴大人民幣跨境貿易結算規模的基礎，也是在資本項目不可全面兌換的背景下形成海外人民幣市場的最佳突破口。人

民幣國際化的本質是其在海外認知和接受程度的不斷提高，但要實現這一點，就必須為人民幣開闢投資管道，提高海外市場持有人民幣的意願。但是考慮到我國目前的實際情況，資本管制在短期內不能取消，人民幣回流被限制，阻礙了人民幣國際化的推進。在人民幣資本項下不可兌換的前提下，人民幣經常項目下的可兌換以及由此產生的大量產出，必然會導致衝突。面對這一問題，利用離岸金融市場就具有了特殊的意義。（宗良，2013）

第二個焦點問題在於離岸和在岸市場之間的關係問題。

龍泉等人認為，相對於在岸市場，離岸市場具有一系列特點：貨幣的低借貸息差、無監管或低監管的環境、低稅負；銀行之間以跨境結算為目的持有國際貨幣頭寸，無須設置無息風險準備金和參與美聯儲存款保險計畫；貨幣風險與主權風險相分離。離岸市場的這些特點是吸引貨幣從在岸市場向離岸市場流動的主要因素。

離岸市場與在岸人民幣市場不同的價格形成機制，以及利率和匯率差異產生了大規模的金融套利行為。在當前在岸市場仍未完全開放的條件下，市場參與者更相信離岸市場反映了國際市場的真實狀況。同時，在岸市場與離岸市場間人民幣匯率的收斂性暗示著離岸市場與在岸市場存在聯繫。（龍泉等，2013）

在微觀層面上，內地和香港之間的融資套利如何發生？梅鵬軍和孔顏的調研報告對此作了比較翔實的闡述。以往套利更多表現為離岸方式，即離岸套利者通過所謂「熱錢」的管道進入內地市場，尋求套利利潤。近年來，由於流動性鬆緊程度與融資成本的內外差異，內地企業赴香港融資，再通過各種管道回流內地的在岸套利方式漸成氣候。除了股票、債券、信貸這些已開通但有額度控制的官方回流管道之外，「內保外貸」、「投注差」、外資股東注資以及股權投資基金等方式也是當下比較活躍的貨幣回流方式。

香港貨幣套利活動的模式發生變化，上述在岸套利模式越來越流行，這主要與兩方面的因素密切相關：一是與全球復甦差異及大國貨幣政策博弈密切

相關。在國際金融危機爆發之後，各國經濟修復與復甦的速度各不相同，寬鬆政策的收緊與退出在時間上存在差異。中國大規模刺激政策引發了通貨膨脹，為抑制通貨膨脹，中國政府於2010年1月開始連續14次上調存款準備金率，並5次上調貸款基準利率。同期，美國、日本、歐洲仍深陷危機，復甦遲遲難以確立，量化寬鬆不但沒有退出，還在繼續加碼，這導致國內與香港的流動性狀況出現內緊外松，資金成本出現較大利差，對套利活動形成激勵。二是與人民幣國際化及國內企業「走出去」密切相關。國家啟動人民幣國際化戰略之後，大力推進跨境貿易人民幣結算業務，並逐步試點與拓展海外人民幣回流管道，同時，國家還鼓勵國內企業赴海外投資，因此，在資本項目仍未開放的條件下，香港與內地資金流動的管道已日益拓展，為在岸套利提供了便利。（梅鵬軍等，2013）

伍戈通過對20世紀60年代以來離岸市場的相關文獻進行全面綜述，研究了歐洲美元市場發展對美國貨幣政策的影響。他認為，離岸市場存款規模的增長並不會對本國貨幣供應產生顯著的直接影響，但確實會削弱貨幣調控目標的有效性並導致貨幣流動速度的意外波動，不過實證結果表明離岸市場對貨幣政策的上述影響是有限且可控的。（伍戈，2013）

魏丹提出，在推動人民幣離岸金融中心的建設與資本項目之間具有一定的替代性，所以就必須要重視頂層設計與協調。（魏丹，2013）

第三個焦點在於中國的人民幣離岸中心建設應該從其他貨幣的離岸中心歷史中吸取什麼經驗教訓。

龍泉和劉紅忠在其《人民幣國際化和離岸市場發展之鑒》一文中對美元、德國馬克和日圓在各自國際化過程中離岸市場發展的淵源和作用進行了對比分析，並在此基礎上對人民幣國際化過程中離岸市場的建設提出了若干見解。（龍泉等，2013）

美元國際化與離岸市場的發展受益於美國在世界經濟中的主導地位和廣泛的世界貿易關係。在美元成為國際主導貨幣的過程中，歐洲美元市場的發展是

一個重要的側面 。離岸市場對美元國際化既有積極的推動作用，也降低了美國對美元資產的控制力。這對人民幣國際化和發展離岸市場的警示意義在於，我國在離岸市場發展的過程中應對離岸市場施加充分影響力，形成對離岸人民幣資產的控制力。

德國馬克之所以能夠崛起，同樣得益於德國良好的經濟基礎，包括具備全球競爭力的現代工業體系和良好的貿易結構，以及央行的獨立性和權威性，通過維持經濟和貨幣的穩定，德國央行在國際上樹立起良好的信譽。此外德國馬克抓住了20 世紀 60—70 年代的世界第一儲備貨幣——美元危機中出現的國際化機遇。在不放鬆對本國貨幣條件控制力的情況下，適時地調整政策，積極促進經濟轉型和產業結構升級，提升出口產品的國際競爭力，完善貿易結構。德國馬克的離岸市場發展表明，一個國家應該在離岸金融中心擁有一些成熟的、具有競爭力的金融機構。過度的資本控制會弱化本國銀行在國際上的競爭力。需充分重視資本控制對貨幣國際化在不同階段的作用。

經濟實力和國際政治實力是日圓國際化的基礎，不濟的政治實力和逐漸衰落的經濟實力制約了日圓的國際化。另外，日圓區域化不成功、金融市場發展滯後、缺乏穩定的匯率制度均影響了國際市場使用和持有日圓的意願。日圓離岸市場對促進日圓向外輸出作用有限，日圓大量回流日本國內。日本政府實施日圓國際化雙軌戰略導致資本市場分化，妨礙了日本國內市場深化和外國進入這部分市場。

第四個焦點是離岸中心發展的制度建設和機構建設。

曹彤等人對當前香港人民幣離岸市場的發展狀況提出了建設性批評。他們認為，發展香港本地區內人民幣的運用主要有三個方向：人民幣債券市場、人民幣外匯交易市場、人民幣信貸市場。這三個市場的重要性和必要性，可以從歐洲美元市場的演進以及倫敦成為美元離岸中心的歷史進程中找到理論和現實依據。但是「需要承認，目前香港在這三個方向上都未取得大的進展，所需要的制度性安排也都未取得實質性的突破」。（曹彤等，2013）

曹彤等人認為當前人民幣國際化的進展進入了某種「瓶頸期」，而構建「人民幣貨幣區」既是突破當前瓶頸期的抓手，更是促使人民幣在功能上真正成為儲備貨幣、在地域上真正成為國際貨幣的關鍵。人民幣貨幣區的內涵包括兩個方面，一是貨幣區內離岸中心的金融市場建設，二是貨幣區內輻射相當地域的金融服務網路建設，二者需平行推進、相互促進，不可偏廢。為此，應推動香港離岸金融市場的制度創新，包括人民幣債券市場和匯率市場的建設。在債券市場方面，建議將內地的人民幣債券市場延伸一部分到香港，即在香港市場同時引進來自內地方面的債券發行和購買機制，使香港人民幣債券市場迅速成熟。在匯率市場方面，允許內地銀行間外匯市場的做市銀行進入香港市場，通過RQDII機制參與香港市場的人民幣外匯交易，是可以考慮的政策選項。此舉既有利於香港成為離岸人民幣匯率主市場的建設，也有利於內地外匯市場的市場機制完善，更為金融機構管理匯率風險開闢了新的管道，長遠看，積極意義明顯。（曹彤等，2013）

李建軍提出，無論是未來在新加坡、倫敦還是其他地方建設人民幣離岸中心，其關鍵都在於如何完善和深化海外人民幣市場，只有如此才符合建立人民幣離岸中心的初衷。香港人民幣期貨市場的發展是非常有意義的一環，可以幫助企業和其他海外人民幣持有者轉移匯率風險，吸引更多相關產品的投資者來香港參與人民幣市場，從而有力地鞏固香港在眾多人民幣離岸中心中的地位。（李建軍，2013）

伍戈建議中國政府應該支援人民幣離岸市場資金池建設，提升人民幣離岸市場的流動性與穩定性，減少劇烈波動，確保跨境人民幣流動對貨幣政策調控的影響基本可控。應進一步理清離岸人民幣市場的資金流動框架、供求決定邏輯和貨幣創造體系，建立用於分析人民幣離岸市場對我國貨幣政策影響的理論模型。（伍戈，2013）

除了離岸市場的廣度和深度需要加強之外，清算問題也是不可忽視的基礎設施建設。李建軍認為由於我國的資本項目仍未開放，通過在海外設立清算行，可以有效地監測人民幣規模、統籌海外人民幣資金的調撥和使用。目前，

中國銀行已經成為香港、澳門和臺灣地區的人民幣業務清算行，中國工商銀行是新加坡的人民幣清算行。未來商業銀行可考慮配合人民幣國際化的發展進程，在倫敦、東京等國際金融中心設立新的人民幣清算行，進行人民幣資金的跨境結算和清算。（李建軍，2013）

馬駿等人的估算表明，如果僅僅依靠貿易管道輸出人民幣，境外人民幣流動性只能達到二三萬億元的人民幣，而人民幣要成為真正意義上的國際貨幣，承擔貿易結算、投資、融資和儲備貨幣的功能，境外持有的人民幣至少應該達到二三十萬億元人民幣。因此，不開放資本項下人民幣的跨境流動管道，下一階段離岸市場就可能長期停滯不前，人民幣國際化的步伐也會明顯放慢。香港離岸市場在2009—2010年面對的是流動性遠多於產品的問題，而最近一年以來出現的、越來越嚴重的則是流動性不足的問題。這就形成了一個回流內地容易但流入到離岸市場相對困難的「不對稱」政策環境。所以應該適當控制回流的速度，對國內機構到香港發債、RQFII等在現有的額度內應控制具體操作的節奏。同時，應該加快擴大人民幣在資本項下出境的管道，包括擴大企業跨境人民幣貸款，允許境外參加行在境內銀行間市場融得短、中、長期人民幣資金並匯出境外，允許個人和企業在一定額度內匯出人民幣等措施，來推動人民幣離岸市場的發展和提升人民幣國際化的程度。對於香港金融管理當局，馬駿的建議如下：（1）金融管理局與中國人民銀行協調，利用貨幣互換協議，提供當天的流動性安排（T+0）；（2）金融管理局利用自有的人民幣為市場提供當天的流動性安排；（3）清算行在香港的一個重要功能是提供流動性，這個功能在某種意義上屬於公共產品，因此政策和監管當局應該研究相應的措施鼓勵清算行滿足非貿易項下的人民幣資金拆借需求。（馬駿等，2013）

第五個焦點是多個離岸中心的發展及其合作競爭關係。

香港作為全球第一個人民幣離岸中心，它在人民幣國際化過程中扮演的角色顯然是獨一無二的，而且在很大程度上受到了中央政府的政策支持。香港離岸人民幣業務快速增長，目前已經發展成為最具規模和效益的離岸人民幣業務

中心，表現在貿易結算、資金池、香港離岸人民幣支付系統的交易量、直接投資等各個方面。環球同業銀行金融電信協會（SWIFT）顯示，香港人民幣收付活動占到總體的80%。香港目前已經發展成為最具規模和效益的離岸人民幣業務中心，可以為全球各地的企業和金融機構提供一站式服務。除可以辦理跨境人民幣結算交易外，香港也同時具有最大的離岸人民幣資金池和人民幣融資市場，可以提供多元化的人民幣產品。（孫芙蓉，2013）

但是另一方面，正如曹彤等人指出的那樣，2011年以來人民幣在香港表現出明顯的躑躅不前。無論是貨幣存量還是貿易結算量都增長乏力（曹彤等，2013）。在人民幣離岸中心建設方面，香港擁有明顯的先發優勢和政策優勢，並於2012年取得長足發展，採取多項措施、推出多種金融產品助推人民幣國際化，極大地鞏固了香港人民幣離岸中心的地位。但倫敦、巴黎、臺灣、新加坡等地的紛紛加入對其地位仍將是嚴峻的挑戰（曹彤等，2013）。倫敦方面，2013年4月18日英國財政大臣奧斯本宣佈倫敦準備成為人民幣離岸交易的「西方中心」。英國財政部資料顯示，在目前全球人民幣離岸交易中，倫敦已占據26%的份額。

德國央行高管Joachim Nagel 博士也樂見法蘭克福成為歐盟內部的人民幣離岸中心。「當前，法蘭克福正在努力把自己打造成歐洲地區的人民幣交易中心。德國央行歡迎這一步驟，其方向是正確的。中德之間的強勁的貿易聯繫對此將提供支援。」（Joachim Nagel，2013）

法國巴黎也表現出對人民幣離岸業務的濃厚興趣。法國經濟和財政部長莫斯科維奇在記者會上說，法國在人民幣國際化過程中可發揮自己的作用。目前，巴黎的人民幣存款總額居全歐盟之首，法方希望法國的銀行或金融機構能夠獲得相關認證，在巴黎發展人民幣金融業務，包括公司債券的發行等。此外，莫斯科維奇表示，巴黎作為金融樞紐也是走向非洲的良好平臺。法中在非洲有共同利益，這一合作不是排他性的。甚至連瑞士這樣的國家也加入到這輪熱潮中來。瑞士經濟部長約翰‧施耐德阿曼（Johann Schneider-Ammann）在北京宣佈蘇黎世的新抱負——與倫敦、法蘭克福和巴黎以及其他潛在的對手競

爭，成為歐洲的離岸人民幣交易中心。

倫敦、巴黎、新加坡、臺灣等地則各具優勢。倫敦與巴黎不僅在金融創新與研發方面處於領先地位，其在發展人民幣業務上也擁有獨特優勢：歐洲作為中國第二大對外貿易地區，為倫敦和巴黎的人民幣資金池擴大提供了良好條件。其不但所處時區與香港不同，更重要的是其金融網路不單覆蓋整個歐洲，更聯通中東、俄羅斯。東盟擁有大量對中國大陸的貿易順差，意味著其本地企業將自身的人民幣盈餘留存離岸中心就可形成可觀的人民幣資金池，而當地金融機構圍繞這一資金池做文章，就可推進人民幣業務的發展。東盟是中國不可忽視和快速成長的貿易夥伴，新加坡則背靠東盟，人民幣的硬通貨優勢在東南亞也更加明顯。新加坡中資企業眾多，同時擁有能源等大宗商品交易的平臺優勢，潛力不可小覷（曹彤等，2013b）。臺灣在經濟金融發展遭遇瓶頸的背景下，希望借助建設人民幣離岸金融中心創造利益增長點。在不久的將來，隨著臺灣的人民幣清算體系的建立和其他政策的明朗化，臺灣的人民幣離岸業務估計會有長足的發展（曹曉衡，2013）。據調查，出於資產分散化和人民幣對臺幣長期升值的預期，40%的臺灣居民有意向開人民幣存款帳戶。與香港居民相比，目前臺灣居民（尤其是高端銀行客戶）對人民幣的需求量將更大。從需求面上來看，臺灣的人民幣存款可能在不遠的將來增長到2 000億元人民幣。許多原來在香港開了人民幣帳戶的臺灣居民和企業很可能將香港的人民幣存款轉移到臺灣。如果離岸市場沒有新的引入人民幣流動性的機制，香港的人民幣流動性就可能萎縮，離岸市場的人民幣利率也可能被進一步推高。（馬駿，2013）

香港與其他人民幣離岸中心之間究竟是什麼關係？隨著人民幣國際化進程逐步推進，倫敦、臺北等城市也相繼開展了人民幣離岸業務，香港部分市場人士開始擔心這是否會對香港的離岸中心地位造成競爭。對此，中國人民銀行金融研究所所長金中夏表示，香港發展離岸人民幣業務中心所具有的優勢難以被其他地方所替代。金中夏認為，在人民幣離岸業務方面，香港與其他金融中心有競爭，但更多的是互補，這為香港與其他金融中心的合作奠定了良好基礎。香港金融管理局總裁陳德霖也強調這更多的是一種合作型競爭，是要一起

把盤子做大。「我們主動敞開大門與世界各金融中心密切合作，與它們是競合關係。我們除了與英國的合作以外，與澳洲、馬來西亞都有類似的合作平臺。我們非常希望人民幣業務儘快在世界各地發展起來。就我本人來說，過去兩年去了9個國家路演推介人民幣業務，（包括）澳洲、俄羅斯、英國、西班牙、巴西、智利、日本、迪拜還有美國，解析怎樣開發人民幣平臺。」（孫芙蓉，2013） 這個觀點在倫敦金融城政策與資源委員會主席包墨凱那裡得到了回應。對於倫敦潛在的競爭對手——香港、新加坡，他表示並不想也沒有計劃與它們一爭高低，「作為全球的人民幣離岸市場，我們在同一個大的資金池運作」。（湯泳，2013）

人民幣離岸中心的發展，並非一個單純的市場自發現象，而是中國在人民幣國際化過程中的一種戰略選擇和佈局。楊疊涵與陳瑛從地緣經濟角度研究了離岸中心分佈的一般規律和人民幣國際化進程中離岸中心的佈局問題。她們認為離岸金融中心主要分佈在島嶼及沿海地區，並集中在大洲交界處，已經形成五大集群。地理位置便利、政局穩定、自然災害少、基礎設施完善、金融法律服務專業、金融法律法規健全、政策優惠等，是離岸金融中心的主要區位條件。（楊疊涵等，2013）

在人民幣離岸中心佈局方面，宗良認為不僅要發展好香港人民幣離岸中心，還要回應倫敦、新加坡等國際金融中心的積極性，針對各中心的優勢推出相應的人民幣產品，逐步將離岸市場佈局到這些地區，建立以香港為總中心、其他金融中心為區域中心的人民幣離岸市場體系，給人民幣以國際化助力。在人民幣可自由兌換之後，隨著人民幣國際化的不斷完善，則可完全按照市場需求配置海外人民幣金融資產，鼓勵各個中心競爭合作。與此同時，要注意海內外市場的聯繫，借鑒美國國際銀行業設施建設的經驗，加快上海金融中心建設，確保海內外市場的有效連接。（宗良等，2013）

附錄2

交通銀行人民幣離岸業務發展經驗

　　交通銀行一直堅持「走國際化、綜合化道路，建設以財富管理為特色的一流公眾持股銀行集團」的發展戰略，始終致力於提高跨境、跨業、跨市場的服務能力。推動人民幣離岸業務發展正是交通銀行「兩化一行」戰略的有效落地。目前，交通銀行在香港、紐約、東京、新加坡、首爾、法蘭克福、澳門、胡志明市、舊金山、倫敦、雪梨、臺北等地設立了分行或子行，擁有54家海外營業網點。除胡志明市分行外，其他經營機構均已開展人民幣業務。人民幣經營範圍包括存款、貸款、結算、貨幣兌換、理財服務、財資業務、投行業務等。回顧交通銀行人民幣離岸業務的發展，從2009年7月跨境人民幣業務吹響號角開始，交通銀行離岸人民幣業務的整體經營規模呈現指數型增長。追溯過往歷程，總結發展經驗，「市場研判、先行先試、創新轉型」成為交通銀行人民幣離岸業務發展的主要特色。

　　一是加強市場研判，積極參與當地人民幣市場建設。境外機構是境內外兩個市場各類經營資訊的傳遞中樞。做好市場訊息收集、研究、判斷，在此基礎上，提前做好內部制度建設、產品研發、客戶培育等各項工作是取得業務先機的關鍵。在這個過程中，境外機構很重要的一項工作就是積極參與當地的人民幣市場建設，成為建言者和主要參與者。如交通銀行英國子行加入倫敦金融城跨境人民幣交易推進小組，致力於推動倫敦成為跨境人民幣交易的中心；香港分行推出離岸人民幣債券指數，包括「交銀離岸綜合金融人債指數」、「交銀

離岸中資金融人債指數」及「交銀離岸非中資金融人債指數」等，追蹤在境外發行的人民幣固定收益金融債券的總回報率。

二是爭取先行先試，保持市場領跑優勢。交通銀行境外機構和境內分行一樣，秉承跨境人民幣先行先試的精神，認真把握每一次機遇，爭做市場先行者，不懈的努力贏來捷報頻傳。經中國銀監會批准及德國金融監管局認可，交通銀行成功向法蘭克福分行增撥營運資金2億元人民幣，實現了中資金融機構首次人民幣資本的境外輸出；經臺灣證券櫃檯買賣中心公告核准，在臺發行人民幣12億元寶島債，成為首家獲核准的陸資銀行；雪梨分行成功行銷澳洲央行首單人民幣國債業務，成為其投資中國人民幣國債的代理銀行；香港分行積極參與香港人民幣國債的發行，取得了近71億元人民幣的銷售業績；香港分行成為香港地區首家RQFII的銷售機構；臺北分行成為臺灣地區首批上線「人民幣結算平臺」的銀行。

三是積極創新產品，探索新型服務模式。交通銀行各海外機構大力拓展創新範圍，以創新為導向，逐步在海外資產顧問、專案融資、資產管理、私人銀行等業務領域尋求突破，並注重將境內特色業務向境外有效延伸。如交通銀行香港分行和江蘇省分行聯合設計的跨境人民幣金融服務方案獲2013年《歐洲金融》「陶朱獎」、「最佳融資解決方案獎」和「最佳營運資金管理獎」。同時在服務提升上，也致力於創新服務。如建設新型客戶管理體制機制，嘗試通過客戶推動型聯動模式與產品組合型聯動模式，扶持「走出去」企業的當地語系化經營，並逐步擴大對當地企業的人民幣金融服務支援。

在彰顯特色經營的同時，夯實業務基礎管理也是交通銀行人民幣離岸業務發展的關鍵因素之一。

一是注重日常風險及合規性管理。交通銀行建立了境外機構風險報告機制，加強了流動性風險管控，將境外機構納入全行定期流動性分析報告，並注重監控資料的準確性以及風險管理的全面性，對境外機構的信貸工作進行差異化指導。英國子行日常風險及合規性管理獲當地監管的認可，流動性監管比例獲持續下調，居中資同業最低。

二是有力推動「兩平臺三中心」建設。強化全球金融服務平臺建設，立足「對接需求、創新服務、突出綜合性、借鑒先進行」的工作思路；加快全球財富管理平臺建設，滿足客戶優化全球資產負債結構、提高資金管理效率、規避各類業務風險、歸集境內外資金、統籌集團內融資安排等財富管理需求，同時緊密關注個人跨境財富管理需求變化和政策推出情況；進一步推進全球結算中心建設，以交通銀行總行國際結算中心為基礎，吸收其他銀行創建全球結算中心方面的經驗，積極探索全球結算中心的服務模式，並在此基礎上，逐步樹立起交通銀行人民幣全球結算服務特色；建設全球清算中心，完善主要清算服務產品線，借助代理清算管道，形成交通銀行代理行模式下的人民幣全球清算品牌；推進全球融資中心建設，合理擺佈交通銀行人民幣資金的全球來源與運用，通過發行存款證、中期票據等手段籌措穩定資金。

人民幣離岸業務的發展充滿機遇，且任重道遠。身為中國金融業的中堅力量，交通銀行義不容辭地加入到推動人民幣離岸業務發展的潮流中，也必將承擔起相應的社會責任，為人民幣國際化的發展貢獻力量。

附錄3

主要離岸金融中心

　　離岸金融中心作為世界各國金融市場國際化的一種重要手段，不僅可以帶來巨額國際資金的流動，同時對於帶動金融業、服務業發展，增加就業，促進一國經濟發展都起著舉足輕重的作用。

　　目前離岸金融中心的類型主要有四種：內外一體性、內外分離型、內外滲透型和避稅港型。

3.1　內外一體型離岸金融中心：倫敦和香港

　　內外一體型離岸金融中心的特點是資金流入和流出不受限制。入境資金不需交納存款準備金，其運用收益也不納稅，該市場允許非居民經營在岸業務和國（地區）內業務。

3.1.1　倫敦

　　英國金融市場的監管採用金融服務局（Financial Service Authority, FSA）的單一監管模式[1]，它以原則監管和風險控制為基礎，強調與企業的溝通協調

1　該局於1997年10月由1985年成立的證券投資委員會（Securities and Investments Board, SIB）改組而成。

而非公開懲戒。以原則監管為基礎意味著更多地依賴於原則並且聚焦於結果，以高層次的規則作為手段，從而達到FSA所期望實現的監管目標。FSA的監管效益是通過仔細測算監管成本與收益後得出的，這一效率衡量方式奠定了FSA的監管程序。監督官們會定期與金融企業的高管進行開誠佈公的交流，討論企業經營過程中遇到的監控難題，及時發現經營中的風險和監管的薄弱環節，幫助企業出謀劃策，在提高企業經營能力的同時做好合規性管理工作，從而既做到防範風險，又最大限度地降低監管成本。這一監管制度既能靈活應對金融市場的新變化，又有利於提高企業的經營主動性，同時較好地保護了市場投資者利益，提高了市場的公信力，達到鼓勵投資的目的。監管環境的親和力是倫敦相對於紐約的最大比較優勢。倫敦一直奉行自由經濟，實行不干預經濟政策，外匯、黃金、證券、期貨等自由進出、自由買賣。其自由程度比其他發達國家要高得多。全球金融危機以後英國金融監管框架發生了調整。《2012年金融服務法案》於2013年4月正式生效。該法案廢除了FSA並建立了新監管框架。該法案賦予了英格蘭銀行金融穩定的目標，強調宏觀和微觀審慎性監管的協調，原FSA的單一監管被英格蘭銀行的金融政策委員會（Financial Policy Committee, FPC）、金融行為局（Financial Conduct Authority, FCA）和審慎性監管局（Prudential Regulation Authority, PRA）所取代。金融政策委員會負責識別和監控系統性風險。金融行為局負責金融市場主體行為的監控，創造競爭和公正的市場環境。審慎性監管局負責監管金融機構，保證這些機構自身的穩健性，並防止由個體機構擴散至整個系統的風險。

英國國內金融市場和國際金融市場一體化，而倫敦又屬於內外一體型金融中心，離岸和在岸交易一體，貨幣自由流通境內外，非居民和居民自由交易。例如英鎊貨幣市場和歐洲貨幣市場相通，參加資本市場活動的投資者常要同時進行外匯交易。這是近年來金融市場大發展，加之管制放鬆，使各類市場日益互相依存，它們中間的界限日趨模糊的必然結果。

英國銀行分為英格蘭銀行、清算銀行、商業銀行和貼現行。英格蘭銀行是英國的中央銀行，有發鈔的特權，是商業銀行存款準備金的保管者、票據結算

者。它審批和監督金融機構，充當最後貸款人，代理國庫和外匯平衡帳戶，經營黃金、外匯、特別提款權。

1946年英格蘭銀行國有化。清算銀行由最大的6家商業銀行組成。商業銀行分為承兌所和發行所，目前倫敦大約有100家，其中16家成立了承兌商委員會。貼現行主要從事票據貼現和公債買賣業務。倫敦的黃金市場由6家公司組成。其他金融機構有建築社、投資信託公司、小額信託公司、金融公司、保險公司、養老基金組織和國民儲蓄銀行。世界上第一家保險公司勞合社誕生於此，它是目前全球第二大商業保險人和第六大再保險人，其絕大部分業務來自外國。外匯市場由300多家外匯指定銀行和14家經紀公司組成。500多家外國銀行中30%以上來自歐洲，外資銀行數量最多。近200個外國證券交易中心也彙聚於此。倫敦金融機構眾多，特別是外國機構雲集，市場競爭異常激烈。倫敦外國銀行的數量遠遠超過其他金融中心。在倫敦的美國銀行數量甚至超過紐約。

倫敦黃金市場是世界黃金精煉、銷售和交換的中心，其價格是世界上最主要的黃金價格。倫敦還是歐洲債券一、二級市場核心、全球最大的同業拆借中心、基金管理中心、最大保險業中心、金屬交易中心、能源交易中心。

金融服務業是倫敦乃至英國的支柱產業之一。自1986年金融「大爆炸」自由化和1997年英格蘭銀行獨立以來，金融業在英國不斷取得快速發展。

據倫敦國際金融服務機構2009年5月統計（IFSL，下同），2001年金融服務業在英國經濟中的比重為5.5%，到2007年這一比重升至7.6%。2008年金融業貿易順差356億英鎊，高於2005年的193億英鎊。2008年底，金融服務業就業人數100萬人。倫敦金融和商業服務部門占總產出的40%，大倫敦的GDP占全英的1/5左右。

在銀行業方面，在英外資銀行數世界第一。2008年3月底英國共有各類外資銀行分行或子行250家，居全球首位。2008年9月外資銀行管理的資產為7.5萬億英鎊，占英國銀行業資產總額的一半以上。2008年3月跨境銀行貸款業務量占全球的20%，位居榜首。

在保險業方面，倫敦是世界最大的保險市場。英國保險業歐洲第一、世界

第二（僅次於美國），在國際保險和再保險市場居主導地位。2007年英國保險業的全球保費收入為2 630億英鎊。倫敦是全球唯一聚集了世界前20大保險和再保險公司的金融中心，2007年倫敦地區的保費收入達245億英鎊。1688年開業至今的倫敦勞埃德市場以經營高風險保險業務聞名於世，其業務遍及世界200多個國家和地區，92%的富時100指數公司和93%的道鐘斯指數公司在勞埃德市場投保。此外，倫敦還是世界主要的航空險和海事險中心，占全球市場份額的20%。

倫敦是世界最大的外匯市場。2008年4月份倫敦外匯市場日均交易額1.819萬億美元，占全球外匯市場的34%，超過美國和日本的總和。

在基金業方面，倫敦是全球第二大基金管理中心。2007年英國基金管理業負責的養老基金、保險基金、互助基金、對沖基金、私募股權基金等基金的總規模達4.1萬億英鎊。倫敦還是私募基金、對沖基金和主權財富基金營運中心。

倫敦是最國際化的股票和債券市場。在倫敦證券交易所掛牌上市的外國企業為692家，居世界主要證券交易所之首。外國企業在倫敦證券交易所的交易量占國際企業股票交易額的29%。據不完全統計，歐洲債券的一級發行的60%～70%在倫敦，全世界的70%～80%的國際歐元債券也在倫敦交易。

倫敦是全球最大的金融衍生品交易市場。倫敦擁有四家衍生產品交易所，倫敦衍生品交易占全球的43%。倫敦金屬交易所是全球最大的金屬交易所。倫敦是歐洲最大的商品交易市場，占全球商品交易的15%。

3.1.2　香港

香港是目前世界上少數實行混業經營、分業監管的地區。香港金融監管架構具體由金融管理局（金管局）、證券及期貨事務監察委員會（證監會）、保險業監理處（保監處）及強制性公積金計畫管理局（積金局）四大監管機構以及相應的行業自律協會構成，分別負責監管銀行業、證券和期貨業、保險業和退休計畫的業務。

香港金融監管的另一大特徵是香港的銀行業、證券業、保險業均採取的是

政府監管及行業自律的兩級監管模式，其銀行業、證券業和保險業的行業自律機構分別是香港銀行公會、香港交易所和香港保險業聯會。政府在監管中充當著管理者和協調者；行業自律協會的工作重點是自身內部風險的控制和審查。

香港允許多金融機構進入，建立多主體市場，採用頒發執照的辦法進行許可管理。從20世紀70年代開始，香港政府改變了過去消極不干預的態度，採取積極干預政策，從保守的金融政策轉變為自由開放的金融政策。此後，香港政府不斷放寬管制：

1973年解除了外匯管制，實行貨幣兌換和資金進出自由；1974年開放黃金市場；1978年放寬外國銀行在港開設分行的限制，在香港的所有銀行一律平等地經營境內境外各種金融業務；1981年銀行公會成立，所有持牌銀行加入銀行公會，貫徹港府和財政司的政策意圖，統一制定港元存款最高利率。外匯基金獲准可向外舉債調節貨幣供給，開展公開市場業務；1982年取消對銀行業外幣存款徵收的利息稅，後來對港幣存款的利息稅也取消了；1983年10月，香港政府宣佈實施港幣和美元掛鉤的固定匯率制度，確立了港幣的地位；1993年外匯基金與銀行業監理處合併為香港金融管理局，職能有：制定和執行貨幣政策；維持港元聯繫匯率制度；銀行體系的最後貸款人；中央票據的結算管理；政府代理銀行；監管銀行業機構。

自20世紀70年代以來，香港堅持市場主導、公平競爭的自由經濟體制，實行貿易自由、貨幣兌換自由、資本進出自由、黃金交易自由、投資自由和低稅率的政策，為跨國銀行和境外資本提供了一個安全自由的環境，外資金融機構大量湧入香港，使得香港外資銀行和金融機構的數目僅次於紐約和倫敦，確立了香港國際金融中心的地位。

香港金融以銀行業為主體，由貨幣市場、資本市場、基金公司、外匯市場、保險市場等組成。但是近年來的發展趨勢顯示，企業更倚重股市、債市融資，表明香港金融體系由過去的銀行業為主導轉向資本主導的趨勢。

香港銀行業實行三級制：持牌銀行、有限持牌銀行和接受存款公司。截至2011年2月，持牌銀行為146家，有限持牌銀行為21家，接受存款公司為26家。

香港沒有中央銀行，央行職能由政府成立的專門機構和商業銀行執行。港鈔最初由滙豐、渣打香港發行，1994年中銀香港成為第三家發鈔行。

在金融發展水準方面，香港是世界第三大銀行中心、第四大外匯交易中心、第五大股票市場、第五大金融衍生品交易中心、第五大黃金交易中心，也是亞太區最大的保險市場、第二大基金管理中心。

香港有發達的銀行業，2010年底，銀行資產總額15 609億美元。至2007年12月，香港有持牌銀行143家，外國銀行代表處159家，銀行總數1 452個。香港的銀行數目和外國金融資本僅次於倫敦和紐約，銀行業務的60%直接以外幣進行。香港有金融和投資公司25 997個，證券、期貨及金銀經紀、交易所及服務機構14 851個，其他金融機構2 311個。

2008年，香港期貨及期權的總成交量為10 500萬張合約，比1997年的970萬張大幅增長9.82倍。此外，交易型開放式指數基金（簡稱ETF）成交數量也大幅增加。

2010年上半年，所有上市的62只ETF每日平均成交額達19.66億元，較上年同期增長12.5%，總市值（不計黃金ETF）達1 800億港元，較上年同期增長29.7%。以成交額及市值計算，香港已成為亞洲第二大ETF市場。2010年，香港聯交所金融衍生產品的交易額達5 430億美元，在全球各交易所中高居首位。

2009年，香港金融及保險業就業人數為18.56萬人，占就業總人數的7.4%；創造的GDP達2 355.81億港元，占GDP總額的15.2%。

2010年4月，香港日均外匯交易額從2007年的1 810億美元增加至2 376億美元，增幅達31.3%，占全球交易額的4.7%。根據國際結算銀行在2004年進行的每三年一度的全球調查，香港外匯市場的成交額在世界排行第六位。到2012年8月底，香港外匯儲備為2 912億美元，由外匯基金持有。

2010年底股票市場總市值為27 104億美元，集資總額達219億美元，居亞洲第二、全球第七，外匯基金票據及債券達6 531.38億港元。2006—2010年間，港股總市值占生產總值的比重從906%升至1 214%，銀行貸款占生產總值的比重從173%升至238%。

3.2 內外分離型離岸金融中心：紐約

　　內外分離型離岸金融中心的特點是雖在稅收、利率和存款準備金等方面沒有限制，但它必須與國內金融市場嚴格分離。從事離岸業務必須設立離岸帳戶，且只能從事境外與境外的交易，嚴格禁止資金在境內外市場間和在岸、離岸帳戶間流動，將境內外市場絕對隔離。

　　美國國際銀行設施（IBF）與美國境外銀行享有相同的待遇。1981年12月美聯儲對D條例和Q條例做出修正後，美國的銀行包括外國在美國的分支機構也可以在美國境內通過建立IBF的途徑享受到許多原來只有離岸銀行才能享受到的好處，凡是以IBF的名義接受的存款都屬於歐洲美元的範疇。IBF吸收到的非居民和其他國際銀行設施的存款，既不受D條例對準備金比例的約束，也不受Q條例對存款利率上限的限制。1990年12月起IBF吸收的美元存款即美國境內的歐洲美元的準備金比率由原來的3%降為零，美國境內的銀行可以為外國存款戶提供與歐洲美元存款相類似的優惠利息。

　　IBF離岸帳戶管理：開辦離岸業務的金融機構必須設立單獨的離岸帳戶。離岸業務都必須也只能記錄在離岸帳戶中，同時這一帳戶中還包括監管當局需要的各種資訊。IBF對非銀行外國居民開展存、貸款業務時，還必須以書面形式將美聯儲關於存、貸款用途的限制性規定通知對方，即IBF只能接受國外非銀行客戶用於支援海外業務的存款並只對需要資金融通的海外業務提供貸款。屬於IBF的存貸款帳戶必須在每一個營業日結束時保持平衡。業務對象限制：將市場參與者限制在非居民和其他離岸帳戶這一範圍之內。當資金從離岸帳戶流入境內，則視同對本國居民的貸款，需計入外債。美國的存款準備金制度規定：資金一旦從IBF流入國內，就必須交納存款準備金。

　　業務經營範圍：只允許IBF從事有限的二級市場業務，如向第三者購買本票、證券、貸款、回購協議等，禁止發行定期存單（CD）等無記名票證。另外，D條例規定，IBF接受的定期存款只能是兩種，一種是非銀行外國居民客戶提供的不少於兩個工作日的大額定期存款，另一種是由建立IBF的金融機構以

發行本票、借款認可證或其他類似票據的方式向特定的對象提供的存款業務。

離岸業務的檢查與監督：美國聯邦儲備理事會要求所有已建立IBF的金融機構每月遞交「IBF帳戶報告」。此外，凡是外國銀行在美國境內的分行或代理機構，聯邦儲備理事會還要求它們在每季的財務報告中如實反映有關IBF的經營情況。

紐約作為美國國內的金融中心和全球金融中心，其金融業市場和業務的種類十分齊全，信貸市場、證券市場、保險市場、外匯市場等的市場規模都在全國處於首位，與倫敦、東京等其他國際金融中心相比，紐約在很多方面也處於領先地位。

從州的層面來看，紐約州的金融業在全美處於領先地位。1980年紐約州金融業名義產值為268.6億美元，2006年上升到1 794.7億美元，增長了5.7倍。在美國金融體系發展過程中銀行業和保險業的產值比重逐漸下降，而證券業的產值比重卻在上升。

3.3 內外滲透型離岸金融中心：新加坡

內外滲透型金融中心的特點是仍然以分離型為基礎，即在岸、離岸業務仍然分屬兩個帳戶，以此將居民與非居民業務分開，但允許資金在一定的限額內相互滲透，或者開闢一個資金單向進出通道。內外滲透型模式是絕對的內外分離型向一體型發展的過渡形式，這一過程也是大多數國家離岸金融市場的發展規律。

1968年10月1日，美洲銀行新加坡分行設立第一個「亞洲貨幣經營單位」（Asian Currency Unit, ACU），開始亞洲美元的經營。ACU的金融監管以自由化為原則，逐步降低各類管制至最低限度。監管當局最初不允許居民在亞洲美元市場上開立外幣存款帳戶，直到1973年，居民可以開立外幣帳戶，開闢了境內外市場相互滲透的管道，但同時對所借款項設有上限，分別是個人帳戶為10

萬新元、企業帳戶為300萬新元，並要求用於指定用途。隨後幾年內逐步提高借款上限。1978年，新加坡全面取消外匯管制，開放外匯市場，取消居民投資亞洲美元市場的限制，離岸金融市場與境內金融市場進一步整合。1981年亞洲美元帳戶獲准通過外幣置換新元。1992年起陸續上調新元貸款額度上限至1億新元。2001年取消外資機構對居民提供的交易額下限。

新加坡離岸金融中心的參與主體主要是銀行。1968年，新加坡政府陸續批准包括美洲銀行新加坡分行、花旗銀行、華僑銀行、滙豐銀行在內的16家金融機構設立亞洲貨幣單位，從事非居民境外美元存貸款業務。新加坡對外資銀行的准入資格要求則十分嚴格：除了對設立金融機構規定最低資本金準備以外，對於外資銀行的治理結構、風險管理等都有所要求，另外對母行限制為世界排名靠前的銀行。除了資格要求，新加坡監管當局還規定開辦亞洲美元業務的銀行必須在亞洲貨幣經營單位設立帳戶，且該帳戶只能用於進行非新元的存貸款業務。同時開立離岸帳戶通常也要向金融監管局申請，要求具備一定的外匯業務實務和經驗。開展離岸金融業務的銀行必須定期報送離岸業務各項報表或臨時要求的特殊報表，以便金融監管局了解離岸業務的規模並監督各項管理規定的執行情況。

新加坡的金融體系具有以下特點：

在金融管理體制中，不設中央銀行，而由金融管理局、貨幣局、投資局分擔銀行、貨幣、外匯的管理職能。金融管理局負責執行中央銀行職能（貨幣發行除外）。新、馬貨幣分家後，新加坡貨幣局成立，主要負責發行新加坡元、保管發行準備金及維持貨幣穩定。投資局負責管理公共部門的剩餘資金，包括官方外匯儲蓄剩餘用於投資部分，因而是政府的投資與外匯管理機構。三個管理機構既有分工，又緊密配合，相輔相成，發揮了西方中央銀行的一般職能。

在金融結構中，外資銀行占絕大比重，本國銀行近年發展較快。新加坡對外資銀行一貫實行開放與鼓勵政策。1987年，新加坡商業銀行共有134家，其中外資銀行121家，占全部商業銀行數的90%，證券銀行有58家，幾乎都是外資開辦或外資參股的。經營亞洲貨幣單位的機構有188家，其中外國銀行121家，

外國證券銀行54家，占93%。從新加坡銀行總資產的結構來看，外國銀行占57%以上。可見外資銀行在新加坡金融業中地位之重要，這也是新加坡金融國際化程度高的主要原因。近年來，當地銀行數量明顯增加，資產規模也不斷擴大。另外，新加坡當地資本銀行在國外的投資也逐漸增多。因此，本地資本將在新加坡金融業中扮演越來越重要的角色。

金融市場實行內外分離制，但允許資金在一定程度上相互滲透。新加坡將國內金融市場交易與離岸金融市場交易嚴格分離，離岸金融市場不受國內金融政策的制約，從國外引入資金仍運用於國外，以發展國際金融業務，既擔當國際資金供求的仲介，又保護國內金融的獨立發展。同時，亞洲貨幣經營單位已允許居民參加交易，這在維護國內市場前提下為引進外資開闢一條新的管道。

在中國—東盟自貿區的各成員之中，新加坡的金融業最為發達，金融體系架構也最完善。作為新加坡經濟的支柱產業，金融業在國內生產總值中的比重一直占到10%以上。從1993年以後，金融和商業服務業總產值超過製造業，成為新加坡經濟的第一大支柱產業。

從商業銀行信貸規模/GDP來看，新加坡這一指標持續上漲，但水準較低。新加坡商業銀行信貸規模/GDP於2011年才達到101.08%，而英、美、德、中、日、韓等國家均在1997年前超過100%。信貸占GDP比重反映了一國的間接融資規模，新加坡間接融資規模雖然持續增加，但能力仍然有限。

從金融機構數量上來看，新加坡的金融機構結構較為平衡，銀行類與非銀行類金融機構的數量相當。其中銀行類金融機構中以商業銀行與亞洲美元機構居多，而非銀行類金融機構中則以資本市場服務商、保險類金融機構、豁免型金融機構為主。此外，在商業銀行結構中，外資銀行所占的比重非常大，體現了新加坡銀行機構的市場化與國際化程度較高。

2003—2007年這5年期間，新加坡直接融資所占的比重維持在70%左右，市場主導型的金融結構的功能已經十分明顯。從資本市場淨融資額占GDP的比重看來，新加坡這一指標最高為20.21%（2007年），可見其資本市場融資能力較發達國家有較大差距。

3.4 避稅港型離岸金融中心：開曼群島和英屬維京群島

避稅港型離岸金融中心的特點是在不需納稅的某一城市虛設一機構，在其帳戶上處理對外交易，實際上這一虛設的機構只是起一個記帳中心的作用。

3.4.1 開曼群島

開曼群島實行的是單一監管，其監管當局是開曼群島金融管理局（CIMA）。開曼群島是著名的「避稅天堂」和世界級的金融離岸中心，之所以有數千家對沖基金和殼公司自稱開曼群島為其總部所在地，其原因不得不歸結於開曼群島金融管理局實施的靈活適度的監管措施。但政府為了改善國際形象，最近幾年來逐漸加強了對金融監管的控制力度，比如從2002年初開始，政府要求所有在當地註冊的銀行必須在當地設有辦事處或工作人員，銀行必須遵守當地法律。

金融危機之後，迫於國際社會壓力，開曼群島正在從毫無監管向建立合理機制過渡。2013年1月，迫於壓力，擁有實權的開曼群島金融管理局提出新的提案，將對過去的模式做出重大改變。根據這些提案，開曼群島金融管理局還將要求公司和基金董事在該局註冊並獲得經營許可，此舉將令開曼群島的公司監管與多數在岸司法管轄地區存在的公司治理機制保持一致。但是這些都仍然只是提案。開曼群島金融管理局計畫創建一個在開曼群島註冊的基金及其董事的公開資料庫，這是開曼群島向接受金融投資者和政界人士的國際審查邁出的重要一步。

開曼群島在公司層面自身的金融監管政策主要包括：（1）組建公司無須政府批准，但某些商務活動可能要求許可或註冊登記。（2）一般需向公司註冊處提交兩份經簽署的公司大綱。擬擔任該海外公司的一位董事還必須向公司註冊處提交一份聲明，確認該海外公司的商務活動將基本上在開曼群島境外進

行。公司設立手續一般可在24小時內完成。（3）公司的組織檔包括公司大綱和公司章程。大綱必須列明公司的名稱和註冊地址，也可包括公司的經營範圍。除非大綱有明確限制，海外公司能行使自然人所能行使的一切權利。公司章程規定了公司與股東和高級管理人員之間的權利和義務。（4）海外公司至少應有一名董事。董事可以不是開曼群島居民。允許法人擔任公司董事。海外公司必須按章程規定配備相應的高級管理人員。（5）海外公司至少應有一名股東，可以有名義股東。海外公司的所有股東的姓名都必須記載在股東登記簿中。股東登記簿不必保存在公司註冊位址，也無須供公眾查閱。（6）董事會議必須每一日歷年在開曼群島舉行一次。董事會議可委託代理人參加。會議通知須按公司章程規定發送。除非公司章程另有規定，董事會議或其所屬委員會的會議在只有一名董事出席的情況下也可有效召開。（7）開曼群島公司法並未限定公司章程對公司高級管理人員和董事賠償的程度。唯一的例外是規定了應由開曼群島法院裁定某些賠償條款是否違反公共政策（例如賠償因犯罪、不忠、惡意疏忽或過失所造成的損失）。（8）海外公司不必舉行股東年度大會。除非公司大綱和章程另有規定，股東大會通知的最短期限為五天，股東大會可以由三位股東召集。股東大會可以不在開曼群島舉行。（9）註冊位址和抵押登記簿為公開檔案。（10）沒有最低限度額定股本金或發行股本金。公司應支付的政府年費根據其額定股本金（最高為50 000美元）支付。允許無記名股票、無面值股票；可以全價發行、差價發行或者零價發行。（11）要求海外公司在成立時及其後的每年1月份交納一筆費用。交費標準根據公司類型和股本金多少計算而定。每年1月份，海外公司必須填報所得申報表。此外，海外公司還要確認其公司大綱沒有改動、公司業務主要在開曼群島境外進行、在開曼群島境內至少舉行過一次董事會。（12）開曼群島不對海外公司及其股東徵稅。海外公司有權從開曼群島政府處得到保證，開曼群島對利潤、所得、收益、增值徵稅的立法，以及對房地產和遺產徵稅的立法將不適用於海外公司，也不適用於其股份，也不能以預提方式徵收。

開曼群島主要的離岸金融系統機構（業務）及其特點如下：

（1）離岸公司。

開曼群島大約有2 500家註冊公司，其中55%以上的為離岸公司，大部分公司享有長達20年的稅收豁免權，而開曼群島本地的公司並不享有這一權利。離岸公司在所有權結構上享有高度保密權，並且不受報表與資本金要求的制約。董事會議要求每年舉行一次，但是可以指定當地人作代理董事。開曼群島的公司普遍作為一種簽約工具——一種價格轉移的載體。例如，開曼群島的公司可能是由多個公司組建的租賃公司，為外國子公司提供設備租賃。租賃的支付結算集中在開曼群島的公司進行，享受到的稅收豁免可以進行再投資，或者在方便的時候返回國內。開曼群島的公司也可能是一種「虛擬仲介」，通過雙重發票儲備（double invoicing reserves）積累獲得免稅。尋求對土地所有權的保密也是很多離岸公司設立的目的。開曼群島的離岸公司也可能被用來作為專利或版權，或船舶、飛機的所有權人。

（2）銀行。

20世紀70年代早期在開曼群島落戶的銀行大多是加拿大和英國的銀行，此後來自美國等地的銀行數量急劇增長。從1972年到1982年間B類銀行（離岸銀行）數量平均年增長達23.4%，1982—1989年間平均年增長率只有3.1%。1972—1982年間離岸銀行迅速增長的原因是歐洲市場的發展。20世紀70年代開曼群島離岸銀行業務的發展得益於離岸金融市場的快速增長。據國際清算銀行統計，從1970年到1981年，歐洲市場的規模從570億美元增加到6 610億美元，主要原因是石油美元的增長。正是在這一期間，開曼群島等地的離岸銀行業務急劇增長，這是因為這些地方的稅收優惠與寬鬆管制對國際銀行頗有吸引力。70年代大部分銀行經營的石油美元都是在歐洲市場循環。辛迪加歐洲貸款常常是在像開曼這樣的離岸金融中心進行。很多離岸銀行業務並不需要建立實際的辦公點。在532家註冊銀行中80%以上並沒有任何實際辦公場所。一些公司被稱作「殼公司」、「簿記中心」或「銅牌銀行」，因為它們只有一張由銅或塑膠製作的銘牌掛在某辦公樓的走廊上。歐洲業務賬務記錄在開曼群島的公司名下，但是並不實際進行資金劃撥，而是僅僅由在岸的母公司銀行職員記入帳簿

或電腦檔案。532家離岸銀行中有6家是完全的清算銀行，包括巴克萊銀行、皇家加拿大銀行、豐業銀行、加拿大帝國商業銀行、開曼國民銀行；另有24家擁有在岸營業的執照，但是大多數（502家）登記銀行是純粹的離岸銀行。1992年開曼銀行擁有差不多4 000億美元的外國資產。

（3）信託。

信託業是開曼群島離岸金融產業的一個明顯特徵。開曼群島於1967年就頒佈了信託法。目前開曼群島有40多家實體擁有信託業務的營業執照，大部分信託公司的股東是英國、美國、瑞士以及加拿大的銀行。信託公司可以逃避特定的稅收，還可以為外逃資本提供避難所，以及回避某些遺產法或簡化遺產檢驗程序。與離岸公司一樣，信託公司具有法定的隱私保護權，因而頗有吸引力。

（4）保險。

開曼群島是世界上排名第二的離岸保險中心（排名第一、第三的分別是百慕達與根西島）。離岸保險是一種自保險（captives）業務。除純自保險業務外，其他類型的自保公司包括「協會」或「行業」自保公司以及「機構」和「公開市場」自保公司，其中「協會」或「行業」自保公司是由一組公司或專業協會成員控制的僅僅為其股東提供保險的公司。自保公司相比其他保險公司可以更有效地獲取保險金，降低保險成本。自保公司與離岸公司擁有一些相同的職能，如都可以作為利潤中心，或作為逃稅的仲介。

開曼群島的金融發展水準如下：

金融產業對開曼群島經濟發展的總體貢獻是難以評估的。1992年政府通過註冊登記與離岸金融服務所直接獲取的收入達2 500萬美元，通過在岸公司與銀行業務實現的收入估計達2 000萬美元，占1992年政府總收入的15%以上。當然政府對銀行等方面的監管也有支出，這方面的資料並沒有統計資料。離岸金融業務給私人帶來的收入難以量化。包括跨國企業在內開曼群島共有25家會計師事務所，18家法律事務所、近80名律師，有40～50名離岸金融專業人士。19家企業專門從事離岸公司管理。1992年的資料顯示，銀行和保險共占開曼群島就業人數的10%，保險行業共226名從業人員，其中有200人為開曼群島本地人。

大約70家銀行與信託公司在開曼群島設有實際代表處。有1 363人從事銀行業務，大部分（1 062人）都是開曼人。

開曼群島已變成一個成功的離岸金融中心，部分原因在於受益於國際市場上的動盪和不穩定，同時也受益於開曼群島金融業對國際資本的開放與對接。金融離岸業務對當地就業和GDP的貢獻率分別為3%～10%和10%～24%。該地區年生產總值約6億美元，人均生產總值近3萬美元，是加勒比海最富裕的地區。

開曼群島的公司形態可分為三類：一般當地營業公司（resident company）、非當地營業公司（non-resident company）及稅務免除公司（exempted company）。其中稅務免除公司主要被各國企業、個人用來做金融方面的規劃，稅務免除公司不能在當地營業。

3.4.2 英屬維京群島

據IMF評價，英屬維京群島擁有十分合適的監管環境。法律賦予金融監管局以適當的獨立性與權力對島內所有金融機構進行專業、有效的監管。

因英屬維京群島人口很少，國內金融服務市場空間小，故而沒有對國內金融機構以及離岸金融機構的單獨監管措施，只有少數的登記審查。

銀行業監管很少，只允許聲譽好且實行母公司並表監管的機構從事離岸金融業務。依據法律是1990年的《銀行與信託公司法案》（Banks and Trust Companies Act，1990）及其修正案；《金融服務委員會法案》（Financial Services Commission Act，2001）及其修正案；《監管原則》（the Regulatory Code，2009）。離岸金融機構被要求符合國際清算銀行的標準。國內銀行沒有外在審慎監管要求，不良貸款等情況較多。

離岸保險業務僅限於專業自保機構及其管理者。只允許聲譽好且實行並表監管的機構從事離岸保險業務，多數母公司在美國，受美國國稅局監管。對於申請設立保險公司，當局要求提供業務計畫，並會對其進行評估。島內管理條例主要用來鼓勵新業務，如專業自營保險、再保險，這兩項業務的註冊登記及監督管理都十分靈活。缺少對保險業的指導方針。

國際商貿公司在登記時需要登記代理。登記代理人接受當局監管，保留登記公司的資訊。不允許無記名股票的流通。法律制度靈活，有保密規定。公司註冊名稱自由，無須每年提交公司帳冊，召開股東大會等。但對國際商貿公司有一些限制：不得與島內居民開展業務；不得擁有島內不動產權益；未經許可不得從事銀行、信託、公司管理業務；未經許可不得經營保險、再保險業務等。信託及公司管理服務提供者接受金融監管局的監管。在銀行、信託、公司管理業中有六種許可證。每一種都必須遵守相關法律規定的最低實繳資本額、許可證年費、會計、審計等相關要求。銀行和信託公司管理機構對許可證進行管理。

離岸證券市場僅限於共同基金及其管理者，島內不會對基金規模以及交易者進行審查。

英屬維京群島銀行業很小，只有11家（2004年）。重要的幾家都是國際銀行集團的子公司。2012年總資產為25億美元，其中存款占60%。存貸比為1.34。2008年信貸/GDP為1.2。

保險業很小，保費只有4 000萬美元（2004年），總資產只有20億美元（2012年）。自保業務發展很快，逐漸成為世界自保中心之一。

離岸國際商貿公司非常多，大約有45萬家（2012年），約占世界總數的45%，其中相當大一部分是香港的公司。離岸公司也被用來發展自保業務及共同基金。

英屬維京群島沒有證券交易所，除了共同基金，不發行證券；沒有證券零售市場；是共同基金的主要所在地，有2 606只，超過550億美元，其中只有8%為公共基金，其他均為私人或專業基金（2004年）。

3.5　各類型離岸金融中心比較

附表3—1羅列了四種類型的離岸金融中心在金融監管和金融政策、金融

體系、匯率和貨幣政策、資金來源和籌資管道、基礎設施、增長模式和發展水準以及國際貿易等方面的特點。在金融監管模式方面，既有分業監管也有混業監管，即使都是內外一體型的離岸金融中心，倫敦和香港的金融監管模式也不一樣。類似的，貨幣政策和匯率體制在各離岸中心也沒有共性。在金融體系方面，這些現有的金融中心的金融體系都很完備，有豐富的產品和服務。不過這一共性可能更多的是金融中心建設的結果而非先決條件。在資金來源方面，很多離岸金融中心都採用了優惠的吸引外資的政策，以保證金融中心發展過程中的資金需求。在基礎設施方面，這些離岸金融中心都是知識型經濟體，研究機構眾多，強調科技創新；人才儲備豐富；是重要的國際空港、港口、物流中心；通信發達。離岸金融中心在經濟增長模式方面並沒有共性，事前也並不具有很高的經濟發展水準，但除避稅港型離岸金融中心外，其他離岸金融中心都有緊密的國際貿易聯繫。

綜上所述，離岸金融中心的發展並不局限於特有的金融監管模式和貨幣政策框架，也不要求特有的經濟增長模式和事前的高經濟發展水準，但資金和各項基礎設施等經營環境是重要的先決條件，國際貿易聯繫或者經濟開放度也是一個重要的條件。

附表3—1　各類型離岸金融中心比較

	內外一體型	內外分離型	內外滲透型	避稅港型
典型離岸金融中心	倫敦、香港	紐約	新加坡	百慕達、開曼群島、英屬維京群島
金融監管和金融政策	香港實行分業監管，倫敦實行單一監管，兩地均無外匯管制	聯邦和紐約州共同監管；著重於分業監管和功能監管	單一監管	監管寬鬆，註冊成本低

續前表

	內外一體型	內外分離型	內外滲透型	避稅港型
金融體系	全球金融中心，有發達完善的金融體系，金融系統健全，產品豐富	全球金融中心，有發達完善的金融體系，金融系統健全，產品豐富	亞洲金融中心，金融體系較發達	眾多國際公司的註冊地；是全球主要的離岸保險中心
匯率和貨幣政策	香港為固定匯率制度；倫敦為浮動匯率制度，貨幣政策採通貨膨脹目標制	浮動匯率制度，貨幣政策採用多目標	有管理的浮動匯率制度	固定匯率制度
資金來源和籌資管道	資金來源廣泛，內外相容	專門的帳戶吸收境外資金	優惠政策吸引外資	優惠政策吸引外資
基礎設施	知識型經濟體、研究機構眾多，強調科技創新；人才儲備豐富；是重要的國際空港、港口、物流中心；通信發達	知識型經濟體、研究機構眾多，強調科技創新；人才儲備豐富；是重要的國際空港、港口、物流中心；通信發達	知識型經濟體、研究機構眾多，強調科技創新；人才儲備豐富；是重要的國際空港、港口、物流中心；通信發達	擁有天然良港、通信發達
增長模式和發展水準	服務和金融產業占比較高，發展水準處於世界前列	多行業並存，金融占比較高，發展水準處於世界前列	自然資源缺乏，國內市場狹小，多種行業並存，重要部門國家壟斷，發展水準處於世界前列	自然資源匱乏，國內消費主要依賴於進口，旅遊和金融產業占比較高
貿易	與全球的主要貿易國保持緊密聯繫	與全球的主要貿易國保持緊密聯繫	貿易在國民經濟中占有重要地位	貿易夥伴國較為單一

附錄4

離岸金融中心的稅制比較

離岸金融中心作為世界各國金融市場國際化的一種重要手段，不僅可以帶來巨額國際資金的流動，同時對於帶動金融業、服務業發展，增加就業，促進一國經濟發展都起著舉足輕重的作用。

離岸公司與一般有限公司存在著很大的差別。除了金融監管上的適當寬鬆、公司運作財務上的便利、資訊上的保密之外，以離岸金融中心的低稅負為主要特色的稅收政策是一個十分重要的因素。

4.1 「免徵直接稅」模式

所謂免徵直接稅模式，亦稱純避稅港或傳統避稅港模式，指的是所涉國家或地區稅收法律制度簡易，稅種較少，僅課徵少量的間接稅，不課徵包括個人所得稅、公司所得稅、資本利得稅、遺產繼承稅和財產贈與稅等在內的所得稅和一般財產稅。這就意味著，任何企業和個人的經營所得或其他所得，均不用向當地政府繳納任何稅收。屬於這一模式的國家和地區目前主要有巴哈馬、諾魯、百慕達、格陵蘭、哥斯大黎加、瓦努阿圖、英屬開曼群島、英屬維京群島、新赫里多尼亞、法羅群島、索馬里、聖皮爾島、密克羅西亞島、特克斯和凱科斯群島等。其中以巴哈馬和百慕達最為典型。

巴哈馬位於美洲西印度群島最北端的巴哈馬群島，其財政收入主要來源於旅遊業、以國際匯兌為對象的金融服務業和石油轉口業等。該國稅制簡單、稅種較少，以印花稅、勞務費、離境稅和賭博稅等間接稅為主，在財政收入中所占的比重不大。不徵所得稅、遺產稅、繼承稅和不動產稅，不徵股息、利息、特許權使用費的預提所得稅，甚至免繳營業稅、入港和出港噸位稅等。凡在其境內設立製造業公司，均可享受15年的免稅待遇。在大巴哈馬島自由港區（無稅區）領取執照的所有公司和企業，則更能獲得到2054年前，不開徵國內消費稅、印花稅和大多數關稅的保證。巴哈馬的公司法律制度極為靈活。公司（除銀行和信託公司外）的註冊，可以不提交審計過的帳目。任何公司都可以發行不記名股票和可贖回股票。公司的董事可以是任何國籍的人，可以在世界任何地方召開董事會。凡主要經營活動在境外的公司，可獲得非居民公司的地位，不受巴哈馬外匯管制的制約。至20世紀90年代，在巴哈馬組建的各種公司已達1.6萬多家，每年對當地經濟的貢獻約4 000萬美元。但絕大多數公司屬於典型的空殼公司（shell company）、信箱公司或紙面公司（mailbox company或者paper company），沒有實質性的經營機構，在此註冊的目的是為了避稅。例如美國銀行在這裡設有100多家金融分支機構，大多數是出於擺脫美國政府對直接資本輸出限制的目的。

　　百慕達位於北大西洋西部，實行低稅的簡單稅制，不課徵直接稅，僅徵收關稅、印花稅、工資稅、社會保障稅、土地稅、旅客稅、外匯購置稅等少量稅種，其中關稅構成了財政收入的主要來源。在百慕達註冊成立的公司不需要繳納公司所得稅。根據公司法，境內所設公司可以通過註冊合併，不必向政府當局提交財務報表。政府不過問公司的股東或經理人的國籍，在境內設立的公司，在國外發生營業活動，也屬合法行為。目前有各類公司7 000多家，多為境外人士所設，其目的就是利用低稅法律環境進行逃避稅收活動。

4.2 「免徵境外所得稅」模式

　　所謂免徵境外所得稅模式，是指所涉國家或地區放棄了居民稅收管轄權，而僅行使所得來源地稅收管轄權，即只對來源於境內的所得行使徵稅權，而放棄對來源於國外或境外的所得的徵稅權。這類國家和地區主要有衣索比亞、賴比瑞亞、巴拿馬、委內瑞拉、哥斯大黎加、玻利維亞、瓜地馬拉、尼加拉瓜、多明尼加、巴拉圭、馬來西亞、汶萊、新加坡、香港和澳門等。其中可以新加坡和香港為代表。

　　新加坡是個著名的自由港，法定稅種主要有所得稅、遺產稅、財產稅、印花稅和關稅等，且僅對來源於境內的所得徵稅。稅制具有稅種少、結構簡單、稅率低等特點。2002年新加坡實施稅制改革，境內公司和個人所得稅稅率3年內分別從24.5%和26%降到20%；估稅時集團屬下公司間盈虧可以相抵，採用公司單層計稅制，更靈活地處理國外商業收入稅務，智慧財產權研發支出免稅，劃減用於獲取智慧財產權的補貼並建立遞延納稅制度，以及免除個人利息收入、國外個人收入匯款、雇主支付外國雇員在海外個人養老金等的個人所得稅等。

　　香港長期奉行所得來源地管轄權，只對在香港境內取得的所得行使稅收管轄權，遇有受益人未在香港設立機構，仍需就其利得繳納利得稅。相反，對於在香港境外取得的所得，除非被視為來源於香港，不然的話，無論是否匯款到香港，均無須納稅。除此之外，香港還以稅負低、稅制簡單和優惠寬厚聞名全球。

4.3 「免徵某些所得稅」模式

　　所謂免徵某些所得稅模式，是指所涉國家或地區放棄對個人所得稅的徵稅權而僅徵收公司所得稅；或免徵公司所得稅而僅行使對個人所得稅的徵稅權。

採用這一模式的國家或地區主要有位於美洲西印度群島的格瑞那達，位於西加勒比海中的一些島嶼經濟體以及位於中東的科威特、沙烏地阿拉伯、約旦、伊朗、敘利亞、阿曼等國家。其中較為典型的有科威特等。

科威特是個著名的石油輸出國家，亦以稅制簡單、稅負輕聞名於世，其財政收入95%來自石油的公營收入和使用費收入，工商稅收僅占了3%左右。僅課徵關稅和公司所得稅等少數幾個稅種。公司所得稅的稅負較輕，且其中90%的公司所得稅系由石油公司繳納。2002年科威特實行稅制改革，旨在提高非石油收入的比重，增加財政收入。其主要內容包括從1月1日起徵收進口產品銷售稅，對香煙、煙草的進口稅從70%提高到100%，對國內非基本消費品徵收高達10%的稅。同時，改革所得稅，向私有企業徵收淨利潤的5%，減少外國公司稅負最多達25%。

4.4 「境外所得適用低稅率」模式

所謂境外所得適用低稅率模式，是指所涉國家或地區在行使居民稅收管轄權時，雖課徵個人和公司所得稅、公司財產淨值稅和個人財產稅，但對於居民來源於境外的所得，實行優惠稅率，明顯低於境內所得適用的稅率，以此來吸引外資。屬於這一模式的國家和地區主要有海峽群島、科克群島、貝里斯、荷屬安地列斯群島、巴貝多以及蒙瑟拉特島島和安提瓜島等，其中可以荷屬安地列斯群島和巴貝多為例。

荷屬安地列斯群島是最重要的國際避稅港之一。該群島開徵包括個人所得稅、公司所得稅、房產稅、不動產稅、繼承稅、贈與稅以及各種流轉稅在內的多種稅收，同時行使居民稅收管轄權和地域稅收管轄權。但對經營活動在境外的離岸公司提供了近似免稅的優惠條件，並對外國投資者實施以下稅收優惠：凡非居民股東持有的公司股份達25%以上時，該非居民取得的股息和資本利得不徵稅；凡公司是根據稅法有關條款組建的，則非居民股東可免稅；非居民納

稅人免繳繼承稅和贈與稅；凡居民公司支付給非居民的股息和利息免徵預提所得稅；在庫拉索和阿魯巴的公司自由區內，免徵關稅，且僅就公司出口所得徵收2%的利潤稅。

巴貝多對離岸公司實行低稅制或免稅，不徵資本利得稅，不實行外匯管制。現行公司所得稅的邊際稅率高達40%，但國際商務公司和離岸金融公司等僅需繳0～2.5%的所得稅。對於外國銷售公司和免稅保險公司，則免繳所得稅、預留稅和財產轉移稅，不需納稅申報及公佈財務狀況。至2000年底，在巴貝多共註冊了8 000多家國際商務、銷售、保險公司及離岸銀行。巴貝多僅從離岸金融業務中每年就獲得近7 000萬美元的財政收入。

4.5 「所得稅和一般財產稅適用低稅率」模式

所謂所得稅和一般財產稅適用低稅率模式，是指雖然徵收所得稅和一般財產稅，但稅率較低、稅負較輕，屬於這一類型的國家和地區主要有阿爾德尼島、安道爾、安圭拉、巴林、英屬馬恩島、坎彭、賽普勒斯、直布羅陀、根西島、以色列、牙買加、澤西島、黎巴嫩、列支敦士登、聖赫倫拿、聖文森特、薩克島、瑞士（一些州和市鎮除外）、東加、阿根廷、海地等。其中以列支敦士登、賽普勒斯為典型。

列支敦士登是位於奧地利和瑞士之間的微型山國，其稅制簡明，稅率較低。所有居民和非居民都有義務繳納個人所得稅和公司所得稅。但公司所得稅的課稅對象為公司的淨所得，實行7.5%～15%的累進稅率。對股息徵收4%的預提稅。遺產稅按全部遺產的實際價值徵收，如果繼承人是被繼承人的親屬，適用最高為5%的累進稅率。如果不是親屬，則最高稅率達27%。

賽普勒斯實行以間接稅為主體的簡單稅制結構。公司所得稅系針對居民公司和外國公司的本地分公司的淨收益徵收，稅率為20%～25%。對在賽普勒斯設立的公司依其國內外收入計徵稅額。非居民在賽普勒斯所得特許權費收入按總

額的10%納稅；利息按公司稅率徵收，特定情況下可以免徵。股東的紅利收入各自納稅，此稅額僅可在預繳稅額中沖減。非居民可申請退還其全部預繳稅。海外公司的股東紅利無須納稅。個人所得稅實行0～30%的超額累進稅率。公司和個人處理不動產或出售含有不動產的公司的股份，課徵20%的資本利得稅。不動產買賣須按其售價或市價5%～8%的稅率計算其應納稅額。

4.6 「特定行業或經營方式稅收優惠」模式

所謂特定行業或經營方式稅收優惠模式，是近些年來逐步形成的一種新的模式，原來竭力反對避稅港制的一些發達國家，出於吸引外資的考慮，也制定了一些較為靈活的稅法措施，對某些行業或特定的經營形式提供特殊的稅收優惠，例如盧森堡對控股公司、荷蘭對不動產投資公司、英國對國際金融業、希臘對海運業和製造業、美國懷俄明州和德拉瓦州對有限責任公司分別實行了特定的稅收優惠，不僅使前來投資的外國企業和個人直接享受到低稅負的利益，還可用來達到逃避有關國家稅收負擔的目的，因而被有關國家特別是發展中國家指為國際避稅港。其中可以盧森堡和英國為例。

盧森堡是世界第七大金融中心，也是歐洲最重要的籌資市場和資金轉換市場之一，擁有健全的稅收制度，稅種之完善和稅率之高不亞於其他西歐國家。盧森堡對不同類型控股公司實行低稅或免稅優惠，加上它既沒有中央銀行及存款準備金制度，又實行嚴格的銀行保密制度，因而成為聞名於世的控股公司的避稅樂園，目前活躍在盧森堡的控股公司至少有7 000多家。

英國由於對國際金融公司採取一系列稅收優惠，而成為國際上重要的避稅港。英國稅法規定，凡擁有英國金融機構帳戶，且與英國公司進行貿易活動的外國人，即可享受免徵資本收益稅的優待。英國適用的公司所得稅稅率是歐盟國家中比較低的，如果國際金融公司年收益在30萬英鎊以下，僅適用23%的稅率。凡非常駐的國際金融公司，僅就其來源於國內的收入課稅。同時，在英國

註冊的公司還可利用英國與其他國家簽訂的雙邊稅收協議，進行避稅活動。如果某家公司選擇一個與英國有雙邊稅收協議的國家作為公司管理和經營地，即可依法享受英國的免稅優惠。1994年英國實施對新型公司國際金融總部公司稅收優惠的法令，凡所涉公司的總部在英國，而公司收入中80%又來自國外，則公司從國外分配回英國的利潤免稅。即使這部分資金在撤回本國後重新分配，也不需要再納稅。該措施成為英國政府促使國外股東收益資金回流的有效工具，目前在倫敦居住的一大批億萬富翁，正是該措施的受益者。

部分離岸金融中心的特徵見附表4—1。各類型離岸金融中心稅收政策比較見附表4—2。

附表4—1 部分離岸金融中心的特徵

轄區	人口（2010年）	主要特徵
開曼群島	56 000	全球頂級的對沖基金的所在地，也是許多大銀行的所在地。
模里西斯	1 299 000	相鄰印度；與歐洲的離岸金融中心相比壓力小。
澤西島	93 000	靠近倫敦；離岸信託的天堂；沒有所得稅和資本利得稅。
盧森堡	507 000	堅決抵制歐盟的透明度要求；是在美國之後全球第二大共同基金市場。
瑞士	7 664 000	逃稅在瑞士是合法行為；全球第三大私人財富管理中心。
新加坡	5 086 000	區域性中心；連接西方離岸金融中心的紐帶。

資料來源：根據英國《經濟學家》資料整理。

附表4—2　各類型離岸金融中心稅收政策比較

	內外一體型		內外滲透型	內外分離型	避稅港型	
	倫敦	香港	紐約	新加坡	開曼群島	英屬維京群島
企業所得稅	小型微利企業：20% 一般企業：23% 石油企業：19%/30%	個人：15% 公司等法人/團體：16.5%	小型微利企業：8% 一般企業：9%	17%	NA	15%
個人所得稅	免稅額：9 440英鎊 累進稅率：20%～45%	免稅額：15% 累進稅率：2%～17%	累進稅率：10%～39.6%	免稅額：20 000英鎊 累進稅率：2%～20%	NA	免稅額：10 000美元 普通企業：14% 鼓勵投資領域：0
營業稅	NA	NA	3.5%～9%	NA	NA	NA
增值稅	零稅率優惠稅率：5% 標準稅率：20%	NA	NA	NA	NA	NA
消費稅	菸、酒、博彩、石油產品	NA	紐約州：4% 地方稅：最高為8.75%	7% 出口貨物和服務：0	NA	NA

續前表

	內外一體型		內外滲透型	內外分離型	避稅港型	
	倫敦	香港	紐約	新加坡	開曼群島	英屬維京群島
印花稅	股票、不動產交易商業務業：1%～4%住宅務業：1%～15%	定額：3～100港幣定率：0.1%～3.75%	NA	房地產轉讓和租賃、收購、抵押不動產和股票	不動產交易：7.5%～9%擔保：1%～1.5%	國際離岸企業免徵
關稅	0%～30%	NA	企業在自貿區設廠可以不需要支付任何進出口關稅	NA	20%	5%～20%
註冊費	NA	NA	NA	NA	NA	350～1 100美元

附錄5

人民幣國際化大事記

時間	事件	內容
2013年1月14日	前海投控與香港交行簽署《前海跨境人民幣貸款協議》	交行香港分行與深圳前海投控簽署了等值3億港幣的《前海跨境人民幣貸款協議》。隨著前海基建專案展開，預計跨境貸款將會持續增長。
2013年1月25日	央行與中國銀行臺北分行簽訂《關於人民幣業務的清算協議》	中國人民銀行與中國銀行臺北分行簽訂《關於人民幣業務的清算協議》。海峽兩岸的金融機構除可通過代理行管道為客戶辦理跨境人民幣結算業務外，也可通過清算行管道為客戶辦理跨境人民幣結算業務。
2013年2月6日	中國大陸—臺灣兩岸貨幣清算機制正式啟動	中國大陸—臺灣兩岸貨幣清算機制正式啟動。中國銀行臺北分行正式提供人民幣清算行服務，為參加行開立人民幣帳戶、辦理人民幣清算及結算、提供人民幣購售及人民幣拆借等服務。共46家銀行作為參加行加入臺灣地區人民幣清算體系。
2013年2月8日	央行授權工行新加坡分行為新加坡人民幣業務清算行	根據中國人民銀行和新加坡金融管理局就加強中國與新加坡金融服務領域合作的相關安排，經過評審，中國人民銀行決定授權中國工商銀行新加坡分行擔任新加坡人民幣業務清算行。

續前表

時間	事件	內容
2013年3月7日	央行與新加坡續簽雙邊本幣互換協議並擴大規模	經國務院批准，中國人民銀行與新加坡金融管理局續簽了中新雙邊本幣互換協議，互換規模由原來的1 500億元人民幣/300億新加坡元擴大至3 000億元人民幣/600億新加坡元，有效期為三年，經雙方同意可以展期。
2013年3月13日	央行將允許QFII投資銀行間債券市場	中國人民銀行印發《關於合格境外機構投資者投資銀行間債券市場有關事項的通知》（銀發〔2013〕69號），允許符合條件的合格境外機構投資者（QFII）向中國人民銀行申請投資銀行間債券市場。
2013年3月26日	央行與巴西中央銀行簽署雙邊本幣互換協議	經國務院批准，中國人民銀行與巴西中央銀行簽署了中巴雙邊本幣互換協議，互換規模為1 900億元人民幣/600億巴西雷亞爾，有效期為三年，經雙方同意可以展期。
2013年3月26日	央行與南非儲備銀行簽署代理投資協議	中國人民銀行與南非儲備銀行簽署《中國人民銀行代理南非儲備銀行投資中國銀行間債券市場的代理投資協議》。
2013年3月	玻利維亞央行宣佈繼續增加購買人民幣	玻利維亞中央銀行宣佈，在2012年基礎上繼續增加購買人民幣數量，以加強其國際儲備保值能力，實現國家外匯儲備多元化。
2013年4月9日	央行完善銀行間外匯市場人民幣對澳元交易方式	經中國人民銀行授權，中國外匯交易中心宣佈完善銀行間外匯市場人民幣對澳元交易方式，在遵循市場原則的基礎上開展人民幣對澳元直接交易，這是中澳兩國共同推動雙邊經貿關係進一步向前發展的重要舉措。開展人民幣對澳元直接交易，有利於形成人民幣對澳元直接匯率，降低經濟主體匯兌成本，促進人民幣與澳元在雙邊貿易和投資中的使用，有利於加強兩國金融合作，支持中澳之間不斷發展的經濟金融關係。

時間	事件	內容
2013年4月24日	澳洲央行計畫購買價值20億澳元的中國政府債券	澳洲聯邦儲備銀行透露，計畫購買價值20億澳元的中國政府債券，這將是澳洲首次購買除日本以外的其他亞洲國家的主權債。此前，澳聯儲副主席菲利浦·羅伊表示，澳聯儲計畫將其外匯儲備的約5%用於購買中國政府債券；這一計畫已經獲得中國人民銀行的批准。
2013年4月25日	央行發佈實施《RQFII境內證券投資試點辦法》有關通知	中國人民銀行發佈《關於實施〈人民幣合格境外機構投資者境內證券投資試點辦法〉有關事項的通知》（銀發〔2013〕105號）。《通知》中對人民幣合格境外機構投資者（RQFII）開立存款帳戶的事宜進行了規定。
2013年5月5日	國家外管局發文加強外匯資金流入管理	為支援守法合規企業開展正常經營活動，防範外匯收支風險，國家外匯管理局發佈《關於加強外匯資金流入管理有關問題的通知》（匯發〔2013〕20號），加強銀行結售匯綜合頭寸管理、進出口企業貨物貿易外匯收支分類管理以及外匯檢查等。
2013年5月	香港人民幣存款規模升至6 985億元	香港人民幣存款環比增加3.1%，至6 985億元人民幣。跨境貿易結算的人民幣匯款總額為3 181億元人民幣。
2013年5月	渣打人民幣環球指數創新高，首次突破1 000	渣打人民幣環球指數升至新高，首次突破1 000，報1 002，按月升8.4%，按年升66.2%。人民幣國際支付量迅速增長以及倫敦人民幣相關外匯交易是推動指數上升的主要動力。

時間	事件	內容
2013年6月22日	中英兩國央行簽署雙邊本幣互換協議	中國人民銀行與英格蘭銀行簽署規模為2 000億元人民幣/200億英鎊的雙邊本幣互換協議，有效期為三年，經雙方同意可以展期。與英格蘭銀行建立雙邊本幣互換安排，可為倫敦人民幣市場的進一步發展提供流動性支持，促進人民幣在境外市場的使用，也有利於貿易和投資的便利化。中英雙邊本幣互換協議的簽署，標誌著中國人民銀行與英格蘭銀行在貨幣金融領域的合作取得了新的進展。
2013年6月29日	新加坡人民幣清算行首月清算超600億元	新加坡人民幣清算行首月清算超600億元。
2013年6月	3家機構獲批RQFII資格	共有3家機構獲RQFII資格，分別是工銀亞洲投資管理有限公司、恒生投資管理有限公司和太平資產管理（香港）有限公司。RQFII機構名錄顯示，證監會上半年共批准8家機構的RQFII資格。
2013年7月1日	臺灣人民幣結算及清算收付總額已達2 400億元	截至6月底，中國銀行臺北分行辦理人民幣結算及清算業務3.6萬筆，收付總額2 400億元。該行已為64家參加行開立人民幣清算帳戶；辦理人民幣購售業務1 000多筆，金額100多億元。
2013年7月8日	上海自貿區將成人民幣國際化試驗田	上海自貿區方案中有關金融、貿易、航運等五大領域的開放政策，特別是管理、稅收、法規等方面的整體創新格外引人關注。各方期待著通過投資體制的突破來提高企業創新與參與國際化的能力，走出中國稅制與TPP、TTIP接軌、融合的創新之路。

續前表

時間	事件	內容
2013年7月9日	央行全面鬆綁人民幣跨境使用	中國人民銀行發佈《關於簡化跨境人民幣業務流程和完善有關政策的通知》（銀發〔2013〕168號），簡化了經常項下跨境人民幣業務，對銀行卡人民幣帳戶跨境清算業務進行了梳理，規範了境內非金融機構人民幣境外放款業務和境外發行人民幣債券等業務。
2013年7月9日	新加坡銀行可按中國在岸匯率進行人民幣結算	新加坡副總理兼財政部長尚達曼在慧眼中國環球論壇上透露，從7月9日開始，所有在新加坡的參與銀行和商業銀行將能夠以中國在岸匯率進行人民幣貿易清算。
2013年7月10日	廣西東興試驗區獲批個人跨境貿易人民幣結算	中國人民銀行南寧中心支行下發《廣西邊境個人跨境貿易人民幣結算業務管理辦法》，該辦法限於東興試驗區實施，東興試驗區成為繼義烏之後全國第二個開展個人跨境貿易人民幣結算先行先試地區。
2013年7月11日	深圳國際與渣打簽署前海跨境人民幣貸款協議	香港渣打銀行與深圳國際簽署了規模1億元人民幣、為期一年的前海雙邊跨境人民幣貸款協議。隨著前海基建專案的展開，預計跨境貸款將會持續增長。
2013年7月12日	中行白皮書：人民幣國際計價功能有待加強	7月12日上午，中國銀行發佈了《2013年度跨境人民幣業務白皮書》，總結、回顧了跨境人民幣業務四年來的發展歷程，並從客戶角度提供了觀察和了解人民幣國際化進程的視窗。 中國銀行發佈的《2013年度跨境人民幣業務白皮書》顯示，人民幣跨境使用今後在兩個方面還有很大的發展空間。首先是人民幣行使國際計價的功能還有待加強。第二個方面是，人民幣的境外流轉使用也有很大的縱深發展空間。

續前表

時間	事件	內容
2013年7月12日	證監會宣佈RQFII試點擴大到新加坡和倫敦	證監會新聞發言人7月12日宣佈，將人民幣合格境外機構投資者（RQFII）試點從香港擴大到新加坡、倫敦等地。近期簽署的海峽兩岸服務貿易協議，允許臺資金融機構以RQFII方式投資大陸資本市場。對臺灣地區、新加坡、倫敦等地金融機構參與RQFII試點，將參照現有香港金融機構參與RQFII試點相關法規實施。
2013年7月25日	香港金管局推出人民幣流動資金安排優化措施	為保證香港人民幣離岸市場的持續發展，香港金融管理局就人民幣流動資金安排推出兩項優化措施，於2013年7月26日生效：（1）除繼續提供翌日交收（T+1）的七天期的資金外，流動資金安排亦會提供翌日交收（T+1）的一天期限的資金。金融管理局將繼續使用與中國人民銀行的貨幣互換協議提供有關人民幣資金。（2）流動資金安排將提供即日交收（T+0）的隔夜資金，以協助銀行應付當日流動資金需要。金融管理局會使用自身的離岸人民幣資金，預期提供即日交收的隔夜流動資金總額將不超過100億元人民幣。該措施可以加強參加行的流動資金管理，這將有助香港作為人民幣離岸業務中心的進一步發展。
2013年8月1日	白俄羅斯央行開始將人民幣資產納入外匯儲備	白俄羅斯國家銀行（央行）開始將中國國內市場高度安全的長期人民幣債券納入外匯儲備。

時間	事件	內容
2013年8月8日	花旗中國首推人民幣跨境結算無紙化服務	花旗銀行（中國）8月8日正式推出人民幣跨境結算無紙化服務模式，成為國內首推此舉的國際性銀行。 花旗中國表示，這項新的服務模式旨在回應中國人民銀行於2013年7月10日所頒佈的簡化人民幣跨境結算處理的系列法規。通過將花旗的電子銀行解決方案和國家外匯管理局的國際收支申報系統相連接，全部交易均可通過電子方式實現，從而可減少人工差錯，降低操作成本與風險，並為客戶顯著提升跨境交易的處理效率。
2013年8月15日	國內首單RQFLP境內投資業務在滬開閘	國內第一筆RQFLP（人民幣合格境外有限合夥人）境內投資業務在上海「落地」。RQFLP試點是境外人民幣回流的又一新管道，將大大拓寬海外資金特別是離岸人民幣資金投資中國內地市場的管道。
2013年8月	上海銀行完成全國首單RQFLP境內股權投資服務業務	上海銀行為首批境外人民幣股權投資某試點企業提供了首單境內股權投資服務，意味著國內第一筆人民幣合格境外有限合夥人（RQFLP）境內投資業務「落地」。RQFLP試點工作是上海在成功開展外商投資股權投資企業試點工作（QFLP）基礎上，允許海外機構投資者合法獲得的境外人民幣直接投資到上海市設立的外商投資股權投資企業，開展境內股權投資的有益嘗試。這也是繼外商人民幣直接投資（RFDI）、人民幣合格境外機構投資者（RQFII）之後，境外人民幣回流的又一新管道。
2013年9月3日	可口可樂完成首筆跨境人民幣貸款	可口可樂（上海）飲料有限公司向其位於倫敦的兄弟公司Atlantic Industries完成了總額為2.5億元的人民幣跨境貸款，這是可口可樂（中國）在花旗銀行中國公司的協助下完成的首筆跨境人民幣貸款。

續前表

時間	事件	內容
2013年9月4日	中國銀行人民幣對印尼盧比現鈔匯率掛牌啟動	中國銀行人民幣對印尼盧比現鈔匯率掛牌啟動儀式9月4日在廣西南寧舉行，該服務有利於提升人民幣在亞洲尤其是東盟地區的影響力，推動人民幣國際化進程。
2013年9月6日	人民幣躋身全球十大貨幣行列	國際清算銀行報告指出，在8月進行的調查顯示，人民幣在交易貨幣中的排名已從第十七位升到了第九位，這也是人民幣歷史上首次成為全球最重要的貨幣之一。
2013年9月6日	日滙豐成首家開展人民幣跨境雙向借款外資銀行	滙豐銀行（中國）有限公司9月6日宣佈，已協助一家位於江蘇省昆山市的臺資企業開展人民幣跨境雙向借款業務，成為中國內地首家開展這項業務的外資銀行。
2013年9月9日	央行與匈牙利中央銀行簽署中匈雙邊本幣互換協議	中國人民銀行與匈牙利中央銀行簽署了中匈雙邊本幣互換協議，互換規模為100億元人民幣/3 750億匈牙利福林，有效期為三年，經雙方同意可以展期。
2013年9月11日	央行與冰島中央銀行續簽中冰雙邊本幣互換協議	中國人民銀行與冰島中央銀行續簽了中冰雙邊本幣互換協議，互換規模為35億元人民幣/660億冰島克朗，有效期為三年，經雙方同意可以展期。
2013年9月12日	央行與阿爾巴尼亞中央銀行簽署中阿雙邊本幣互換協議	中國人民銀行與阿爾巴尼亞中央銀行簽署了中阿雙邊本幣互換協議，互換規模為20億元人民幣/358億阿爾巴尼亞列克，有效期為三年，經雙方同意可以展期。
2013年9月17日	義烏金改主要突出跨境人民幣結算和外匯管理	《浙江省義烏市國際貿易綜合改革試點金融專項方案》17日對外公佈《金融改革專項方案》，義烏金融專項改革正式啟動。義烏金改主要突出跨境人民幣結算、外匯管理等貿易金融創新。義烏有望成為人民幣國際化先試先行地區。

時間	事件	內容
2013年9月20日	中國銀行全球首發「中國銀行跨境人民幣指數」	中國銀行向全球發佈「中國銀行跨境人民幣指數」，該指數主要跟蹤跨境流出、境外流轉和跨境回流這一完整的資金跨境循環過程中人民幣的使用水準，反映人民幣在跨境及境外交易中使用的活躍程度。該指數由跨、轉、回三個部分構成，跟蹤經常帳戶、資本帳戶和境外流轉使用多個類別的資金流動。
2013年9月23日	央行對外發佈《關於境外投資者投資境內金融機構人民幣結算有關事項的通知》	中國人民銀行發佈《關於境外投資者投資境內金融機構人民幣結算有關事項的通知》（銀發〔2013〕225號）。《通知》規定，境外投資者經國務院金融監督管理機構批准，按有關法律規定投資境內金融機構，可使用人民幣投資，具體包括新設、增資、併購、參股、股權轉讓、利潤分配、清算、減資、股份減持或先行收回投資等。這意味著境外人民幣回流管道在進一步擴大了。
2013年9月27日	國務院印發《中國（上海）自由貿易試驗區總體方案》	國務院公佈了《中國（上海）自由貿易試驗區總體方案》，不僅對金融服務領域中的銀行、保險、融資租賃等部門提出了具體開放清單，而且還對從開放和創新兩個方面對進一步深化金融改革明確了方向，旨在為全面深化金融改革、擴大金融業對外開放探索新途徑、積累新經驗，在風險可控前提下，可在自貿區內對人民幣資本項目可兌換、金融市場利率市場化、人民幣跨境使用等方面創造條件進行先行先試。上海自貿區方案中的亮點之一在於外匯管理體制改革，探索面向國際的外匯管理改革試點，建立與自由貿易試驗區相適應的外匯管理體制，全面實現貿易投資便利化，這樣有助於推進人民幣資本帳戶的開放。

時間	事件	內容
2013年10月1日	央行與印尼銀行續簽雙邊本幣互換了協議	中國人民銀行與印尼銀行續簽了雙邊本幣互換協議，旨在加強雙邊金融合作，便利兩國經貿往來，共同維護金融穩定。互換規模為1 000億元人民幣/175萬億印尼盧比，有效期為三年，經雙方同意可以展期。
2013年10月9日	自貿區將籌建原油期貨平臺，人民幣計價有成功可能	10月9日在上海期貨交易所上市交易的石油瀝青期貨被認為是國內原油期貨的鋪路品種。國內推出原油期貨的步伐在不斷加快，而中國（上海）自由貿易試驗區的成立，為原油期貨的推出，提供了良好的契機。
2013年10月10日	中歐簽署貨幣互換協議	中國人民銀行與歐洲中央銀行簽署了規模為3 500億元人民幣/450億歐元的中歐雙邊本幣互換協議。人民幣與世界第二大國際貨幣歐元「聯手」，標誌著人民幣國際化再邁出「一大步」，也顯示出人民幣在國際金融領域的地位正迅速上升。
2013年10月13日	英國獲得800億元人民幣RQFII初始額度	英國財政大臣喬治·奧斯本抵華，展開對中國的訪問。雙方在對話中達成多項政策成果，其中中國監管當局同意給予英方800億元人民幣RQFII的初始額度。
2013年10月23日	人民幣成為菲律賓市場第二種可即時清算外幣	中國駐菲使館經濟商務參贊處10月23日發佈消息稱，人民幣資金匯劃系統（RMB Transfer Service，RTS）啟動標誌著人民幣成為菲律賓市場上繼美元後第二種可即時清算的外國貨幣，將為菲律賓金融機構、貿易商、投資商提供高效率、低成本的人民幣結算手段，同時有效規避匯率風險並獲取較高的外匯理財回報。下階段中國銀行將深入開發菲境內人民幣市場，引入更多的人民幣投資產品，未來還將提供人民幣跨境清算服務，進一步降低成本，提高人民幣跨境貿易支付效率。

時間	事件	內容
2013年10月27日	「383」改革方案：十年內實現人民幣國際化	國研中心「383」方案提出，十年內使人民幣成為主要的國際結算和投資計價貨幣，在局部市場成為國際儲備貨幣，以此倒逼外匯市場、跨境投資、債券市場、金融機構本外幣綜合經營等領域的改革。
2013年10月	證監會向四家外資金融機構發放RQFII牌照	證監會公佈，10月末向四家外資金融機構發放人民幣合格境外機構投資者（RQFII）牌照，允許其用在海外籌集的人民幣資金投資中國國內資本市場。摩根大通旗下JF資產管理有限公司（JF Asset Management Limited）、未來資產環球投資（香港）有限公司（Mirae Asset Global Investments(Hong Kong) Limited）、香港滙光國際投資管理有限公司（Shanghai International Asset Management (HK)Co., Ltd.）以及中國光大控股有限公司旗下中國光大資產管理有限公司（China Everbright Assets Management Limited）獲得RQFII牌照。截至10月底，共有39家海外投資者獲得RQFII資格。
2013年10月	臺灣貨幣管理機構首次將人民幣納入其外匯儲備	臺灣貨幣管理機構負責人彭淮南表示，該機構已經將人民幣納入外匯儲備，這是臺灣貨幣管理機構首次將人民幣納入其外匯儲備。
2013年11月3日	伊中石油貿易可用人民幣計價結算	伊朗外長拉裡賈尼聲稱伊中石油貿易可以採用人民幣計價結算。
2013年11月5日	加拿大地方財政部門成功發行離岸人民幣債券	加拿大不列顛哥倫比亞省財政廳宣佈已成功發行25億元離岸人民幣債券，成為在人民幣離岸市場發債的首個外國政府，這也是迄今為止外國發行人發行的最大規模的離岸人民幣債券。

續前表

時間	事件	內容
2013年11月12日	南非儲備銀行投資15億美元購買中國債券	南非儲備銀行宣佈，投資15億美元購買中國債券，約占其儲備資產的3%，以降低系統性風險。
2013年11月15日	資本開放促改革，自貿區打頭陣	《中共中央關於全面深化改革若干重大問題的決定》明確指出，要構建開放型經濟新體制，其中包括放寬投資准入、加快自由貿易區建設、擴大內陸沿邊開放等三大內容。而在放寬投資准入領域，金融改革將是外資進入中國和人民幣對外投資的重要先鋒。
2013年11月21日	上期所稱年內將做好原油期貨上市準備，或以人民幣計價	上海期貨交易所將在2013年年內做好原油期貨上市的準備工作，預計「中國版」原油期貨的交易標的為中質含硫原油，計價貨幣為人民幣。原油期貨的基本考慮思路是國際平臺、淨價交易和保稅交割，以便國際投資者能方便自如地進入這個平臺進行交易；其中涉及的換匯等方面的一些政策，有關部委正在研究和考慮，在得到批准以後就可以組織上市交易。
2013年11月22日	LME計畫推出人民幣計價合約	倫敦金屬交易所（LME）計畫推出人民幣計價合約並在亞洲地區推出鐵礦石和熱能煤合約。未來基於人民幣計價的有色金屬交易合約是必然的結果，這不僅促進人民幣計價的金融衍生工具的發展，更重要的是中央政府更為看重的是如何為人民幣國際化進程服務鋪路的意義。
2013年11月	新加坡推出首批人民幣計價債券	2013年5月，新加坡推出由滙豐銀行與渣打銀行發行的首批人民幣計價債券，合計規模為15億元，並在新加坡交易所上市。11月中國工商銀行也在新加坡發行2年期、20億元人民幣「獅城債」。

續前表

時間	事件	內容
2013年12月2日	渣打與農行聯手在英國推出人民幣清算業務	渣打銀行及中國農業銀行將在英國聯合推出人民幣清算服務，金融機構和企業可以通過渣打和農行在倫敦進行人民幣交易。此外，雙方還將在中小及小微企業業務和支援中國企業海外拓展等方面繼續深化合作。
2013年12月3日	人民幣取代歐元成為第二大常用貿易融資貨幣	環球同業銀行金融電信協會（SWIFT）發佈最新報告顯示，人民幣已經取代歐元成為第二大常用國際貿易融資貨幣，僅次於美元。最常使用人民幣作為信用證和托收計價貨幣的前五個國家和地區，分別是中國內地、香港、新加坡、德國及澳洲。
2013年12月3日	商務部發佈《關於跨境人民幣直接投資有關問題的公告》，進一步推進跨境人民幣直接投資便利化	中國商務部發佈2013年第87號公告《關於跨境人民幣直接投資有關問題的公告》，公告自2014年1月1日開始實施，有利於促進跨境人民幣直接投資便利化，完善相關監管措施。
2013年12月5日	銀聯國際首開香港銀聯卡商戶人民幣清算業務	銀聯國際和中國銀行（香港）有限公司在香港宣佈，啟動銀聯卡境外受理商戶的人民幣清算業務，並率先在香港開展試點。此前，銀聯卡在香港商戶交易後，銀聯與香港收單機構及商戶一般是以港幣清算。
2013年12月5日	交行首批簽約自貿區跨境人民幣境外借款業務	交通銀行上海市分行與香港分行聯動，為東方網電子商務有限公司提供1億元跨境人民幣外借款，用於滿足該公司跨境電子商務平臺運營的資金需求。該筆業務是推動，跨境電子商務跨境人民幣結算的具體舉措。

續前表

時間	事件	內容
2013年12月5日	中行獲自貿區首筆跨境人民幣雙向現金池業務	中國銀行成功為益海嘉里（上海）國際貿易有限公司敘做跨境人民幣雙向現金池業務。這是中國（上海）自由貿易試驗區首筆跨境人民幣雙向現金池業務，也是中國（上海）自由貿易試驗區金融改革政策出臺後的首單銀行業務。
2013年12月6日	交通銀行在臺首發人民幣寶島債	作為首家獲核准的陸資銀行，交通銀行面向機構投資者發行了12億元人民幣債券，分為3年期8億元和5年期4億元，3年期票息率為3.4%，5年期票面息率為3.7%。
2013年12月9日	央行允許金融機構在銀行間市場發行大額可轉讓同業存單（NCD）	央行發佈《同業存單管理暫行辦法》，允許金融機構在銀行間市場發行大額可轉讓同業存單（NCD）。這意味著銀行可以更便捷地在同業市場上轉讓資金，意味著我國存款利率市場化的進程又前進了一步。
2013年12月17日	IFC牽手金融機構推新興市場人民幣貿易融資	世界銀行集團成員國際金融公司與渣打銀行簽署一項風險分擔協議，將增加中國各家銀行以及參與對華進出口業務的中國、亞洲各國及其他新興市場的企業和商家可用的人民幣結算的貿易融資額。這也是國際金融公司首次涉足人民幣結算的跨境貿易融資。

主要參考文獻

〔1〕巴曙松，郭雲釗等。離岸金融市場發展研究——國際趨勢與中國路徑。北京：北京大學出版社，2008。

〔2〕陳雨露，涂永紅，王芳。人民幣國際化的未來。中國經濟報告，2013(1)。

〔3〕曹彤，曲雙石。人民幣離岸中心競爭態勢正在形成。中國經濟新聞網，2013-7-19。

〔4〕曹彤，曲雙石。突破人民幣國際化的瓶頸期。中國金融，2013(22)。

〔5〕曹小衡，劉玉人。臺灣建設人民幣離岸金融中心探討。臺灣研究集刊，2013(4)。

〔6〕丁一兵，鍾陽。貨幣國際化中國際貿易與債券市場發展的作用——基於非平衡面板資料的實證研究。經濟問題，2013(5)。

〔7〕丁寧寧。對「加快」資本帳戶開放的冷思考。中國金融四十人論壇，2013-07-22。

〔8〕傅誠剛。博源基金會成立五周年學術論壇紀要。中國金融四十人論壇，2013-07-26。

〔9〕郭雲釗，張鵬。全球離岸金融中心的發展。中國金融，2012(15)。

〔10〕郭建偉。新形勢下資本項目放開的目標和條件。中國金融四十人論壇，2013-07-21。

〔11〕何東。如何為中國資本項目開放達成共識。中國金融四十人論壇，2013-09-21。

〔12〕姜波克，張青龍。貨幣國際化：條件與影響的研究綜述。新金融，2005(8)。

〔13〕馬駿。人民幣國際化過程鬚髮展離岸市場。國際融資，2011(4)。

〔14〕馬駿。人民幣離岸市場發展對境內貨幣和金融的影響。國際融資，2011(5)。

〔15〕馬駿，劉立男。資本項目開放的次序與人民幣跨境流動。國際融資，2013(3)。

〔16〕梅鵬軍，孔顏。香港融資套利及回流管道。全球瞭望，2013(20)

〔17〕孟浩。離岸市場對貨幣主權國金融市場的影響——基於亞洲美元市場的實證研究。區域金融研究，2011(3)。

〔18〕李曉。「日圓國際化」的困境及其戰略調整。世界經濟，2005(6)。

〔19〕連平。離岸金融研究。北京：中國金融出版社，2002

〔20〕劉明顯，楊淑娟。離岸金融中心研究綜述。金融市場，2011(7)。

〔21〕劉振芳。離岸金融市場。中國金融，2012(1)。

〔22〕龍泉，劉紅忠。在岸市場對香港地區人民幣業務的影響。世界經濟研究，2013(6)。

〔23〕龍泉，劉紅忠。人民幣國際化與離岸市場發展之鑒。新金融，2013(3)。

〔24〕李建軍。發揮銀行在離岸人民幣市場的作用。中國金融，2013(17)。

〔25〕李建軍，汪川。離岸人民幣期貨產品發展的意義、影響和展望。國際貿易，2013(2)。

〔26〕林毅夫。我為什麼不支持資本帳戶完全開放。中國金融四十人論壇，2013-08-06。

〔27〕潘英麗。論國際金融中心形成與發展的成功經驗。上海投資，2003(10)。

〔28〕沈光朗，宋亮華。我國離岸金融監管問題研究。金融會計，2005(12)。

〔29〕孫芙蓉。持續推動香港人民幣離岸中心建設——訪香港金融管理局總裁陳德霖。中國金融，2013(21)。

〔30〕盛松成。協調推進利率匯率改革與資本帳戶開放。中國金融四十人論壇，2013-08-08。

〔31〕童香英。貨幣職能全視角下的貨幣國際化：日圓的典型考察。現代日本經濟，2010(5)。

〔32〕湯泳，季昃雯。專訪倫敦金融城政策與資源委員會主席包墨凱：中國金融業穩步開放將讓國際投資者受益。中國經濟週刊，2013-11-25。

〔33〕魏丹。人民幣離岸金融中心建設與資本項目開放。中外企業家，2013(14)。

〔34〕伍戈，溫軍偉。破解資本帳戶開放迷思——與張明博士商榷。中國金融四十人論壇，2013-06-08。

〔35〕伍戈。離岸市場發展對本國貨幣政策的影響。金融研究，2013(10)。

〔36〕魏尚進。中國金融改革次序的選擇。中國金融四十人論壇，2013-07-22。

〔37〕汪濤。資本帳戶開放之前應大力推進國內金融改革。中國金融四十人論壇，2013-07-24。

〔38〕邢毓靜。當前是推動人民幣資本項目兌換的最佳時機。搜狐財經，http://business.sohu.com/20130630/n380273463.shtml 2013-6-30。

〔39〕楊疊涵，陳瑛。全球離岸金融中心（OFCs）地理特徵研究。世界地理研究，2013(3)。

〔40〕以人民幣國際化為媒介促進兩岸三地合作共贏。新華網，2013-04-25。

〔41〕張國慶，劉峻民。日圓國際化：歷史、教訓與啟示。上海金融，2009(8)。

〔42〕中條誠一。亞洲的日圓國際化（下）。經濟資料譯叢，2002(4)。

〔43〕宗良，李建軍。人民幣國際化路徑的戰略性建議。學術前沿，2013(11)。

〔44〕張春。更好地為中國實體經濟服務是資本帳戶開放最應該考慮的因素。中國金融四十人論壇，2013-07-22。

〔45〕村瀨哲司。人民元國際化の鍵となる資本自由化と金融改革，http://www3.keizaireport.com/report.php/RID/182296/2013年4月24日。

〔46〕荻原陽子。人民元國際化の進展と金融改革が広げる可能性。三菱東京UFJ銀行，http://www3.keizaireport.com/report.php/RID/190405/2013年7月19日。

〔47〕Chen, Z. and S.Mohsin, 1997, "Patterns of Capital Flows to Emerging Markets: A Theoretical Perspective", IMF working paper, NO.WP/97/13.

〔48〕Chinn, M. and J. Frankel, 2008, "Why the Euro Will Rival the Dollar", *International Finance*，11(1)，pp. 49-73.

〔49〕Flandreau, M. and C.Jobs, 2009, "The Empirics of International Currencies: Network

Externalities, History and Persistence", *The Economic Journal*, 119, pp. 643-664.

〔50〕 Ghosh, S. and W.Holger, 2000, *Is There a Curse of Location? Spatial Determinants of Capital Flows to Emerging Markets, Capital Flows and the Emerging Economies: Theory, Evidence, and Controversies*, University of Chicago Press.

〔51〕 George M. von Furstenberg, Preliminary Notes on Offshore Financial Service: Prerequisites, Efficiencies, Risk Factors, and Business Outlook, Offshore Outlook, 2007

〔52〕 Hattari, H. and S. R. Ramkishen, 2011, "How Different Are FDI and FPI Flows? Does Distance Alter the Composition of Capital Flows？", HKIMR Working Paper, Vol.09.

〔53〕 He, D.and R. N. McCauley, 2010, "Offshore Markets for the Domestic Currency: Monetary and Financial Stability Issues", BIS Working Paper, No.320.

〔54〕 Kindleberger, C., 1967, *The Politics of International Money and World Language*, Princeton University Press.

〔55〕 Krugman, P., 1984, *The International Role of the Dollar: Theory and Prospect*, Chicago University Press.

〔56〕 Mundell, R. A., 1983, *Macroeconomic Prices and Quantities*, The Brookings Institution.

〔57〕 Mundell, R. A, 1998, "What the Euro Means for the Dollar and the International Monetary System", *Atlantic Economic Journal*, Vol.03, pp.227-237.

〔58〕 McGhee, Robin, Offshore Practice and Administration. Chartered Institute of Bankers, 2002.

〔59〕 Portes, R., H. Rey and Y. Oh, 2001, "Information and Capital Flows: the Determinants of Transactions in Financial Assets", *European Economic Review*，45(4), pp. 783-796.

〔60〕 Portes, R.and H. Rey, 2005, "The Determinants of Cross-border Equity Flows", *Journal of International Economics*, 65(2), pp. 269-296.

〔61〕 Rey, H., 2001, "International Trade and Currency Exchange", *Review of Economic Studies*, Vol.68, pp.443-464.

〔62〕 Rose, A. K. and M. Spiegel, 2007, "Offshore Financial Centers: Parasites or Symbiosis？", *The Economic Journal*, 117, pp. 1310-1335

後　記

　　人民幣國際化是重要的國家戰略之一。《人民幣國際化報告》自2012年起每年定期發佈，忠實記錄人民幣國際化歷程，深度研究各個階段的重大理論問題和政策熱點。

　　2014年報告的主題是「人民幣離岸市場建設與發展」。課題組深入研究了離岸市場促進貨幣國際化的內在邏輯，重點分析了離岸市場建設與發展對現階段人民幣國際化的意義和影響。結合當前人民幣離岸市場發展形勢，討論了資本帳戶尚未完全開放下推進人民幣國際化的現實路徑，以及人民幣離岸市場的合理佈局。

　　2014年報告特別強調了三個問題：第一，RII繼續穩步攀升，開啟個位數時代，而且貿易計價和金融計價共同推高跨境人民幣使用程度的特徵更加明顯。第二，人民幣給予國際社會的信心主要來自實體經濟層面，但要保持人民幣的國際吸引力則少不了發達的離岸金融市場。而且，快速成長的人民幣離岸市場對當前人民幣國際化進程還具有額外的現實意義：既將跨國資本流動的風險控制在有限的離岸市場範圍內，又以變相的放鬆資本管制提高人民幣的金融計價份額，從而為有序推進資本帳戶進一步改革創造寶貴的時間視窗。第三，世界主要國際金融中心對於建立人民幣離岸金融中心普遍持歡迎態度，新興國際金融中心更是積極爭搶人民幣離岸業務。在全球範圍內佈局人民幣離岸市場時，既要尊重水到渠成的傳統實現模式，也不要輕易否定主動培育市場的可能性。此外，對於怎樣處理好離岸市場與實體經濟關係等問題，香港經驗及其「可推廣性」都值得繼續深入研究。

　　《人民幣國際化報告2014：人民幣離岸市場建設與發展》由中國人民大

學和交通銀行合作研究，由中國人民大學國際貨幣研究所組織撰寫，得到財政金融學院國際金融教學團隊的全力支持，以及統計學院、國際關係學院、商學院、法學院師生和交通銀行國際業務部的鼎力合作。共有十幾位本校研究生參與了資料獲取、資訊處理等基礎性工作。交通銀行展示了商業銀行跨境人民幣業務的實踐經驗與成果。特別感謝中國銀行首席經濟學家曹遠征、交通銀行首席經濟學家連平、海通國際首席經濟學家胡一帆、中國建設銀行首席經濟學家黃志凌、IMF亞太局前副局長曾頌華、中國農業銀行首席經濟學家向松祚、中國工商銀行金融研究總監詹向陽等為2014年度報告撰寫專稿。感謝中國人民銀行、國家外匯管理局、商務部、發展與改革委員會、中國（上海）自貿區管委會、深圳市前海深港現代服務業合作區管理局、香港中文大學全球經濟及金融研究所、香港金融管理局、國家開發銀行、華夏銀行、招商銀行、摩根大通、歌德大學金融學院、英格蘭銀行、德意志商業銀行、工商銀行法蘭克福分行、中銀香港、滙豐香港等機構在資料獲得、市場調查以及政策資訊核對等多方面所給予的全面支持。孫魯軍、王毅、王佐罡、張藝雄、黃金老、吳志峰等各界專家多次出席課題組會議，提出中肯的修改意見與建議，為報告的不斷完善貢獻良多。對此我們表示由衷的感謝！

本報告各章節分工如下：

導論：陳雨露

第1章：涂永紅、趙雪情、何志雲、吳超敏、康美文、孫露、劉南希

第2章：涂永紅、李英杰、王家慶、榮晨、蕭瀟、李亞豐、鄧偉華、周航、高任飛、馬軍輝

第3章：涂永紅、戴穩勝、曹遠征、連平、胡一帆、黃志凌、曾頌華、向松祚、詹向陽、蕭瀟、趙雪情、榮晨、王賀

第4章：王芳、劉陽、何青、錢宗鑫、任倩、楊舒雲、郭俊杰

第5章：胡波、王芳、付之琳、伍聰、黃金老、錢宗鑫、郭興義、王鶩然、張瑩、于寧

第6章：王芳、姚瑜琳、張成思、剛健華、張文春、張鶴、胡天龍、張侃、甘浩力

第7章：涂永紅、王芳

附錄1：翟東升

附錄2：付之琳

附錄3：何青、錢宗鑫

附錄4：張文春、張鶴

附錄5：王芳、花菁菁、潘雅慧子

中國人民大學國際貨幣研究所

2014年6月

人民幣國際化報告 2014：
人民幣離岸市場建設與發展

作　者　中國人民大學國際貨幣研究所
版權策劃　李　鋒

發 行 人　陳滿銘
總 經 理　梁錦興
總 編 輯　陳滿銘
副總編輯　張晏瑞
編 輯 所　萬卷樓圖書 (股) 公司
特約編輯　吳　旻
內頁編排　林樂娟
封面設計　小　草
印　　刷　維中科技有限公司

出　　版　昌明文化有限公司
　　　　　桃園市龜山區中原街 32 號
電　　話　(02)23216565
發　　行　萬卷樓圖書 (股) 公司
　　　　　臺北市羅斯福路二段 41 號 6 樓之 3
電　　話　(02)23216565
傳　　真　(02)23218698
電　　郵　SERVICE@WANJUAN.COM.TW
大陸經銷
廈門外圖臺灣書店有限公司
電郵 JKB188@188.COM

ISBN 978-986-496-384-3
2018 年 11 月初版一刷
定價：新臺幣 600 元

如何購買本書：
1. 劃撥購書，請透過以下帳號
　 帳號：15624015
　 戶名：萬卷樓圖書股份有限公司
2. 轉帳購書，請透過以下帳戶
　 合作金庫銀行古亭分行
　 戶名：萬卷樓圖書股份有限公司
　 帳號：0877717092596
3. 網路購書，請透過萬卷樓網站
　 網址 WWW.WANJUAN.COM.TW
　 大量購書，請直接聯繫，將有專人
　 為您服務。(02)23216565 分機 10
如有缺頁、破損或裝訂錯誤，請寄回
更換

國家圖書館出版品預行編目資料

人民幣國際化報告 . 2014 / 中國人民大
學國際貨幣研究所著 . – 初版 . – 桃園市
: 昌明文化出版 ; 臺北市 : 萬卷樓發行 ,
2018.11
　　面 ;　公分
ISBN 978-986-496-384-3(平裝)
1. 人民幣 2. 貨幣政策 3. 中國

561.52　　　　　　　　107019575